實踐大學數位出版合作系列

族群社會工作

葉至誠　著

出 版 心 語

　　近年來，全球數位出版蓄勢待發，美國從事數位出版
的業者超過百家，亞洲數位出版的新勢力也正在起飛，諸
如日本、中國大陸都方興未艾，而臺灣卻被視為數位出版
的處女地，有極大的開發拓展空間。植基於此，本組自民
國 93 年 9 月起，即醞釀規劃以數位出版模式，協助本校
專任教師致力於學術出版，以激勵本校研究風氣，提昇教
學品質及學術水準。

　　在規劃初期，調查得知秀威資訊科技股份有限公司是
採行數位印刷模式並做數位少量隨需出版〔POD＝Print
on Demand〕（含編印銷售發行）的科技公司，亦為中華民
國政府出版品正式授權的 POD 數位處理中心，尤其該公
司可提供「免費學術出版」形式，相當符合本組推展數位
出版的立意。隨即與秀威公司密集接洽，雙方就數位出版
服務要點、數位出版申請作業流程、出版發行合約書以及
出版合作備忘錄等相關事宜逐一審慎研擬，歷時 9 個月，
至民國 94 年 6 月始告順利簽核公布。

執行迄今，承蒙本校謝董事長孟雄、陳校長振貴、黃教務長博怡、藍教授秀璋以及秀威公司宋總經理政坤等多位長官給予本組全力的支持與指導，本校諸多教師亦身體力行，主動提供學術專著委由本組協助數位出版，數量逾50本，在此一併致上最誠摯的謝意。諸般溫馨滿溢，將是挹注本組持續推展數位出版的最大動力。

　　本出版團隊由葉立誠組長、王雯珊老師、賴怡勳老師三人為組合，以極其有限的人力，充分發揮高效能的團隊精神，合作無間，各司統籌策劃、協商研擬、視覺設計等職掌，在精益求精的前提下，至望弘揚本校實踐大學的校譽，具體落實出版機能。

實踐大學教務處出版組　謹識

2014 年 1 月

序　言

　　台灣除了閩、客、外省及原住民四大族群，來台外籍配偶人數已近四十七萬人，在台工作的外籍勞工也達四十四萬人。多元族群，包含了「多元」及「族群」兩個概念，其中多元指的是尊重差異，讓各種不同的聲音、看法與價值觀得以展現，而多元文化則指抱持不同世界觀、操持不同的語言及擁有不同的生活風格等，都代表著不同的文化，多元族群中的分析焦點是擁有特定文化的群體。因此，族群社會工作的內涵便在理解各群體之不同的社會身分與主體位置，進而希望透過行動以改變社會的不公結構，讓各族群得以共存共榮。

　　二十世紀七〇年代以來，在原住民及新住民爭取公民權利的倡議下，社會逐漸了解族群差異的存在及身分認同問題的重要性。加以全球化發展，多元族群逐漸興起，全球化帶來經濟、政治、社會、文化的關係趨於密切。面對二十一世紀，全球社會呈現多元族群蓬勃的景象。社會工作必須由更寬廣的視野、角度來服務各種不同群體的需求，多元族群的價值與行為模式，是我們在判斷案主需求與資源分配，不可欠缺的前提。在社會工作發展過程中，「族群社會工作」，重視「落實尊重差異認同，提升改善以有助少數群體社會發展的環境架構」。「族群社會工作」領域的知識、技能和實施架構，必須在具體的社會文化脈絡下，進行探索和積累，才可望得以達到適切和實用的功能。

　　多元族群社會是一個具備多元文化思維（Multiculturalism）的社會，不僅是一種教育哲學的思考，也同時兼具文化價值或行動策略，而族群社會工作則反映出多元文化社會對種族與文化的包容性，並反映在社會化機構中。由於歷史因素與社會發展，台灣是一個多元文化的社會，在這個美麗之島，有著不同的族群、宗教、語言，發展出多元文化、多元族群。從族群社會工作的觀點強調我們對於各種不同的文化內涵，應給予肯定、尊重，

甚至能相互欣賞和學習，方能把台灣建設成一個敦厚和諧的社會。台灣目前有多個種族族群：一、客家系族群，二、福佬系族群，三、原住民族群，四、大陸系族群，五、新住民族群；由於到台灣島上的時間先後有別，聚落生活差異；但大多屬於漢族。各個系統內又有不同的族群文化，如原住民有十三族之分，各族群文化又有區域性的不同，形成多元文化的風貌。（李明政，2003）

隨著全球化之後，將會因為族群、環境、社區的多樣性增加，產生更多元的文化，這種多元文化是社會發展的助力。族群的多樣性可促成群體互動與共存，藉助多元族群形成一種合理的和諧態度以共同生活；因此文化差異的認知，可能對社會互動帶來積極的助益。台灣是個多元族群的社會，對於少數民族的保護及其發展，與整體社會有著密不可分的關係，如何發揮多元族群社會的優勢，建構平等發展、共存共榮的族群關係，關係著社會脈動。因此，融合社會中的族群關係，以達到扶助弱勢與和諧互利，是族群社會工作的核心議題。

文化是人類活動的累積，每個族群都有其文化特點。隨著全球化的浪潮，文化間的衝擊是無可避免的，不論是在目前新住民人數遽增的台灣，甚至世界各國，多元文化素養已是社會工作的重要課題。英國學者 Lynch（1983）認為族群社會工作的目標，在尊重自己與尊重他人，建立一個友善與尊重的社會，而不是一個衝突、歧視的生活。「族群社會工作」作為助人專業的一項領域，已是社會的發展趨勢。台灣是個移民社會，歷史長河，不同族群的人，先後到來，灌溉出這塊島嶼豐富與旺盛的生命力。但因族群、國籍、地域造成的偏見與歧視，卻從未消失過。族群社會工作的理念，在於肯定人的價值，重視個人潛能的發展，使每個人不但能珍惜自己族群的文化，也能欣賞並尊重各族群文化與世界不同的族群。這種多元族群的社會觀主要是承認人與人之間、群體與群體之間、文化與文化之間的差異，而這些差異都應該獲得肯定與尊重。原住民、早住民、現住民、新住民間有族群文化差異，這些並無礙於立基社會命運共同體的建構。族群社會工作須以多元文化的觀點，尊重各族群的文化傳統價值，求取社會和諧共存

的目標,使新住民能肯定自我,使新住民能安身立命,讓台灣的社會、文化更加多元,永遠生生不息。

　　「族群社會工作」在面對全球化所帶來的跨國人口流動現象,對社會工作者在實踐社會正義(social justice)過程可能的影響,進而反思社會工作人員在實務工作過程應有的態度、立場與角色。本書以英國學者 T. H. Marshall 所提出的公民權概念,檢視我國多元族群現象與作為,進而思索社會工作所期望建構的生活共同體社會,期能裨益未來新住民的政策與相關措施的發展內涵與趨勢。爰此,於所服務的敏惠醫護管理專科學校於一○一年國慶日揭牌成立「新住民家政教育推廣中心」,以服務社區中新住民,落實　中山先生所倡議的「五族共和」的族群融合。有鑑於新住民子弟就學比例的增加,著手成立「新住民資源教室」,以期建構族群和諧的友善校園。就此專業領域的倡議和借鑑,乃蒐集相關資料撰述《族群社會工作》。誠如,社會工作著眼的為社會實踐,期望能拋磚引玉引發更多專業探討、關懷與行動,有助導引並提升我國族群社會工作的實務運作,使「多元族群友善社會」具體的體現。感謝秀威數位出版公司及實踐大學出版組的玉成,方能完成這本著作。知識分子常以「金石之業」、「擲地有聲」,以形容對論著的期許,本書距離該目標不知凡幾,唯因忝列杏壇,雖自忖所學有限,腹笥甚儉,然常以先進師長的著作等身,為效尤的典範,乃不辭揣陋,敝帚呈現,尚祈教育先進及諸讀者不吝賜正。

葉至誠　謹序

目 次

第一章　概說

前言

　　觀諸許多國家是由多元族群共同組成，但常常會以單一民族的思考方式來制定整體社會制度，獨尊主流文化，形成文化霸權，忽視甚至打壓族群間個別的特色、語言和習俗。然而，分析美國於經濟、軍事、科技能獨步全球，與該國建國以來積極朝向：爭取優秀人才、廣納全球智慧、活絡市場經濟，是促成富強的重要推力；開放的美國，能吸引到世界上最卓越的人士赴美定居——這是為什麼諾貝爾獎得主、跨領域的意見領袖、最新的科技進展，多集中在美國的原因。體現「海納百川，有容乃大」的精神宏旨。

　　「族群社會工作」強調族群關係的和諧發展，族群關係係指在民族群體之間的相互關係，包括：平等的溝通、互相的尊重和共同的學習等關係，族群社會工作重視多元文化能力的技能、知識與價值，以及服務不同的個案人口群。「族群社會工作」是社會工作在各族群間的專業服務，以多元文化能力對社會各族群提供助益，在服務案主時，所提供的增權、賦能以及服務、評估、介入時，能符合並考量案主的價值與文化上的差異，以便有效提供助人的專業服務。

壹、國際移民的社會觀察

　　當台灣社會逐步走向全球化的過程中，這些新住民的影響力正逐漸地凸顯出來，也衍生許多家庭、婚姻、社會、文化及教育等的新氣象。學者Banks（1989）提出：多元族群的教育目標在於引導學生對不同文化、種族、

民族與宗教團體發展出正向、積極的態度，協助學生免於成為歧視的對象，幫助學生具備可以成功學習的能力並產生信心。更重要的是讓學生不但認識自己的文化、特質，也要讓學生了解不同族群的文化、特質與觀點，進而能夠使彼此之間相互了解，互相接納、尊重。

　　社會工作對滿足社會需求具有重要意義，社會政策作為一種社會、經濟及政治制度的安排，強調社會政策的價值，面對國際移民於專業服務上能充分認知相關理論，以建構合宜的作為：

一、推拉理論（Push and Pull Theory）

　　「推拉理論」的概念主要源自於英國學者拉文斯坦（E. G. Ravenstein）所提出的「遷移法則（the laws of migration）」，強調遷移行為是由於遷移者對客觀環境的認識，加上主觀的感受和判斷所形成的決策行為。一個地區對遷移者而言，則同時存在著吸引某些人的拉力、排斥某些人的推力，也有些因素對某些人而言無關緊要，其存在影響著遷移者的遷移決策。人口的遷移主要取決於兩地的推力與拉力效果，當一地區的推力大於拉力時，會導致居民遷移的現象，當一地區的拉力大於推力時，則會吸引居民的遷入。移民研究多以「推拉理論」詮釋國際移民現象，強調國際間所得的差異造成移民現象。遷移的過程可分成原居住地社會經濟因素、中間阻礙因素，及目的地社會經濟因素。遷移行為則是由於遷移者對客觀環境的認識，加上主觀的感受和判斷所形成的決策行為。台灣外籍配偶現象與歐美盛行多年的「郵購新娘」相當類似，而將之定義為「商品化跨國婚姻」，吸引境外人士移入的吸引力，例如經濟的發展、宜人的氣候、較佳的環境、充足的就業、較佳的設施、子女教育的機會、社會的安定、政治的穩定等因素，可能成為吸引人口移入的誘因。每一次的遷移行為都會影響到下一次的遷移決定。因為遷移會造成移民在原居地與遷移地間面臨一定程度的衝擊（impact）。在原居地，移民匯回來的錢讓他（她）的家人及親戚增加了收入，由此也刺激了其他家庭送出了更多的移民。「外籍新娘」是一種女性特殊的移民形式，女性在父權結構背景下原本就難以透過教育或工作改善自

我社經地位，和先進國家的男性通婚對於第三世界女性而言，被認定為向上流動的主要出路。同時，移民本身也會成為遷移文化的一部分，因為具有遷移的環境與文化，會比別人有更多的遷移機會。東南亞邊陲國家，由於國際資本引進，農村經濟落後，造成邊陲國家的女性因男性經濟力衰落而將婚姻對象轉向核心及半邊陲男性，再加上婚姻仲介推波助瀾下，促成了外籍新娘現象。

二、網絡理論（Network Theory）

「網絡理論」認為，移民（migrants）是建立在人與人之間的關係（interpersonal ties），強調為一組連接著一組個體（人、團體、事、物）的社會關係；也就是說現在移民、先前移民和尚未移民三者在原居地與遷移地之間的血緣、朋友和社群的關係。在網絡分析上，這些個體即節點（node），這些關係用連接著點的線來代表，即社會網絡。這關係讓他們在國際遷移時降低了遷移成本和風險，也增加了他們期望回流的可能性，使得遷移數增加。社會網絡所指的是社會關係，而非社會關係所連接的個體。社會網絡的出現即是由直接或是間接的方式來結合一群人，而進一步形成特定的人群關係，如夫妻關係、親子關係、朋友關係、鄰居關係等。網絡的關係就像移民本身的社會成本（social capital），例如，移民可透過這關係獲得海外工作的機會，而且在社會網絡的幫助下，會更加有意願的進行遷移。網絡理論從移民人際網絡關係著手，強調移民先驅者會刺激並帶領後來的跟隨者，並且透過網絡的運作，提供新移民者支持，以降低其移民至未知社會之種種風險；此種網絡運作強化並持續移民行為，社會網絡為一套人與人之間的接觸，而藉此接觸個人能維持某種社會認同並且獲得精神上的支持、物質上的支援與服務，或取得並建立新的社會接觸之相關消息，此遷移流並非隨意流動的，其主要流向是由邊緣地區向核心地區流動。外籍新娘係透過親戚朋友介紹而婚配，因此移民網絡的運作的確在新移民中扮演重要角色，亦參雜著商業利益及情感層面的運作。在遷移地，移民所從事的職業類別可能被貼上所謂的「移民專屬」標籤，這情形亦會增強

（reinforces）移民不斷進入如此的工作。社會網絡是人與人之間的接觸所形成的社會關係，個人所認定互有親密關係的人形成社會網絡的結構，其結構可解釋個人的社會行為。在認知到移民網絡的運作對於新移民者的生活有重大影響，在提供相關社會服務時，應更細緻思考如何與網絡進行連結，避免封閉的網絡成為新移民者生活適應的障礙。

三、需求理論（Need Theory）

馬斯洛（Abraham H. Maslow）「人類需求層次」（Hierarchy of Needs）理論：人是一種追求完全需求的動物，需求是人性的表現，不同人在不同時間、地點會有不同的需求；不同需求具有不同高低的層級；先滿足較低級再朝向高級的需求。每個人在不同的人生階段，所以需求自然會有變異。這種人生的生涯抉擇就是因個人的「需求」而轉變。這是一個理智的生涯選擇。在社會環境也普遍的存在某些共同的需求，例如在二十世紀五〇年代的台灣對「生理和安全」需求較為殷切。而現代的台灣社會則更重視「安全、自尊、自我實現」的需求，甚至逐步強化社會福利制度，就是對於更高的「靈性需求」越來越看重。從婚姻移民輸入國的「生產需求」觀點切入，由於經濟發展，造成就業結構改變，形成「離農」現象，農村凋零情況嚴重，農村男女出外工作情況普遍，使男子難以覓得結婚對象，社會面臨嚴重「再生產危機」，而引入發展較緩慢國家的外籍新娘便是其解決之道，台灣外籍新娘現象事實上也是解決再生產危機的選擇。另外，只要一有國際移民產生，私人的組織或公益的機構，便盡量的滿足一心希望進入富裕國家（限制發給簽證）的移民要求。因此，在已發展國家中較低層的工作較少人願意從事，勞工需求不足，所以吸引了許多來自發展中國家移民遷移至此並投入此類的工作。遷移並不只表示人們的離開，也是家庭收入來源多樣化的一種方法。在已發展國家，由於私人保險市場及政府的相關政策，家庭收入的風險降至最小。但由於這些處理風險的制度或機制，對一些窮苦家庭而言是不夠完美，因此激發了他們進行遷移以分散風險。同時，在社會保險較弱的地方，家庭成員會到外地工作並將所賺的錢匯回

家中，增加家庭抵擋風險的能力。在沒有失業救濟金、社會福利、貸款、甚至連投資都無法有保障的地方，從移民匯回家中的金錢，將是維持家庭經濟保持較佳狀態的重要來源。學者實證的研究發現：嫁至台灣的外籍新娘避孕率僅 30%；遠遠低於越南本國婦女的百分之 65.4%的避孕率，證諸「外籍新娘」嫁來台後一個重要的社會目的即是為夫家進行再生產。（王宏仁，2003）

台灣除了閩、客、外省及原住民四大族群，來台外籍配偶人數已近四十七萬人，在台工作的外籍勞工也達四十四萬人。如同學者米勒（Miller, 2000）所陳：族群是用來整合社群內部多元認同的一種建構，成為一個「想像的共同體」（imagined community），而族群認同是一群具相同處境人所共有的主觀意識。針對族群議題的關切，逐漸受到實務工作上的重視。從二十世紀八〇年代起，例如「族群敏感實務」（ethnic sensitive practice）、文化覺知（cultural awareness）、跨文化社會工作（cross cultural SW）、文化能力實務（cultural competent practice）紛紛提出。多元族群強調的是對於族群差異的尊重、相互承認彼此的文化認同。認同與接納是一項漫長的過程，誠如朱理（Tully, 2000）強調：

第一，每個族群都有多重認同，彼此之間有可能重疊、也有可能相互競爭；

第二，認同之間往往有優先順序，因此，必須不斷地經過詮釋、以及承認；

第三，認同是需要經由自我認定，並且要透過與他者進行討論、以及協商。

台灣社會自九〇年代開始出現「外籍配偶」的名詞，並成為台灣社會備受到關注的一個新興議題，這些來自低度發展國家的婦女，自一九九四年來急遽增加，至二〇一三年總人數已達四十七萬人之多，其中外籍配偶（含歸化取得我國國籍者）十五萬餘人占 32.76%，大陸與港澳地區配偶三十二萬人占 67.23%（內政部統計處，2013）。這些有著與台灣社會不同語言、生活習慣、風俗民情的外籍人士，與台灣新郎結為連理，定居下來成為台

灣人的一分子，也在台灣的這塊土地上落地生根。多元族群，包含了「多元」及「族群」兩個概念，其中多元指的是尊重差異，讓各種不同的聲音、看法與價值觀得以展現，而文化是一種生活方式及主張，因族群差異而有不同世界觀、操持不同的語言及擁有不同的生活風格等，多元文化的內涵便在理解各族群之不同的社會身分，進而透過倡議、行動以改變社會的歧視、壓迫環境，讓各族群得以共存、共榮、共建。

為了因應社會與人群服務在環境以及生態上的改變，社會工作在基本的價值及方法上已產生新的思維，社工人員必須具備整合能力以服務各族群案主。這些能力包含：

一、賦權與增能為導向，注重實務。

二、在案主服務的作為中展現專業。

三、在務實情境中，尋求解決之道。

四、在不同案主中，能察覺差異性。

五、視人為具有潛力與資賦的個體。

具有族群客觀及包容的社工人員，必須關切社會階級與族群間的互動關係，並了解這兩者對生活上問題的解決之道；要能檢驗「族群多元性」的能力，以及提供服務的步驟與方法；對案主的真實情境予以了解，以獲得案主問題的克服，並發展相關的工作技巧來落實適當的服務。

Green（1999）認為族群（ethnic）社會工作的服務應該包含下列五項，爰此，社會工作實務的進行可應用下列基本模式來推展多元文化的工作：

一、了解個人本身文化的特色性。

二、對文化差異保持開放的態度。

三、以案主導向進行系統的學習。

四、能妥善地應用各種文化資源。

五、尊重文化的一貫性與多元性。

多元族群能力是指：專業服務員在進行專業工作時，能將期望與行為同步化，使不同文化成員能覺察他們受到適當的處遇。社工員必須了解案主的真實情況並率先察覺種族的特質，獲得案主文化的知識以及其民族的

世界，發展專業助人的技巧以施行對案主實際情況的適當方法。此外，必
須能夠以鉅觀的社會系統觀點察覺案主的家庭與社區。這是一種專業工
作，它具有一致性的行為與期望，能使不同的族群覺察可以適當的被接受，
強調受過訓練的社工人員能將專業倫理與工作型態結合，使其有助於文化
價值與案主的需求。如何將多元文化架構的改變應用在社會工作上？這是
社會工作應重視的問題，這對從事族群工作的社工員是極為重要的。其內
涵為「認識案主→建立關係→初步評估→周密計畫→參與介入→評鑑反
饋。」（Stark, 2006）

貳、多元族群的互動模式

　　為推動族群社會工作，須把握該專業是建置於對「社會公義」的落實，
茲援引英國社會學家馬歇爾（T. H. Marshall）對「公民權」的論點，強調每
位公民皆有其權利並應善盡其義務，共組和諧的社會。「公民」（Citizen），
在西方歷史的傳統中，定義為「屬於一個特定地理領域的人」；而凡是合乎
公民的人，都能被這個領域所接納、並承諾得享共同的利益。正如同社會
公益的解釋，社會保障公民提供自由、公開、理性與多元的公共領域，讓
公眾共享。在古代，人們只講究王權和政府的權力；但在漫長的歷史發展
過程中，人們漸漸認識到，每個人都有天賦的人格尊嚴和價值，每個人都
是生而平等的，應該受到社會上其他人的尊重。這是人權被確認的基本意
義。公民的權利（citizenship）為公民存在的充分條件，一個公民如果不能
彰顯參與社會生活的權利，就不存在於人類生活的群體；公民權利是公民
依法享有社會生活及保障的權利。希臘城邦政治時代，哲學家亞理斯多德
（Aristotle）就指出，人類為社群或政治的動物，唯有透過參與城邦事務，
才能具現所有人類生活的層面與性格的潛能。公民權利的範圍十分廣泛，
概括地可分為：公民及政治權利、個人自由、經濟、社會及文化權利、以
及其他權利。然而，所謂參與社會事務的定義，應隨著時代的發展而改變，
農業社會的事務勢必不等同於工業社會，所以公民權利應當是一個演化的

概念，從人類的社群經驗中歸納出應有的權利，來介入與己身及公眾利益有關的事務。

　　馬歇爾（T. H. Marshall）在一九五〇年發表的「公民權與社會階級」（Citizenship and Social Class）談到了公民權的發展。他說：公民權利的發展，分別來自十七世紀的人權說、十八至十九世紀的民主議會政治制度、及二十世紀工商社會充分就業的需求等刺激，於是產生了法律、政治與社會的三權共構之說，作為公民權之內涵，公民權三大本質為：

一、法律的權利：與個人自由相關的一些基本權利，如人身自由、言論自由、信仰自由、擁有財產的自由、簽約自由以及要求（司法程序）公正的自由等；財產所有權、程序正義、人民接受公平審判之權利；人身自由（personal liberty）是指公民本身與身體有關方面，不受非法侵害的權利。這是公民最基本的權利，是享有其他各項權利的必需條件和前提。因此，「公民權」是與法律有關的；即在國家憲法、法律制度賦予的保障下，公民有權合法地做某些事情，而不致被其他人歧視、侮蔑，甚至壓迫。在法律的保障下，公民可以有自由言論、自由信仰；對於專橫和壓迫，公民可以訴諸法律，而無須迫不得已鋌而走險。

二、政治的權利：公民參與國家和社會政治權力的運作的權利，具體說，也就是選舉權。任何一個公民要在社會上正常地生活、學習和工作，一定要有個人自由權利的保障。法律必須保障公民的人身自由及人格尊嚴不受侵犯。政治權是搭配現代民主代議政治之發展，產生出選舉、結社、參政權；公民政治權利（civil political rights）規定國家與個人之間的關係，指定國家不應干涉及侵害某些個人行為，包括居住及遷徙自由、言論自由、講學、著作及出版自由、祕密通訊自由、宗教信仰自由、思想及良知自由、集會結社自由、婚姻自由、罷工自由、私生活不受侵犯的權利、國家出入境自由、擁有財產自由等等。

三、社會的權利：即公民享有國家提供的經濟保障、教育、基本的生活和文明條件等的權利，為社會安全福利之賦予、失業保障、教育與保健之條款訂定；公民可享受社會保障的權利。每一個社會都會有弱勢群體，而每一個政府都有責任去保障這些人的基本生活。政府有責任去立法或推行政策去保障婦孺、老弱傷殘、災害受難者、無力生活的社群，訂定社會保障制度，援助入息低於基本生活水平的個人和家庭，推行如公共醫療、社會保障、勞工保障、津貼房屋等政策，令公民生計得以保障。為了保障上述各種公民應有的經濟及社會、文化權利，各國政府都需要在不同程度上，較公平地分配財富、收入；機會和社會服務，減少城鄉地區的差別，使基本需要，包括：教育、醫療及保健、食品、住宅等，皆不會完全受市場的控制，並建立和加強適當的社會體制，作為改革的工具。

馬歇爾認為這三種權利在英國近代歷史上的發展秩序和速度並不同步，先後經歷了三個世紀，十八世紀英國公民權利的主要內容是爭取和普及民權，十九世紀是擴展政治權利，到了二十世紀，社會權利成為公民權利的重要內容。但至二十世紀末葉，公民權重新定義的呼聲又風起雲湧地展開，首先為工業權（industrial right）的想法，也就是產業民主的嘗試，試圖開放勞工介入經營的權利，來保障工作權、基本生計、物價與生活品質；其次為法律領域內的經濟、社會、文化權（Economic, Social and Cultural rights）的觀念，強調爭取社會福利的權利不單在於物質的滿足，而在於公民能力（capabilities）的賦權增能（empowerment），也就是使福利受惠者有能力介入物質分配政策的協商，可以做選擇、可以實現個人的期望。英國學者 Graham Murdock（1996）提出文化權（cultural rights）來呼應於這個嶄新、複雜的時代要求，這樣的權利包含以下要件：

一、接近資訊的權利：媒體應提供多元的文化與社會經驗，讓不同族群都能深入了解。

二、接近知識的權利：公民能有尊嚴地參與社會生活，有能力規劃及
　　實踐自己的未來。

　　文化權在大眾傳播媒體的公共利益上的實踐，並非只有提供公眾高品
質的節目與資訊收視，而是還希望公眾能提出具體的需求並進一步參與，
達成民眾接近與識讀（access and literacy）權能之彰顯。另一方面，如果從
全球化的觀點來看，公民權正超越國家民族的界限，橫向擴張權利的意涵，
結合人權（human rights）理論，跨越到種族、性別、宗教的區別上，超越
人類民族與國家的藩籬，以達成社會公義。

　　在人們所生長的環境之下，人與環境互動並改變環境，個人與環境間
的互動對於生長與生存而言是重要的。人在環境中生活，除了適應環境以
外，同時也隨著環境的差異而創造出不同的生活方式、儀式、生產方式、
社會組織、信仰，而形成不同的文化、歷史、價值觀。長久以來社會工作
者對於存在於個人、家庭與社區之間，多元且複雜互動的理解，是重要、
且有助於實務工作的條件。族群社會工作發展三項模式以遂行實務的作
為。這三種概念包含「生態模式」、「優勢模式」與「賦權模式」。模式是一
種典範，在社會工作實務上展現其影響性，這是一種有用的工具以幫助社
工員在思考個案時運用一系列的項目來達成任務，將有助社工員增進本身
與案主的能力，這些模式特別重視與不同種族與文化或受壓迫族群的策略
與概念。

表 1-1　融合多元族群的模式

模式	主張	觀點	社工服務
生態模式 （Ecological model）	1. 強調靈巧的平衡存在於個人與環境之間，這種互動式可以增加或維持不變的。 2. 一個人是處於持續與環境中不同系統間互動的狀	立基於人在環境中經由轉變以便能適應、進化的觀點： 1. 人們生長於包含空氣、水、食物的環境中。 2. 人們必須與環境結構維持關係方得以	生態模式協助社工員發展策略以支持團體或個人發展適當的力量，並獲得對生活的掌握。 1. 社會工作實務是朝向於「改善個人與不同環境系統的互動，使人與環境能夠契合」。

	態，環境包含人們能達成需求的複雜結構。 3. 系統包含家庭、朋友、工作、社會服務、政治、宗教、商品與服務、及教育等系統。	生存與成長。 3. 人們與環境都會持續的改變並且相互調適。 4. 人們會與環境相連結且會產生壓力與衝突。 5. 一個人若要生存與發展，則某些壓力性與支持性的連結是必須發展的。	2. 著眼應立基於人在環境中經由轉變以便能適應、進化的角度協助案主。 3. 引導社工員評估環境的力量，該力量會增強個人的能力。 4. 發展對動態能力的了解，以及如何在環境中適應與獨立。
優勢模式 （Strengths model）	優勢模式強調的是典範的改造，使社工或其他助人專業可以在個案家庭及社區的工作上從病理的角度轉向優勢的觀點。 1. 個人與社區具備技巧與資源，是可以進一步的發展並增進其功能。 2. 優勢模式發展是基於「以問題為焦點」方法的關切。 3. 在哲學方面，注重問題可以促成工作者表達對案主的尊重、價值及潛能。 4. 在實務方面，則是使案主相信他們有安排自己生活的能力。	1. 所有的人們不論是在心智、身體、情緒、社會及精神面，都具有貯藏、更新、擴張的能力，且而能夠促進改變。 2. 人們與社區皆能夠學習、成長與改變。個人與社區在了解本身的能力與目標之後，可以建立動機與功能並減少擔心。 3. 所有的人們皆具有智慧與能力去決定對自己有益的最佳治療行動與方案。 4. 介入必須基於案主與社區的自我決定，案主的需求概念應以潛能而不是病症，成就而不是問題解決為導向。 5. 沒有任何專業可以判定一個人該如何過他自己的生活。 6. 社會工作介入的目標是去傾聽案主的	1. 優勢觀點主張個人、家庭、與社區具有優勢可以去支持、運用並配合其他的資源，使人們能達成其潛能目標。 2. 優勢觀點的主要目標強調可以協助建構優勢給案主，與案主合作，提供其適當的位置或角色，提供經驗與提醒找出社區的資源。使案主能主動處理或解決自己的問題。 3. 個人與社區的願景或成果，例如生活品質、達成目標、具備能力、生活滿意等因素皆可以整合生態觀點來增進成效。 4. 對案主的服務並不視為是已受傷害的或缺陷的對象。相反的，他們被視為具有潛力的個體。 5. 優勢觀點尋求界定影響個人生活的因素，以及使個人可以被激發的方法。

		想法，以便激勵其優勢，並且尋找有關的資訊、資源與工具去解決自己的問題並達成目標。	
賦權模式（Empowering model）	1. 賦權是指個人、家庭或社區獲得能力或力量。在社會工作的角度，賦權是指一個人具有能力去影響加諸在其生活上的不同力量，針對受壓迫的人們，能對自己的生活表達意見或積極參與。 2. 賦權有三種概念：是一種介入與成果；是一種過程；是一種對廣泛或不同人口有助益的技巧。 3. 賦權的關鍵策略是教導案主與社工員互相尊重，非判斷性的過程、整合性的過程以確保目標的達成。	1. 即使在極端挑戰的情境中所有人具有潛能。 2. 所有的人會遭受某種程度的失能情況。 3. 賦權是從發展個人能力，涵蓋態度、價值、信仰等方面皆與自我效能有關的改變，使社區能變得更好的一種作為。 4. 確認案主的個人經歷並分享其經驗，並輔導其走向整合性的行動。 5. 個人在評判思考、獲取資訊、以及採取的行動等方面的知識與技能皆與賦權有關。而結構性力量會影響生活與機會。 6. 發展策略與展現行動是集中在個人與社會的改變上。	1. 社工員應用賦權原理在工作上時，連結能力與失能，以使案主與環境在轉變的過程中能得到協助。 2. 社工員在工作關係上應提供安全且具有支持性的環境。社工員必須去了解案主的生活環境，例如文化背景、需求、優勢及關切的問題。 3. 在助人的過程中應鼓勵案主經由提升自信心、自我認同、自我引導、自尊、自我控制等方法達到賦權的目標。 4. 經由整合性的協助建立案主的優勢與價值觀。 5. 賦權的實務需要社工員扮演多元的角色，例如教育者、倡導者、諮詢者以教導新技能給案主。幫助案主成為自我發展方案的領導者，並評估成果的效益。

（資料來源：作者整理）

參、多元文化的專業服務

公民權不只是一種法律定義，如同美國學者謝克拉（Judith N. Shklar）所說，更是一種社會地位（social standing）。得享平等的公民地位，不僅要有投票的權利，而且還必須有掙錢的權利（right to earn）。聯合國的《世界人權宣言》（Universal Declaration of Human Rights），就是基於敬重人人天賦的尊嚴和價值、正義、和平的基本精神而制訂的。雖然這只是一項國際承認的原則聲明，沒有實質的法律效力，但重要的是它激發了各國在憲法、法律及協議內訂明各種公民的權利，使公民人格的尊嚴、價值及其平等得到保障，促進社會的自由、進步和改善民生。公民權利必須建基於平等的原則，任何法律或政策不得對不同種族、膚色、性別、語言、宗教、政見、國籍作出區別、歧視，或有任何不公平待遇。「在法律面前人人平等，在沒有歧視的情況下受到法律保障」是一大主要原則。每一位公民對公共服務都可以享有同樣的享用權，在婚姻及職業上不應存在性別、家庭、殘疾等任何的歧視。檢視公民權利與資格內涵的演進，說明世界思潮對人類公益的保障設計，日益精緻化，在服務公民社會的行動上，也必須更加細緻而充分地朝向多元化設計。

我們可以看到社會上對於多元族群有刻板印象的存在，這些刻板印象大部分是缺乏認識與接觸所產生的系統性錯誤類化。所謂多元族群的服務作為的涵義是「為了有效的執行社會工作，面對多元文化的案主，必須發展的知識、技術及行動。」（Dressel, 1988）從標籤理論看來，在文化適應上，原本就顯得力不從心的弱勢族群，加上這些社會文化所建構的刻板印象與具體的差別待遇或偏見，最終可能引發產生「自我預言的實現」（self-fulfilling prophecy）——行動者在經歷系統化的偏見或差別待遇後，可能最終肯定這些別人加諸在其上的「認知」，最終也表現出如他們所期待的行為。在一般社會工作實施的架構下，多元文化的實務作為必須在整個助人工作過程中被認清與重視，包括：文化的認知、知識的學習、技術的演進及族群的理解才是多元文化能力展現，且能發生效力的方法。周延的

處遇是立基於對情境執行適當的評估。因此，多元文化的作為為社會工作
執行的措施之一。

表 1-2　檢視社會工作文化能力的評估

項目	區分	內涵
觀點	微觀	針對個人的長處、資源和解決問題的能力的調查。
	巨觀	在於案主生活周遭的組織和社區多元面向的了解。
組織	認知	組織支持多元文化能力的執行程度。
	服務	對多元文化族群，服務輸送的回應。

（資料來源：作者整理）

一、社區服務評估

　　了解組織中的文化內涵和社區評估，熟悉文化背景的需求，是為了服
務輸送能減少阻礙並能順利送達案主，機構如何展現接納的環境，以落實
在評估的作為中能注意多元文化的事項：

表 1-3　評估社區的服務能力

項目	內涵
機構評估	文化能力調查，在組織方面強調機構執行服務的脈絡。它所探討的主要問題是，是否機構和服務提供了多元族群需求的回應，社工須敏銳的認知機構的服務輸送。
服務對象	當面對一個文化多元的群體，重要的是不僅只知道誰是使用者，更當分別其種族。此外，更當對使用者個別的家庭結構、移民過程、社經地位、語言和文字加以了解。
服務描述	檢視機構對多元族群服務的範圍。藉由資料收集，例如，現有的服務的方式和服務使用的模式，列出哪些是可能遭遇服務的阻礙以及阻礙如何消除。
服務提供	多元文化人口對機構的服務是否普遍。包含：當心理、生理兼顧。研究指出，服務的所在位置，對多元人口使用服務，有決定的因素。
服務方式	精通對方的語言能力的服務是對新進移民極端重要的，服務在多元人口，語言溝通是先決條件。
適當服務	能充分分析不同多元族群人口群，區隔使用服務的型態，適當的服務應當配合社區文化情境。

機構特質	重視多元文化能力的機構，應該預備全力支持在所有的策略、程序、員工和環境。唯有如此，服務輸送和方案執行才能正確吻合文化認知的態度。
執行策略	機構中應該有書面的相關文化影響力的策略及執行程序，組織策略指導機構執行人力資源、方案評估及服務輸送的選擇。
人力資源	在多元社區工作的族群社會工作推動有必要充實的服務人員在各個工作階層，精通雙語又了解對方文化的直接服務工作者。
協同組織	藉由發展連結多方面的協力組織的資源網路，超越本身專業服務的範圍，進而執行轉介工作。一個完善的協同組織網路，是以充權、賦能為目的。
社區調查	首選出的最高需求組合，例如：社區資源發展和倡導、身心健康醫療服務、和老人照顧。次最高需求組合，例如：青少年和家庭照顧（福利）、就業服務和語言教育。

（資料來源：作者整理）

二、建立社區服務

　　社區需求調查，專注在現有問題上，也就是評估社區的優勢。社區需求調查，針對現有和潛在的資源，包括：可用能力的培養和發展目的的潛力。其目的強調合作及支持，以及努力增進合作關係，以建立為社區預防及解決問題的能力，建立社區服務確立五項能力。（Glickman & Servon, 1995）

表 1-4　協助社區確立服務能力

項目	內涵
資源	社區為了增進多元族群的適應，引進接納資源。資源發展當多面向，不僅只是人際服務和社會福利方面，更須延伸至經濟，像社區的友善環境及資源的開發。
組織	社區設施及服務的質與量必須提升，除了更多的傳統社服內容——醫療、照顧、住宅和休閒外，其他不可或缺的服務是社區必須組建。
計畫	在社區內提供一個內容豐富的全人照顧系統。在多元族群社區建置對早療、兒少發展、成年人、老人的各種福利計畫。此外，服務應該強調多元族群隔代需求。
網絡	增進多元社區全民福祉，拓展與其他少數民族社區合作的能力，藉由社區機構外展和合作，推廣至社區及外界環境。
政治	有能力行使影響和平衡社區內結構性的變化，經由主動的倡導和選舉參與政治，使政府對多元族群社區需求有更多的關注。

（資料來源：作者整理）

從實務面來看，為了使多元族群服務可以被廣泛重視並有效使用，必須對不同文化的價值進行了解，在助人專業上來引導適當的服務。社區需求調查、服務評估，對多元族群能有直接的幫助，在進行社區調查時應兼顧資源、組織、計畫、網絡、政治的因素，才能使服務能達成目標。

肆、社會凝聚與族群參與

由於社會變遷及全球移動的影響，社會凝聚（social cohesion）的概念在社會工作的實務中日益受到重視，指涉一個社會中各團體或族群間相互關聯性、社會連帶與彼此信任的程度。推動社會凝聚，確保每個人能為社會所接納、受到尊重，並且能享受平等機會、社會團結及對社會不同成員的關懷精神，使社會變成公益的，亦即其利益能為所有社區內的人所使用。來自境外的外籍配偶，因為語言隔閡、文化差異、風俗習慣不同，以及生活適應不良等因素，致使衍生出許多社會關懷的問題。然而，這些現象的根源與社會凝聚是相關的；是以，強調提升其能力，更建設性地回應各種社會問題或可能風險。法國社會家涂爾幹（E. Durkheim）強調社會連帶對社會凝聚的重要性，社會集體意識具有社會結構的某些特色，它們牽涉到人際信任、互惠規範與互助合作的程度，可被當作個人資源，也有助於增進集體利益。社會凝聚長久以來社工專業強調助人的方式是針對案主的缺陷、病理學的模式來了解個人與社區的行為；相對的重視社區功能，是另一種方式來看待人群。Putnam（1993）認為：社會分裂與不平等不僅是不公義的，也無法確保社會的長期穩定。政府績效表現的差異與社會連帶的程度密切關聯，使社會公民因為彼此認同、接納、合作而形成集體意識及行動，並且克服社會的難題。社會凝聚是一種源自社會的普遍信任能力，它可體現在最小與最基本的社會團體、家庭，以及最大型的所有團體、國家和介於兩者間的所有其他團體，使居民與公民因為彼此合作而互蒙其利，生活在較高的社會集體意識裡的公民，較信任其他的人，也較重視社會連帶與公義。

　　社會凝聚為社會成員提供新的參與互動，尊重其他文化傳統，並進一步了解社會目前存在的種族歧視、性別歧視和貧窮等問題的根源，克服和消除對其他民族和族裔文化的誤解，克服和消除激烈的文化衝突，減少乃至消除種族主義的偏見，沒有隱性或潛藏的社會衝突，無論種族血緣、政治參與的不同，均沒有潛在的社會隔閡與疏離，並透過社會信任與互惠規範的程度、跨越社會分工的公民社會力量，以及衝突管理的機制，以培養他們對群體差別的包容與欣賞。社會凝聚係透過持久的網絡，或是制度化的相互認識與承認的關係，而累積給社會成員，包括：信任程度、清楚認知、互動參與；通常是透過像宗教、傳統或歷史的社會機制而創造與傳遞。以確保社會安全的基本條件，藉由人人平等的理念，朝向幸福、健康與富裕、和諧的社會。

　　透過社會分析發現：外籍配偶家庭通常具有五個基本特質：在婚姻市場中的資源相對弱勢、跨文化家庭的適應困難與落差、女性配偶擔負生育與照顧責任、子女教養不利影響到後代品質，以及社會歧視與負面標籤效應。（葉肅科，2008）社會孤立可能因為文化差異、語言隔閡與宗教障礙而加重問題。然而，這並不是無法改變的事，它也可以藉由社會參與及社會凝聚來改善、改變情況。社工員必須了解案主的真實情況並率先察覺種族的特質，獲得案主文化的知識以及其民族的世界，發展社工技巧以施行對案主實際情況的適當方法。此外，社工員必須能以比較鉅觀的社會系統的觀點關注案主的家庭與社區上；因此，社工員必須能察覺案主不同的價值、信仰與處遇系統。

　　社會凝聚的觀點不斷的在拓展，社工員必須要比較社會主流系統與案主所處的環境，尤其是在與少數族群案主服務的過程中必須對其族群、階級、語言、習俗、以及協助的方式，具有靈敏度。在促進社會凝聚存有如下觀點：

表 1-5　促進社會凝聚的作為

主張	觀點	特徵	社工服務
著重社會文化塑造	強調人與環境互動的重要性，並期望彼此能保持平衡的狀態，對於受壓迫或易受傷害的團體在處遇時的彈性與寬廣性，它不只是個體的單一作為，而是對不同的系統進行改革上的努力。	具有信任規範與互惠特徵的社會關係網絡。為了促使各族群儘速融入台灣社會、形成社會凝聚，重要方式是：鼓勵成員參與社會，在信任、互惠、規範、自主與參與的特性下，積極協助他們共創台灣新契機。	1. 對社工人員而言，觀點強調是試圖了解個人、文化、年齡、性別、社經情況與個人經歷在環境的改變之下如何形成。 2. 強調適度的評估「人在環境中的配合度」的困難，且介入目的是經由消除負面的轉變以改善配合度。 3. 著重社會組織的特色，例如信任、規範與網絡，可透過協調行動的促進以改善社會公義。
重視社區功能型塑	注重增進個人與社區的功能，並促使案主能增強其信心與能力，不斷學習與成長。在社會互動中需要信任與尊重的作為。	社會凝聚是一種社會集體力量，包含關懷、參與，以及對人與治理機構的信任；是建立在問題與病理上的概念，在公領域，並基於公益而允許採取行動的因素。	1. 強調專業應從社區潛能的方向發展。 2. 採用實證的方法以介入作為來協助案主，演繹出問題界定的服務模式。 3. 使個人、團體或族群可以透過集體行動解決所面臨的難題。 4. 讓社會更有效率與效能的對其有限經濟資源或社會資本做合宜性配置。
強調增能賦權作為	賦權是一種自我定義與自我尊重；其作為是當人們屬於某種汙名化的社會結構時，經由專業協助以發展在人際影響的技能，以及社會價值的過程。	賦權策略主要強調教導其有關生活上能力動態與系統的概念，使案主了解社會支持系統。賦權的實務是增進案主的心智、精神、身體的健康以及社會正義，著重自我效能，表達自我並積極參與，為社會、規範與價值的內在社會和文化凝聚力，它支配或決定人們與制度間的互動。	1. 本身的知識以參與社會投入的過程；增進社會能力、自我價值；並在生活及工作技巧上能夠生存並且適應與發展，更為滿意自我。 2. 教導案主了解並使用其能力，準備與案主分享能力，皆能藉由專業服務的方式來促進賦權的實務工作。 3. 增強權能的社會工作實施不僅要增進弱勢案主的高度自我價值感與自我控制能力外，還須藉由倡導辯護、教育學習、政治參與、集體活動、社會運動等行動實踐來提升其意識覺醒，最後形成社會的變遷發展。

（資料來源：作者整理）

　　上述三種觀點對族群的社會凝聚而言皆有正面的影響與支持力。社會凝聚是一種持續進行的過程，使某些目的的達成變為可能。也是一種植基於社區內所有居民的信任、希望與互惠性而形成的共有價值、共同挑戰與平等機會。經由社會參與以促成社會普遍享有共同的社會經驗與社區參與活動。對於個人而言，它是一種寬廣的機會平等與生活機會，對於所有公民來說，它更是一種基本生活福祉的達成，是基於社會福祉與經濟繁榮的事務，因為它改變人際互動的誘因，也幫助理性的避免造成隔閡所帶來的疏離。多元族群的社會參與與公義，是社會凝聚的體現，這是政府與公民社會的共同責任。

　　社會凝聚促使社會工作不斷地探索助人服務的典範，也引起我們對現實世界中相當重要的信任、規範和參與網絡等現象的關注。現今，實務領域可將社會凝聚概念及其分析架構應用於微觀與鉅觀層面的許多議題上，並提出各種服務方案。社會凝聚的理論基礎探討社工員在進行不同文化案主的介入時，可以採用的觀點與策略。為了使多元文化能實際落實在社工實務之中，社工人員在實際執行助人專業時應注意的原理與技巧。例如，機構的評估、案主的描述、服務的方式、結果的評估、社區資源調查等，以提供專業人員在實務上介入時應考慮與關注的面向。族群社會工作的服務觀點或政策規劃不應只限於經濟面向的探討或靜態的分析，而是涉及政治、經濟、社會與文化等多面向的論述與動態過程的評估。其中，尤應納入社會凝聚力的概念做詮釋，強調從社會孤立到社會凝聚轉化的可能性，並且適切建構整體性的規劃最佳政策模型，藉以提升其社會地位，確保各族群的經濟安全與福利服務。

結語

　　台灣是個多元族群的社會，對於少數族群的保護及發展，不僅和整體發展有著密不可分之關係，而如何充分發揮多元族群社會的優勢，並建構

平等發展、共存共榮的族群關係，更是關係著社會發展。因此，融合台灣社會中的族群關係，以達到扶助弱勢與和諧互利的發展，應是當前社會政策的核心議題。

建立多元族群政策，無論是原住民族群或新住民族群，或是其他弱勢族群，須透過積極性的社會政策給予輔導與支援，方能確保其工作權、健康權和生存權，並透過多元文化教育消除歧視形成族群間良性互動；更進一步規劃文化產業，促進文化交流，而對於仍被歧視和誤解的族群，則更深入研究，並透過社工專業介入和有效的社會教育，方能成為共存、共榮、互尊、互信而且分享的理想境界。外籍配偶家庭出現的問題，族群社會工作對這些家庭的協助，應該主動接觸，結合多元文化的服務原則、尊重了解不同文化價值，在這些新興的案主中建立新的專業服務模式，開創社會工作專業新領域。

當台灣的族群逐漸多元化之後，以助人專業為主軸的社工人員，面對社會的族群現象，應該誠實的自我檢視，是否存在對某些地域的人民，有種族歧視的偏見存在？這樣的偏見會如何呈現於工作過程中？又如何影響專業作為？這些對「種族議題」的自我覺察（self-awareness），也應該透過各種在職訓練、工作坊、研討會的型態，注入社會政策制定者及社工人員培育中，幫助他們成為具有「種族敏感度」的專業人員。社會工作於學校教育，更應該將這樣的「種族敏感度」加入相關的課程及實習訓練、實習手冊當中，以促使成為稱職的專業人員。同時於教育體系、警察體系、醫療體系及行政體系，也宜檢視其中的政策，是否公允面對其他種族？社會政策的內涵是否抱持種族歧視的偏見？綜而言之，多元族群社會服務的執行，並非社工員獨立可為，或一蹴可幾，應該結合各專業人員、社福組織成員及社會的力量，釐清服務的目標與概念的轉變，才能落實族群社會工作的服務內涵。

第二章　新移民的現況與問題

前言

　　在全球化及國際化衝擊下，跨國的人口遷移已成為普遍現象。不同國家、不同文化的人們產生交流、衝突與融合，也為社會發展帶來了多元、豐富的面貌。在社會問題的關注或社會政策的制定上，「數量」（numbers）具有政策性的意義。（Jencks, 1994）近年來台灣社會有五大族群融合的倡議，第五類族群是指以大陸與外籍配偶為主的新進移民，根據統計，至一〇二年台灣新住民人口（外籍及大陸配偶）總人數已逾四十七萬人。總體而言，台灣是一個以漢族為主體的社會，福佬裔人口占 67%；客家人約18%；外省人 12%；原住民 3%。不論是從人口增加的角度、或是族群多元的觀點檢視，新住民將是台灣未來的資產與助力，而不是社會的負擔。

　　兩岸的互動在民國七十六年政府開放赴大陸探親之後有重大改變，這個決定為隔離近四十年的兩岸關係打開了互動交流的大門，包括：兩岸婚姻。在「天涯若比鄰」，開放是阻擋不住的趨勢，隨著交流的日益頻繁，兩岸通婚將益為增加，足為社會政策的思考。

壹、背景陳述

　　在全球化浪潮下，國際間人口移動愈趨頻繁，移民已經成為國際社會中很平常的現象，台灣身為國際社會一員，人口移動也愈來愈頻繁。外籍與大陸配偶人數急遽增加，引發大眾及政府廣泛的重視，跨文化家庭已成為我們社會中不可忽視的議題。應對全球化趨勢，借鑑新加坡政府推行了

多元族群政策，實施尊重文化多元的民族平等政策；在國家現代化建設過程中，有效地展現族群間彼此和睦，各族不但保持各自文化特徵，同時確立了對國家高度的認同感。

在兩岸婚姻與東南亞跨國婚姻的形成歷程，可以看到是兩岸社會的開放，使得人民之間的交流更為頻繁，更促成了兩岸通婚的現象。而東南亞跨國婚姻的形成，則是以經濟因素居多，此外，東南亞的華人分布也較多，也是另一個外籍配偶較多來自此地的原因，從「南向政策」與國內邊陲地區男性無法在婚姻市場中尋得適當婚配對象，而形成的婚姻仲介。

表 2-1　跨國婚姻的特性

特質	內涵
女多於男	外籍配偶女性的人數比率為 86.23%，男性比例為 13.77%。（內政部，2010）
老夫少妻	一般國人婚配年齡差距約在 0〜6 歲之間；而外籍新娘年齡差距 10 歲以上，占 61.6%、10〜14 歲差距，占 28.9%、15〜19 歲，占 20.0%。（周美珍，2001）
學歷偏低	外籍配偶的學歷大多以具高中、國中、國小學歷者最多。（陳庭芸，2002）
地位偏低	選擇外籍配偶的男性社經背景上，大部分是屬於中、低收入狀況。（陳庭芸，2002）
藍領較高	台灣配偶中則以商人、工人、榮民暨基層勞動比例較多。
居於邊陲	外籍配偶的分布以屬農業或是邊陲地區居多。（內政部，2003）

（資料來源：作者整理）

台灣的跨國婚姻有類似買賣行為，夫家大多抱持著娶媳婦是為了家務管理、生養後代、照顧老弱傷殘、或增加家庭勞動人力。隨著外籍配偶人數越來越多，社會意識到：在這些跨國婚姻人數增長的同時，也伴生了社會問題。外籍配偶在家庭中，往往被視為傳宗接代的生育機器，被視為合法的外籍勞工般的對待。長期來有關外籍配偶的報導以負面居多，導致社會產生許多負面的刻板印象，跨國通婚的現象也讓國人在沒有相關的配套教育措施下，導致沒有以「人」為本的尊重觀念，反而在金錢花費上打轉，而來衡量對於媳婦的付出是否划算，是否「聽話」、「乖巧」，而不問家庭、

社會給予關愛、關懷。在此現象下，由於她們被汙名化，與社會相互隔離，以及被人不適當的對待，又因為本身並非主流文化，她們的訴求通常是不被人重視，而生活適應困難與衝突，往往亦加深了更多的歧視。不論外籍配偶是屬於哪一族群，她們幾乎都會面臨同樣的適應問題；過去，我們總把問題焦點擺在純粹的個人適應不良上，因此，問題的解決方向多是針對這些特殊身分的輔導與教育面向上，試圖利用有限的時間與課程來解決這些問題。而且在適應過程的解決方式也大多採取類似模式。但是，經驗證據顯示：這樣的效果並不大，問題仍舊持續存在，並且隨著人數的增多而使問題越來越難以控制。大部分的外籍配偶在面對新的社會環境時，她們會求助於其他同國籍的配偶朋友。我們在建立友善社會時應結合相關單位及社會大眾，正視新住民的問題，並且為多元族群社會的建構做準備，如此才能在全球化的腳步中，建置一個和諧的社會。

　　就一個多元族群社會而言，族群之間的利益原本就很難一致，再加上菁英往往無力抗拒操弄的誘惑，形成族群互動的規範治絲而棼。對於跨文化婚姻而言，文化差異是一個必然面對的問題。來自不同的文化體系，自然有著差異的價值觀與生活處遇模式，雖然經過一段時間的社會學習之後，文化或語言隔閡可能逐漸弭平；但是，在此過程中，可能已累積了相當多的衝突與不滿。對於這些大陸與外籍配偶來說，這兩種條件往往是她們被標籤化與刻板印象化的根源。種族中心主義是一個團體的成員，認定自己的文化才是最優勢，帶有濃厚的主觀價值態度。其中少數民族會被要求放棄自己的文化特色同化（assimilation）於多數民族。雖然外籍配偶認為社會對她們存有歧視的眼光，通常她們藉由自我調適的過程，來接受社會給予的不公平。大致會採取幾種社會適應的方式：第一，自我調適：如加強自己心理建設，為生活積極面對社會，或是肯定自己，同時也相同期許社會的肯定。第二，外援協助：如求助於家人或同國籍配偶。一個富裕、開放、參與、具信心和多元化的社會，新移民對於社會文化固然有其良性影響。但是，隨著社會環境的快速變動，各種問題紛至沓來。由於外籍婚配數量的增加，外籍配偶來台已形成龐大的外來移入人口，在眾多的「新

移民」中，對台灣社會已產生一定程度的衝擊，婚姻提供移民的機會，也成為最顯著的移民方式之一。這種型式連結至傳統家庭型態，遠勝於其他經濟型式的移民。婚姻仲介儼然成為利益的市場，所以跨國婚姻經常蒙上買賣式婚姻的刻板化印象，並衍生不少社會議題，其中包括居留定居、假結婚、婚姻品質、家庭暴力、逾期停留、非法打工、台灣配偶死亡後續問題、偷渡等問題，凡此，亟待吾人正視它們的存在，方能思考因應的良策。

　　台灣是多元文化豐富的國家，無論閩南、外省、客家或原住民族，早已在台灣的社會文化中蘊藏多樣化。然而，我們對於這些漂洋過海，透過婚姻來到台灣的大陸和外籍配偶，卻仍有隔閡。跨種族通婚者比同族通婚者較少獲得認同，所以也得面對更多情感的衝擊。她們除了平時會遭遇較多的生活文化問題，與親戚的關係亦不易維持問題外，同時必須忍受整個社會對她們較負面的看待，甚至其子女在社會認同上所遭遇的困擾。她們將自己的未來託付於台灣的社會，早已為台灣貢獻許多，社會應該給予她們更多的尊重與支持。人權是移民政策最重要的核心價值，如何保障合法移民權益，在體制上公平對待每一個人、培養多元文化及尊重差異的價值觀；以及如何打擊及防制非法人口販運，是政府當前最重要的任務。兩岸婚姻數量的不斷增加，與下列推、拉力攸關密切：

表 2-2　兩岸婚姻的原因

項目	原因
拉力因素	1. 男大當婚，老來伴的觀念。 2. 無後為大的根深柢固觀念。 3. 金錢與物化的推波助瀾。 4. 經貿交流，台籍人士往返大陸，通婚案例增加。 5. 台灣男性在台覓女友不易，前往大陸結婚增加。
推力因素	1. 經濟貧困地區的女性視為脫貧的機會。 2. 基於追求較高的生活水準及自由民主。 3. 文化、地緣、血緣的接近有助於通婚。 4. 政策有利於兩岸互動交流及婚姻聯親。 5. 人蛇集團兩岸婚配造成推波助瀾影響。

（資料來源：作者整理）

全球化使不同文化的接觸日益頻繁，透過人口的移動與不同族群的互動，早已打破國與國有限的疆界。借鑑英國，因應多元化的社會，而提出「所有不同，皆是平等」（All different, all equal）的主張，鼓勵其社會的參與，享有平等的地位。（Williams, 2004）

貳、問題現象

多元族群與多元文化，是現今許多國家人口組成的情形。跨文化的涵義包括所有個人的不同點，如個別的族群、文化或國籍屬性、性別和性傾向、年齡、健康狀況和宗教信仰等等。多元族群社會應以平等、尊重、雙向、共生等原則來進行。就一個追求民主與法制的社會，因此人權不分國籍、種族、性別，凡生活在社會的人都應受到法令的保障。每一個文化有它自己對婚姻的定義及婚姻關係模式，如婚姻的本質、性關係、兒女教養態度、以及勞務與責任分工，所以跨國文化婚姻關係，必然產生價值觀衝突。

「非我族類」的疑懼心態老是作祟，「大陸妹」、「台巴子」、「番仔」、「本店不招待韓國人」、「越南新娘有遺毒」、「我把他們當人看」，這種缺乏深思、帶著歧視的言論，時不時就挑戰著移民社會的多元包容度。這是一個交互相扣（interlocking）的壓迫系統的概念，認為對弱勢族群形成壓迫，並不是單一的壓迫源，而是一個全面的系統，在這個系統中，被壓迫的原因來自於個人的性別、種族、社會階級。新住民多數是婦女，來自越南、印尼、柬埔寨、泰國、菲律賓和中國大陸等等國家。這些大陸及外籍配偶可能面臨的實際情境，包括種族歧視、語言和文化的限制、取得好工作不易和不明確的法律地位等等。通婚數量的不斷增加，婚姻的拉力與推力的始終存在，婚姻牽涉的許多問題遂如影隨形，其中之犖犖大者為居留定居、假結婚、婚姻品質、婚姻暴力、對新移民態度等。隨著全球化人口移動，人口販運問題已嚴重威脅國際社會，人口販運，尤其是以婦女及兒童為主的販運，已被國際社會公認為違反人權的犯罪。美國國務院二〇〇〇年通過「人

口販運被害人保護法」（簡稱 TVPA），依據該法，責成國務院每年提交人口販運問題報告，根據各國政府打擊人口販運之努力程度進行評等。我國在九十五年頒布「防制人口販運行動計畫」，九十六年成立「行政院防制人口販運協調會報」，整合各部會資源，另於九十八年公布「人口販運防制法」，藉由跨部會合作，建置我國防制人口販運工作網絡。

由於外籍配偶是女性移民，因此，她們同時面對「性別」與「族群」雙重問題，其被剝奪的權力包括：自尊心被否定、工作權未受保障、買賣婚姻的犧牲品、生活資訊匱乏、不識字所帶來的恐慌等。同時面臨出門遭歧視、就業薪資低、孩子上學怕別人知道有個外籍媽媽的窘境。

傳統社會「嫁雞隨雞，嫁狗隨狗」的婚姻觀，對外籍新娘而言是具體體現在生活之中，她們被要求儘速地適應並學習男方的家庭生活方式。「婆媳相處」是一件理不清的家務事，即使是本籍的媳婦，要與婆婆相處都不太容易，更何況是來自不同文化背景的外籍配偶。因為語言不通又不適應台灣生活，任何一個行為、語言、肢體動作都容易造成誤會。新移民進入台灣後，固然解決了若干的社會問題，例如若干男性擇偶的困難，或是提供廉價勞動力，也為台灣社會注入了多元文化的精神，但也帶來了新的社會問題，如假結婚真賣淫、家庭間的摩擦與衝突、生活適應和新台灣之子的教養問題。

婚姻品質與家庭問題息息相關，外配婚姻品質問題可就家庭與婚姻問題加以闡述之：

表 2-3　外配家庭與婚姻問題

類型	性質		內涵
家庭問題	結構性問題		以破碎家庭（離婚）和單親家庭為主，愈是現代化的社會，破碎家庭（離婚）比率有增高的趨勢。
	支持性問題	家庭暴力（family violence）	虐待兒童（child abuse）、配偶間暴力（spouse abuse）（wife battering）、兄弟間暴力（sibling abuse）、虐待老人（abuse of elderly）和虐待雙親（parental abuse）等。

		婚姻失和 （marital dissatisfaction）	美滿婚姻在積極方面，指的是夫妻雙方在情感上的相互支持與彼此調適，注重沒有互相傷害、家庭糾紛的情形發生。
	世代間問題		指代溝問題，父母與子女之間價值觀念和行為的差距，使雙方覺得影響到他們的生活品質時，即構成代溝問題。父母和子女之間的價值態度、行為差距，在青少年時期尤為明顯。
婚姻問題	離婚問題		為數不少的男女老少配家庭，意欲維繫優良婚姻品質並不簡單，家庭結構問題自然容易產生。
	身分歧異		配偶來台動機並不單純為真情真愛或基於羅曼蒂克，反而以現實因素考量居多，談不上婚姻品質，在情感上的相互支持與彼此調適上，面臨難以克服的障礙。
	婚姻適應		兩岸婚姻由於經濟條件、社會環境、文化、教育體系及養成環境之差異，多呈現不穩定之狀態。
	制度問題		由於大陸配偶來台長期居留、定居，受到配額限制，僅能以探親、團聚等事由申請短期停留，屆時必須出境後再提出申請，對家庭經濟負擔、子女照顧、病患看護、公婆關係等皆造成極大的衝擊，無形中對美滿婚姻品質有所傷害。

（資料來源：作者整理）

　　全球化的衝擊下，移入人口逐年遞增，為我國經濟發展、勞動力投入、家務協助、生育子女、社會變遷與多元文化。積極推動各項輔導措施，以接納與幫助新移民順利在台灣落地生根，營造多元族群文化社會。以在地文化心態所形成的標準與價值對待外來族群，容易導致衝突，並且阻礙彼此良好互動的建立。外配婚姻中的居留定居問題，可就下列情形窺見一斑：

　　第一，持用偽造、變造證件、冒用身分來台、非法打工、偷渡、逾期停居留。此類違法停居留之問題，因涉及政治、社會、經濟、公共衛生等層面，對社會治安、社會福利、防疫工作環境、財政支出與經濟負擔，影響甚鉅。

　　第二，外籍配偶來台管理機制，入境前係由移民署就申請入境案件進行審查後核發入境許可，入境後由停、居留地點轄區警察機關進行查察，若無法有效落實，則易違反居停留的機會。

　　第三，民國三十八年前後，隨政府遷台之軍人（老榮民），可說是兩岸社會交流的主軸，他們基於回饋心理，而老榮民對大陸地區之親屬和子女，基於補償過去未獲親情照顧之心態，遂造成其眾多家屬申請來台探親、探病，進而衍生來台打工賺錢、逾期停留的現象，益加彰顯停居留問題。

　　第四，依據國籍法規定，為中華民國之配偶（外籍人士），現於中華民國領域內有住所，品行端正，無犯罪紀錄，有相當財產或專業技能，足以自立或生活保障無虞；並於中華民國境內，每年合計有一百八十三日以上之合法居留之事實繼續三年以上，得申請歸化中華民國國籍。是以，外籍配偶從結婚、移入到定居台灣，往往會有一段身分與權利無法受到保障的等待期。外籍配偶在取得入籍身分前，其人身安全及基本人權保障大多無法適用台灣法律與政策，其所仰賴者，唯有婚姻與家庭的善待與保護。

　　第五，另根據「外國籍人士與國人結婚申請歸化中華民國國籍暨戶籍登記流程表」規定，外籍配偶從結婚到取得本國國籍，此一等待的時間至少超過三年以上。在這段期間內，在層層關卡上，都對外籍配偶存有許多隱藏性的危機。例如，原屬國一直持續不讓其喪失國籍，外籍配偶便無法辦理申請取得我國國籍，自然就無法享有我國國民的權利；反之，若是已獲准通過喪失原屬國籍，卻又還未獲得本國國籍時，值遇發生婚姻問題而意欲離婚時，外籍配偶將喪失所有的身分，成為沒有任何國籍的人。

　　新移民來台的前二個月是關鍵期，因為想家而有適應不良的狀況，調適期間約需半年至一年的時間（蔡雅玉，2001），當新移民來台定居時，社會應正視跨文化所造成的衝擊，並非單以「生活從寬、身分從嚴」的方式去思考居留權，便足以克服問題，周全的規劃因婚姻關係所帶來的移民政策、服務等事宜。

參、相關措施

　　婚姻是一種法律形式與契約，更是夫妻親密關係維繫與相互依附的生活形態與抉擇。外籍配偶對台灣的家庭結構變遷所造成的影響，亦形成工

業化、全球化社會所帶來的新價值觀念衝擊。移民並非只是居住地的轉變，更是遷移者與自己本身社會、文化與遷移地的調適歷程。由於文化的差異，她們離鄉背井來到異鄉，對環境陌生，建立新家庭，除了要面對人生階段的轉變外，還有不同的文化家庭飲食習慣、不了解風俗民情、缺乏原生家庭親友系統，而且又尚未建立新的人際關係互動下，容易有思鄉情切的惆悵心結。政府為因應新移民配偶福利需求，訂定「外籍與大陸配偶照顧輔導措施」，結合各有關的中央政府及地方政府共同辦理，計有八大重點工作，內容包括生活適應輔導、醫療優生保健、保障就業權益、提升教育文化、協助子女教養、人身安全保護、健全法令制度、加強宣導族群平等與相互尊重觀念等具體措施，洋洋灑灑，堪稱周延。然而，各級政府經費、人力依然有限，使執行成效未如預期，尚有進一步改善空間。

有部分透過跨國婚姻的女子來台的動機並不純正，由於國人生活水準較外配的原生家庭生活水準高，金錢也就成為了她們來台的目的，若發生婚姻的變故，她們即回原國籍不再回來。亦有「職業新娘」與仲介業者勾結，在仲介後結婚得款便逃跑，回國後再嫁一次，重施故技。政府於九十八年頒布「人口販運防制法」，該法訂有對加害人從重求刑之刑事處罰規定及被害人安置保護措施。

表 2-4　「人口販運防制法」的立法旨意

重點	事項
預防 Prevention	以期有效遏止人口販運犯罪發生，體現我國人權治國之精神，強化犯罪預防工作，對於推動防制人口販運及保護被害人工作有重大助益。
保護 Protection	體現我國人權治國之精神，強化對於犯罪被害人的妥適保護，並於安置期間提供被害人生活照顧、心理輔導、通譯服務、法律協助、陪同偵訊及必要之醫療協助等相關保護服務。
查緝起訴 Prosecution	結合公部門及民間資源，賡續落實人口販運防制法，共同推動防制工作，以遏止人口販運犯罪之發生，加害人的查緝起訴。
夥伴關係 Partnership	由內政部入出國及移民署負責整合各部會資源，全力執行防制工作，結合民間資源強化政府效能與加強國際交流與合作等，整體防制作為讓台灣防制人口販運。

（資料來源：作者整理）

　　外籍配偶懷抱著對於婚姻的期待，千里迢迢地來到這人生地不熟的環境，語言的隔閡形成人際關係的疏離，加上社會資源的缺乏，必須依附在夫家以謀求生存，如此，也造成了當外籍配偶面臨到生活問題時，受限於現實環境，使得她們僅能妥協於現有的環境中。台灣基本上是一個移民社會，隨著全球社會，新住民仍然會持續地增加，我們的社會能不能真正地把新住民當成我們的一分子，並且如何使這些來自異國的移民融入社會中，這是相當重要的。外籍配偶因語言隔閡、文化差異、生活適應，加上所住處的地區，大多位於偏遠的地區，而且丈夫大部分為台灣社會中社經地位的弱勢者。這些因素導致她們在生活適應與社會文化適應的困難，在婚姻問題產生時，求助無門，加上歧視與不公平對待的法律規範，對居留權的規定，更讓她們受限於公民身分的界定，無法行使各種社會福利權。形成她們在經濟上會依賴丈夫、害怕失去小孩、社會孤立、忽略或不清楚外在資源可能提供的協助等。新移民的出現，衍生的現象，面對這些現象，就社會發展立場而言必須正視及尋求相關處遇。台灣是一多元社會，強調新移民的融入，不應受到歧視，能有更多的接觸與了解，不僅是在制度上，同時也應該有更寬廣接納的社會機制與胸懷，如此才能化解許多不必要的偏見，這正是包容社會的體現。

　　大陸配偶與台灣地區人民結婚，依據「兩岸人民關係條例」，以結婚即可以「團聚」方式來台。若結婚滿二年或已生產子女者，得直接申請「依親居留」，依親居留滿四年者得申請「長期居留」，取得長期居留者即得合法在台，此稱為「永久居留」，得合法工作。「永久居留」滿二年可取得身分證。其內涵有如下述：

表 2-5　陸配來台規範

團聚	依親居留	長期居留	定居
1. 條件：結婚即可申請。 2. 停留期限六個月，每次延期六個月，總停留期限二年。	1. 結婚滿二年或已生產子女者，可申請依親居留。 2. 繳附良民證（經海基會驗證最近五年之未受刑事處分公證書）、健康檢查表及大陸通行證影本。 3. 許可者核發二年效期居留證及六個月效期逐次加簽出入證，每次延期一年。	1. 依親居留滿四年，且每年在台居住逾一百八十三日者，可申請長期居留。核發三年效期之居留證及多次證，每次延期二年六個月。 2. 每次出境在三個月以內者，免附未受刑事處分公證書及健康檢查表。 3. 可在台工作，免申請工作證。	1. 長期居留滿二年，且每年在台居住逾一百八十三日者，可申請定居。 2. 繳附大陸地區除籍證明及在台共同戶籍申請人、配偶及其父母之財力證明（合計三十八萬存款或每月平均收入合計三萬一千六百八十元以上）。

（資料來源：作者整理）

　　為加強查案取締假探親、真打工、真賺錢，依據相關規範如下：

表 2-6　大陸配偶來台相關規範

身分	事由	內容
台灣地區人民配偶	結婚登記	通過面談，入境後持憑入出境許可證及海基會驗證後之公證書辦理。
	申請來台	憑海基會驗證後之公證書及結婚證明申請入境許可。
	探親、團聚	可申請團聚，停留期限六個月，每次延期六個月，總停留期限二年。
	依親居留	結婚滿二年或生產子女者，可申請依親居留，期限二年，每次延期一年，發加簽證。
	長期居留	1. 依親居留滿四年，且每年在台居住逾一百八十三日者，可申請長期居留，期限三年，每次延期二年六個月，發多次證。 2. 可在台工作，免申請工作證。
	定居	長期居留二年，每年在台居住逾一百八十三日，且符合一定條件者，可申請定居，在台設戶籍。

台灣地區人民親屬	探親	1. 父母、子女。 2. 其子女為台灣地區人民之配偶，在台長期居留期間。 3. 停留期限一個月，可延期一個月，每年最長二個月。
	探病	1. 二親等血親、配偶。 2. 其子女為台灣地區人民之配偶，在台依親居留期間，因患病或受傷而有生命危險者。 3. 停留期限一個月。
	延期照料	停留期限六個月，可延期六個月，每次最長停留一年。
	奔喪	1. 二親等血親、配偶，死亡未滿六個月。 2. 停留期限一個月。

（資料來源：作者整理）

因應申請人數激增，擬採總量管制數：繼財力證明之後，政府計畫以「總量管制」方式抑制婚姻移民，建立移入人口總量管制機制，依國家人口消長進行調節。大陸配偶目前已有配額管制，此一政策實施後，外籍配偶亦將受移入人口的總量管制。至於管制方式，係參照美國等先進國家模式。

肆、社會政策

多元族群平等共融是我們的基本國策，我們應該落實尊重不同族群的文化差異，彼此欣賞、包容與接納。族群社會工作的實施，顯示國家必須教育人民，欣賞族群的不同，認知不同的文化，凸顯社會的豐富性，在實務工作的整合概念，包括：態度、知識、技巧等等。

表 2-7　多元族群政策的思維簡表

項目	內涵
態度	是指對公平正義的承諾、珍視差異性、對文化差異的開放及批判性的自我反省。
知識	為了解文化脈絡、文化的系統性、文化適應與內化、跨文化溝通與了解的動力。
技巧	為自我情緒反應的管理、專業介入、接案與建立關係的技巧和特殊改變的策略。

（資料來源：作者整理）

　　造成人們從一個國家遷徙至另一個國家，其中之一的原因可能是環境因素，因為到其他國家可滿足對更好生活的渴望或需求，使得許多人往不同的國家遷移。Castles 和 Loughna（2004）提及兩種主要的移民形式：

表 2-8　移民形式簡表

項目	原因	現象	類型
自願性移民（voluntary migrants）	經濟因素	發生在不同的社會階級、教育程度或技術知能，選擇（choice）是這些經濟性移民者主要的決定；他們離開家園尋求更好的未來，當然選擇也包括追求好的教育機會或是依親。	有短期的勞工移民、高技術性和投資移民、永久移民、婚姻移民或依親移民等。
被迫性移民（forced migrants）	生存因素（survival）	指較少選擇或者無法計畫下的遷移。	難民、尋求政治庇護或受壓迫被人口販運。（human trafficking）

（資料來源：作者整理）

　　台灣是個移民社會。歷史長河，不同族群的人，先後到來，灌溉出這塊島嶼豐富與旺盛的生命力。但因族群、國籍、地域造成的偏見與歧視，卻從未消失過。帶著歧視的言論，不時挑戰著我們，社會宜自「種族中心主義」朝向「族群相對論」的多元包容社群。針對前述諸種問題，政府各單位皆有因應之措施，茲分項闡述如下：

表 2-9　新移民政策作為簡表

事項	原則	作為
法制建構	保障合法移民、防制非法人口販運	1. 制定人口販運防制法 2. 成立移民人權諮詢小組
照顧輔導	衡平外籍配偶與大陸配偶間之權益差距	1. 訂定「外籍與大陸配偶照顧輔導措施」，由各部會、各級政府積極辦理。 2. 成立外籍配偶照顧輔導基金：設置外籍配偶家庭服務中心投入各項服務工作。 3. 設置「外籍配偶諮詢專線（0800-088-885）」提供多種語言服務，建置全國通譯人才資料庫，整合通譯服務資源，進而能夠為自己發聲。

預防宣導	防制人口販運網絡宣導活動	建置防制人口販運諮詢網絡窗口進階研習，集合地方政府所屬機關單位之實務人員、司法警察、社政及勞政人員參加，培訓各機關種子教師，作為防制人口販運諮詢窗口。
教育訓練	提升實務人員專業知能	1. 有系統性的成立「識字及生活輔導班」，配合她們的身心發展，考量原生家庭背景，融入我國文化及歷史於教材內，同時接納不同國家之文化，專案設計適當的課程與教材，提供外籍配偶母國資訊，協助外籍配偶克服語言上的障礙及提升生活與親職教育知能。 2. 增加「113」婦幼保護專線全天候外語服務，以協助處理家暴問題。
專業能力	培育就業能力	提供適當的職業訓練及所需的就業服務，以保障其工作權。
國際合作	分享防制人口販運經驗	內政部入出國及移民署、外交部與行政院勞工委員會等，以及國內相關部會、專家學者等共同參與，交流防制人口販運經驗，共同建立跨國聯繫平台及合作機制。

（資料來源：作者整理）

在全球化趨勢與人口大遷移的潮流中，缺乏多元文化的素養是社會接納新住民的最大阻礙，如此不僅拒絕了以社會公義的態度面對不同的族群，也降低了多元族群所帶來的豐富性，影響更深的是社會內部的更多緊張與衝突。而要協助這群新移民能適應於社會當中，並且具備跨文化的能力，新住民社會工作的目標對象不應僅限於新住民，或是他們的家人，乃至於社會大眾均需要教育，導入尊重多元與差異文化的態度。

結語

族群社會工作的理念，在於肯定人的價值，重視個人潛能的發展，使每個人不但能珍惜自己族群的文化，也能欣賞並重視各族群文化與世界不

同的文化。在文化認同問題上的多元寬容精神，不但應當適用於民族國家之間，也適用於民族國家內部的各團體、社群或階級的不同文化認同之間。

全球化對多元族群而論，乃是：世界各民族融合成多元社會的變遷過程，並以社會包容核心思維與價值來影響不同的地方、國家乃至個人的過程。這個過程孕育著世界各地的文化交流，以前所未有的數量、速度和頻率增加。在人類歷史發展的過程，文化和知識的傳遞與養成，在傳統社會主要是在家庭、學校和教堂或社區中獲得和成長的。現代社會比以前的任何時候都能迅速獲得和接觸到不同來源的各種文化意義。因此將原來社會環境中提煉出來的文化意義傳輸到其他社會中的可能性越來越大。新住民猶如是一面鏡子，反映很多問題，而我們要探討多元族群的現象，就要以社會公義看待新住民。

第三章　外籍配偶的社會政策

前言

　　近年來，伴隨全球化趨勢，對人類社會的生活方式和人際關係產生巨大影響。透過婚姻移民進入台灣者，多屬永久性駐留、並於日後歸化者，與台灣社會的人群、社區產生綿密的互動。尤其外籍女性配偶在進入台灣家庭後所扮演的生產與再生產角色，對於台灣社會有更長遠的影響。由於東南亞移入之外籍女性配偶與大陸移入配偶之婚配結構與因素不一，我國政治因素與政府移民政策的考量也有差別，故所產生的問題與需求不盡相同，在討論政策規劃與行政作為時宜較細緻的分別考量。社會福利服務企圖緩衝因此而造成的負面效應，不但保障全民權益，更要捍衛弱勢族群的基本生存保障。以必要社會福利政策服務於相關社群，建構一個關懷的社會。外籍配偶政策提供台灣社會省思自身價值觀的一個大好機會，能夠將古聖先賢的「四海之內皆兄弟」的理念，付諸於行動、落實於生活。

　　家庭是社群生活中最基本、最重要的一種制度，而家庭的形成是在婚姻承諾下的社會基本單元，功能在養兒育女、延續生命、傳承文化，並提供生理、經濟、情感的支持，滿足人類生活的各種需求。家庭不僅對人生發展影響深遠，且引導個人能面臨各種問題的適應，包括家庭經濟收支、子女的養育問題、生涯規劃發展。

壹、我國外籍配偶的概況

外籍配偶，在台灣係泛指與本國籍人士締結婚姻的非本國籍人士；「外籍女性配偶」，是指透過各種婚姻仲介管道與台灣地區男性正式辦理結婚登記的東南亞非台灣籍的外籍女子，她們來自大陸、越南、印尼、泰國、菲律賓、緬甸、柬埔寨與馬來西亞等國。該移民族群源自二十世紀七〇年代末期。在婚姻市場中，因男女雙方適婚年齡人口不均等，而使得男性或女性在擇偶時產生被排擠的不平衡現象，即為「婚姻排擠」（marriage squeeze）情況。另外，當適婚年齡人口的性別比例過於懸殊時，會因為結婚條件的限制，眾多人口被排擠出婚姻市場，無法成婚的現象。歷年統計是男性多於女性，適婚人口亦是男多於女情況，加上選擇伴侶會考慮個人生理、人格與結構（如年齡、教育程度、經濟與職業）等特質因素，及現代女性普遍受教育、經濟能力獨立、不再受傳統父權體制——女性必須結婚仰賴男性扶養才能生活束縛的影響。使得男女交往在婚姻市場上受限，加上條件較差的男性，面臨男女雙方社經地位不對稱的「婚姻坡度」（marriage gradient），更易被擠出婚姻市場的困境，遂呈現「外婚現象」。其主要可以分為三個形式（江亮演，2008）：

一、早期的婚姻仲介是女方來台工作而後相親的情況下促成的。

二、婚姻仲介的形成演變成婚友社，以台灣生活優質，熱心介紹家鄉親友。

三、國際跨國婚姻網絡的建立，在八十三年之後，轉變為台灣婚姻仲介與國外的外籍配偶仲介來操縱婚姻市場。隨著外籍配偶人數愈來愈多，整個國際婚姻網絡迅速地發展起來。

由於移民（immigration）不僅是人類的遷徙行為，也是一種動態的社會文化與政經變動的過程，它不僅是人口從一個地方搬到另一個地方的遷移過程，它還包括經濟資源、文化活動、政治認同及社會價值的移動。同時，在商業運作下，大陸與外籍配偶可能在訊息不足或經濟壓力下，嫁給了與理想中差距頗大的配偶。礙於現實因素，大部分的大陸與外籍配偶只

能無奈的接受這樣的安排，但這也埋下日後的個人調適問題與衍生出一些社會問題。

在台灣社會中，女性勞動率，八十四年為 45.34%，一〇〇年則為 48.80%，男女未婚的比例，在三十歲的年齡層非常高，平均是一個未婚女性對兩個未婚男性，意指這個年齡層的男性要娶同樣年齡層的女性機率只有二分之一，若是其在婚姻市場的條件不好，向外發展變成另一條可供選擇的路；其他影響擇偶的因素，尚包括了是否有合適的機會以及社會性與個人性的考量等。外籍與大陸配偶是在地與國際間重要的異國文化傳達者，但是在「非我族類」的心態下，在文化與生活的適應採取同化的方式，往往容易使外籍配偶無所適從。她們離鄉背井來到異地，對環境陌生，加上剛建立新家庭，除了要面對人生階段的轉變，還有不同的文化習慣，又缺乏原生家庭親友支援，許多文化、生活適應的問題隨之產生。

在全球化（globalization）、國際化、自由化的推波助瀾之下，造就人口集體流動的條件，跨國的人口遷移已成為普遍現象。近年來，我國隨著政治民主化、經濟自由化、社會多元化的持續改革，外籍與大陸配偶人數逐年遞增，台灣的外籍配偶和大陸配偶已有近四十七萬人之多，其中東南亞籍配偶約占 30.7%、大陸及港澳地區配偶約占 67.2%、其他國籍約占 2.1%，新生兒當中每七個就有一個為外籍配偶所生。這些「新台灣之子」占台灣人口結構的比率只會日漸加重，他們的母親更是台灣家庭照護和勞動市場中的重要貢獻者。外籍結婚登記，以在台灣婚姻市場中居於相對弱勢的男子為主（如社經地位較差、年紀偏高或身心障礙者），而東南亞新娘則多因本國之家庭經濟條件差而選擇嫁到台灣。移民入台灣家庭後，她們擔負起生育、照顧老公、侍候公婆或照料全家的工作，面對著須克服語言問題及文化與生活上的適應落差，在照顧與養育下一代之品質上，逐漸被視為潛在社會問題；影響我國人口結構、社會秩序及國家競爭力，使我們必須正視外籍配偶議題。

由於文化差異、風俗習慣不同及語言障礙，使得外籍配偶無法融入我國生活環境。弱勢族群所面臨的問題如：生活適應不良、婚姻穩定性不夠、

人際關係欠缺、社會支持網絡薄弱、家庭暴力、子女教養問題、停留期間謀生不易等。現階段政府各相關部門雖已推動若干輔導措施，惟執行成效仍有相當成長空間限，主要現象為：

表 3-1　跨國婚姻生活瓶頸

原因	內涵
輔導不易	部分外籍與大陸配偶家庭因考量家庭成員或基於其須負擔家務無暇接受輔導，或擔心其接受資訊及教育而有所成長後無心擔負家庭責任等原因，以至於不樂見其參與輔導。
推動瓶頸	政府所推動提供的照顧輔導措施，大多屬於鼓勵或協助性質，且因受限於經費及人力，有待相關機關積極推動。
成效有限	由於外籍與大陸配偶難以在短時間內適應本地生活，衍生對下一代之生育、教育、養育等問題，如優生保健、語言教導、建立當地生活習慣、人際關係及子女人格發展輔導等問題。而外籍與大陸配偶基本資料建置尚未完成，影響協助輔導工作之推展及實施成效。
融入隔閡	外籍與大陸配偶的行為模式與價值觀念不同於台灣社會，初來台灣不易與社區居民建立良好的互動關係；且隻身在異地文化社會中生活，舉目無親，當婚姻不順遂或生活發生問題，無法及時尋求協助的對象。
婚姻不穩	生活適應不良，婚姻穩定性不夠，此類婚姻多係透過婚姻仲介媒合，開始並非以感情為婚姻的基礎，倘使婚姻生活營造不佳，容易影響家庭和諧，甚至導致婚姻解組。
接納侷限	受制於現行法律，外籍與大陸配偶入境居留須受外籍人士居住年限及居留配額限制，僅能先以停留方式暫留台灣地區，徒增其往返兩地的費用，且在台停留期間謀生不易，加以國人因為信任感的存疑，能順利就業者確屬不易。

（資料來源：作者整理）

　　外籍配偶來台之後，因語言、文化、思想觀念的差異，尤其是許多外籍配偶大多透過仲介牽線，在短時間內做出嫁給誰、嫁到哪裡等重大決定，急迫與陌生的焦慮，讓遠渡重洋嫁至台灣的這個選擇，伴隨著疏離孤立與想家思鄉等情況，而衍生出許多的生活適應問題，大部分的外籍配偶必須在取得身分證後，才能如願享有與其他公民一樣的工作權、健康保險與各項社會福利措施。外籍與大陸配偶照顧輔導措施涵蓋層面廣，涉及各相關機關業務權責，機關間的協調配合度仍待加強等。大概可分為下列幾個面向：

表 3-2　跨國婚姻生活適應

原因	內涵
文化差異	因為不同的國情民風、經社環境，外籍配偶在待人接物、價值觀念及生活習慣上，常出現文化失調現象。食衣住行育樂等基本需求之喜好、一般日常家務之處理、台灣文化對媳婦角色的要求、生活中的節慶習俗、婚喪喜慶、祭祀拜拜、風俗禁忌等，都可能帶來文化與宗教上的衝突，進而影響外籍配偶在夫家的婚姻互動與生活適應。
語言隔閡	語言是溝通之基本要件，外籍配偶們若不懂得台灣話或國語等，通常很難和夫家的人有所互動，嚴重者甚至變成另類的文盲。尤其，外籍配偶初到台灣時，一時無法將在地語言流利上口，很多的溝通會產生誤解，再加上雙方若沒有耐心慢慢溝通、無法包容差異，便容易因口角而引發肢體的衝突。
期待落差	外籍女性嫁入台灣時，因為年輕，對婚姻存有浪漫的理想，也常抱著享福的心態，但結果卻大失所望，令她們產生不滿的情緒。例如：當她們期待能透過婚姻，資助、改善原生家庭的經濟狀況，認為夫家應給予原生家庭更多回饋時，自己的日子卻過得捉襟見肘，就會讓雙方的婚姻期待與目標出現落差，甚至導致衝突與婚姻破裂。
就業機會	當發現嫁入的家庭在經濟上無法滿足所需之際，許多外籍配偶就會期待能儘快進入就業市場，以自己所賺的錢貼補家用，或以自己所得寄回娘家。然而，根據台灣法律對外籍配偶的工作規定，除非為雇主為她們特別申請工作許可，對一心急於取得工作者而言，地下化的打工方式、忍受雇主的刁難與剝削、閃躲勞工單位的檢查、接受較差的工作條件等，都變成常態的忍受範圍。
親屬互動	在家庭中，婆媳關係一向就是家庭問題之核心，歷來甚受關注。導致婆媳不睦的理由相當多，最常見的幾個原因是觀念的差距、角色期待不一致，成見與防衛心理、日常生活的摩擦等。
親子教養	面對下一代的子女教育、親職學習、照顧責任，如屬核心家庭型態者，外籍配偶在夫妻、親職角色的負擔可想而知。簡言之，外籍配偶家庭對台灣兒童之照顧與教、養育，須面對比一般家庭更多的困難與挑戰。
支持網絡	外籍配偶必須同時面對因移居、婚姻、語言、文化、生育、勞動、經濟等種種生活角色與方式的轉變所帶來的多重適應問題；不安全感、苦悶、憂鬱、孤單的情境可想而知。
社會融入	外籍配偶家庭的生活適應問題涵蓋到需求、人格、資源與環境層面的動、靜態互動過程，亦因外籍配偶的婚姻狀況、性別、國籍、時空背景之不同而有所差異。甚至，社區、親朋對「外籍配偶」的態度，都將會影響她們適應當地文化的過程。

（資料來源：作者整理）

　　由於跨國及兩岸聯姻的家庭，男方多為社經地位較差、中、高齡或身心障礙之弱勢男子，女方則多為年紀較小、教育程度偏低、經濟狀況不佳，及有語言隔閡、生活適應困難之外籍或大陸配偶，男女雙方弱勢結合的結果，導致其所生之「新台灣之子」因後天環境之不良而陷於學習及適應雙重困難；恐形成下一代弱勢循環，甚而受到同儕排擠的情形，如此惡性循環的結果，可能使得部分學習及適應不良的「新台灣之子」因此而弱者恆弱，恐造成將來潛在的社會問題。在全球化及國際化之下，各國紛紛注重起移民政策，如果在外籍新娘的婚姻組合上，我們仍秉持著「種族中心主義」的思考邏輯，一味的採取「同化」、「照顧」之運作模式，實為治標不治本的做法。

　　台灣是一個族群豐富、文化多元的移民社會，面對這些新移民女性，除強調「適應」台灣，協助她們不適應的情況，打破種族成見，學習互相了解與接納。進入全球化社會，世界移民趨勢後，社會工作必須尊重多元文化可以共同形成新的社會文化，族群社會工作提醒實務者可以：第一，以艾利克遜（Erikson）的心理社會階段理論作為架構；第二，注重人生經驗的述說；第三，互相了解、尊重案主，也可以讓較早移民者的經驗與後來的移民者分享。社工的工作價值中強調互相了解、尊重、同理，提倡適應，將主流文化案主的需求，找出共通性，概推到少數民族的需求。以多元族群的觀點，尊重各族群外籍配偶的文化傳統價值，以求取社會和諧共存的目標。對於外籍與大陸配偶衍生之各種家庭與社會問題，政府已予重視並謀求因應對策，透過政府及民間資源的整合，提供生活適應、醫療、就業、教育、子女教養、保護照顧等多元照顧輔導措施，並以尊重多元文化社會價值為精神，提供必要協助，使外籍與大陸配偶與國人共創美滿婚姻生活，締結和諧社會。

貳、外籍配偶的照護作為

外籍女性隨配偶定居台灣，為求利於自身生存，適應文化差異的環境，必須學習當地語言、了解風俗民情、社會生活方式、家庭與婚姻關係等等，並能採取各種因應的方法與態度，入境隨俗，融入當地生活環境，讓心理、生理均能保持平衡的狀態，以排除異國生活上的困難。多元族群社會是一個具備多元文化主義（Multiculturalism）的社會，不僅是一種教育哲學的思考，也同時兼具文化價值或行動策略，而多元族群則反映出多元文化社會對性別、種族與文化的包容性，並反映在社會化機構中。

外籍新娘來台所形成的社會現象，隨著人數已達一定的人口比例，需要社會關注。根據世新大學二〇〇九年的調查：對於大陸新娘，民眾最擔心的三個問題依序是：婚姻品質、下一代教育、人口素質；對於東南亞新娘，民眾最擔心的是其對下一代的教育，其次才是人口素質、族群對立和婚姻品質，兩者所造成的社會成本，受訪民眾認為是差不多的。應該儘快地導正對外籍配偶的標籤與汙名化，且社會不宜以憂慮「未來人口素質持續低落」作為關懷與支持此類家庭的理由，而應以結構性的角度理解，因為她們絕非天生素質低落的種族，而更多是一種弱勢家庭的象徵，方不至落入倒果為因的謬誤。

劉美芳（2001）〈跨國婚姻中菲籍女性的生命述說〉的研究指出，菲律賓是採雙親系繼承（bilolinieal descent），與台灣家庭以父系繼承（patrilineal descent）為主有很大的不同。在雙系繼承的文化中，丈夫與妻子的權利是相同的，丈夫與妻子兩方雙親居於同等地位。然而，在台灣的家庭中，菲籍妻子因婚姻關係，進入家庭體系中，須全心全意奉獻於夫家家族的利益，以便贏得被納入自家人的地位。而菲籍妻子的家人則是外人，並且在種族區分上還是外國人。（何青蓉，2003）

以「正義論」著稱的學者羅爾斯（J. Rawls）即主張：「一個正義的社會，必定是能使社會中處於不利地位的人，多得好處較少受損的社會。」於界定「弱勢族群」時，可引「就業服務法」所稱：「負擔家計婦女、中高齡者、

身心障礙者、原住民、生活扶助戶中有工作能力者、其他經中央主管機關認為有必要者。」為就業服務法中所特別關注的弱勢族群。當我們社會有部分群體的生、心理狀況，若未給予特別的關注，其生存與基本的生活尊嚴將會受到嚴重的威脅，基於人道主義或社會公義為這些人做一些特別的考量，並對環境設計做一些調整，便是弱勢族群福利服務。因為「生存權（Living Right）」，指涉及三種不同的意義：第一，法律明文的保障；第二，社會正義的需求；第三，社會正義的標準。顯示社會對人性尊嚴的保障已愈加重視。

外籍配偶是「台灣媳婦」，也是台灣的一分子。外籍配偶在台灣的負面標籤，使她們孤獨與無助，她們需要基本的生存權，希望受到尊重，保障她們的生存權與尊嚴。針對外籍配偶家庭，社工對不同文化的案主除了尊重差異，還要積極了解，避免以刻板印象概化所有外籍新娘，必須深入了解其價值與思考模式，整理自己文化價值如何影響與案主的互動，承認差異，提醒自己對不同文化的了解有限，要注意語言溝通對外籍新娘的限制。外籍配偶不惟我國所獨有，台灣目前已成為移民國家，跨國婚姻是全球化的趨勢、在美國、日本和歐洲多國等較高度開發的國家，政府對跨國婚姻家庭的協助政策，相當值得我們學習。政府有鑑於此，推動「外籍配偶照顧專案」，針對外籍配偶的生活適應、語言文化教育、工作專長培養等項目。台灣與東南亞地區的婚姻關係，根據實證調查：較多數為因弱勢，例如社經地位低、年紀大、身心障礙等，因而透過婚姻仲介媒合花錢「買妻」。而外籍配偶遠嫁來台，則成為台灣媳婦後能改善原生家庭的經濟情況，婚姻基礎建立在「買賣」上，加之兩地的價值觀念、文化習俗、生活環境等的差異，婚姻價值觀的衝突，使得外籍配偶在台灣的生活適應形成相當大的阻礙。（何青蓉，2003）我國外籍配偶管理相關法規，概分為二類，即：外籍配偶與大陸配偶。

在外籍配偶方面，主要依據「國籍法」、「外國人居留或永久居留查察登記辦法」、「外國人停留居留及永久居留辦法」、「外國人臨時入國許可辦法」等。而外籍配偶的入出境乃由內政部移民署負責辦理，治安管理部

分為居留地的警察機關，取得身分證後由居留地的戶政機關來進行戶籍之登記。

在大陸配偶方面，則主要是依據「台灣地區及大陸地區人民關係條例」，外籍配偶安全管理機構方面，在大陸配偶部分，大陸地區人民安全管理機制的政策指導機關為國家安全會議、行政院大陸委員會及國家安全局等三個機關。辦理兩岸人民交流事宜的，乃是內政部移民署；而兩岸民間交流中，涉及公權力而不便由政府出面處理的事務，由「財團法人海峽交流基金會」受政府委託辦理。目前大陸配偶來台管理分為四個體系，由海基會辦理公證書驗證、移民署辦理入出境、警政署辦理查察管理、戶政系統處理戶政登記業務。藉由內政部、教育部及勞委會等部會分別負責推動。將有限行政資源的規劃，促進生活適應力，早日融合在我們的社會。

對外籍新娘而言，跨國婚姻並非一種浪漫愛情的宣稱，而是自我身分重塑的調適歷程，外籍配偶來台後，是進一步適應文化遷移的挑戰，嘗試將「外國人」的身分轉換為「本國人」，以傳宗接代、外出工作來增加家庭收入，以及照顧年邁的家庭成員為主要工作，惟常因語言不通、生活習慣差異衝擊其生活適應和婚姻關係，而衍生出複雜的家庭問題。適應課題除了男方家庭的生活模式，抑或養兒育女的母職角色，還包括了從夫家、鄰里以至整個台灣社會對「外籍新娘」的刻板印象，為協助、保障外籍配偶和其子女權益，政府訂定有「外籍配偶和其子女輔導」之相關措施，納入社會局、教育局、民政局、衛生局、警察局、勞工局等團隊一起合作。以有系統的方式服務外籍配偶家庭，其中規劃策略朝向「生活適應輔導」、「醫療優生保健」、「保障就業權益」、「提升教育文化」以及「保護人身安全」等五大方向進行（如表 3-3），期望協助外籍配偶適應並融入台灣社會生活。

表 3-3　外配家庭服務內容

項目	規劃方向	具體措施	單位
生活適應	生活諮詢	1. 規劃各鄉鎮市公所設置相關諮詢及服務單一窗口。 2. 各單位有關外籍配偶資料彙整，並協助分發《生活適應輔導手冊》。 3. 鄰里長分送個案服務、社區照顧及服務方案等社會福利相關資料。	民政局 社會局
	宣導服務	1. 彙整宣導資料，拍攝播放宣導短片，提供生活適應諮詢資料。 2. 舉辦外籍配偶家人聯誼會或座談會，建立正確觀念。	新聞室 社會局
	輔導服務	1. 辦理外籍配偶入出境及居留證，簡化作業流程及縮短作業期限。 2. 補助每鄉鎮市公所及戶政事務所辦理適量的生活適應輔導班。	警察局 民政局
	生活調查	1. 辦理外籍配偶生活狀況等相關基本資料調查。 2. 將外籍配偶來台辦理居留者之資料建檔並辦理相關輔導事宜。 3. 將外籍配偶結婚登記後資料建檔並辦理相關輔導事宜。	民政局 警察局 民政局
	家戶訪視	1. 收到外籍配偶居留資料後，進行外籍配偶家戶訪視。 2. 區域社會福利服務中心對受理案件予以協助。 3. 遴派轄區督導員、審核員及訪查員進行訪問。	警察局 社會局 民政局
醫療保健	保健宣導	1. 新婚登記資料建卡，三至六個月定期追蹤管理。 2. 外籍配偶子女早療資料建卡，訂定追蹤治療流程。 3. 配合政策，隨時宣導衛教新觀念。 4. 輔導加入全民健康保險，專案辦理相關座談活動宣導。	民政局 衛生局
	防疫措施	1. 實施入境前健康檢查。 2. 施打預防針。	衛生局
	子女照護	1. 嬰幼兒納入健康保障系統，分發育兒手冊。 2. 各鄉鎮市衛生所外籍配偶子女學齡前及在學期間施打預防針。	衛生局
	福利服務	1. 補助身心障礙者、低收入戶產前遺傳診斷等各項經費。 2. 各鄉鎮市衛生所協助外籍配偶向社會福利機構申請補助費用。	社會局
	早期療育	1. 協助辦理兒童發展篩檢工作，並提供早期療育及轉介服務。 2. 外籍配偶子女早療人數調查，並做外籍配偶子女早療人數分析。 3. 申請早療補助費用。 4. 通報社政單位進行療育資源轉介、福利補助事宜。	衛生局 社會局 教育局
	個案處理	1. 協助申請到醫院做個別治療。 2. 轉介至相關單位接受特殊治療。	衛生局

就業權益	就業宣傳	1. 提供就業市場相關訊息諮詢。 2. 就業服務站分區辦理就業宣傳活動。	勞工局
	就業服務	1. 提供外籍配偶就業服務，媒合就業機會，協助解決勞資糾紛。 2. 專案提供受暴外籍配偶免費職業訓練及推介就業。 3. 就業服務站定期回報外籍配偶就業人數及追蹤後續情形。	勞工局
	職業訓練	1. 就業服務定期開設技能專班，提供免費訓練。 2. 就業服務站訂定與廠商建教合作方案，提供到場指導服務。 3. 提報職業訓練班別及受過訓練的人數，以供各單位參考。	勞工局
	轉介服務	1. 提供就業服務及職業訓練轉介。 2. 培訓名單建檔，主動提供徵才所需。	勞工局
教育文化	組織重整	1. 設置專案推動小組，結合教育局各課共同推展。 2. 指定國小開設補校外籍配偶專班。 3. 開設成教外籍配偶學習專班。 4. 終身學習輔導團員到校訪視。	教育局
	理念宣導	1. 張貼宣傳海報、媒體宣導、出刊教育專輯。 2. 建置專屬網站、公告招生事宜及提諮詢服務，網路資源共享。	教育局
	就學普查	各校在學外籍配偶子女人數調查及建檔，落實推動學習。	教育局
	教材編輯	1. 編輯教材、教師手冊。 2. 整合教材、影帶及光碟等相關資源，提供上網服務，發揮教學效益。	教育局
	師資培訓	1. 辦理師資研習課程、教學觀摩活動，並到校輔導訪視。 2. 建立外語通譯人才資料庫，提供各項諮詢解答服務。 3. 辦理認輔教師培訓。	教育局 警察局
	子女輔導	1. 外籍配偶子女教育納入教育優先區計畫，編製輔導教材。 2. 加強學齡前幼童的身心輔導及語言教育。 3. 辦理親職教育，建立正確育兒觀念。	教育局
	教育資訊	1. 針對因故無法到校學習者，提供教材、影帶、光碟與家人共讀。 2. 鼓勵外籍配偶參加學力鑑定及到家訪視。 3. 新聞室協調媒體與公共電視協助播報教材與相關訊息。	教育局 新聞室
	專案研究	1. 辦理外籍配偶生活狀況調查，並實施外籍配偶專班教育專案研究。 2. 辦理外籍配偶子女生活狀況調查，實施外籍配偶子女教育研究。	教育局
	獎勵措施	1. 辦理外籍配偶輔導及子女教育績優單位或個人予以敘獎。 2. 建請提撥獎勵金辦理相關活動。	社會局 教育局

	婦女保護	1. 編印、錄製保護扶助措施文宣手冊、宣導短片。 2. 受理受暴外籍配偶之通報案件。	社會局 警察局
人身安全	支持網絡	1. 受理遭受家庭暴力及性侵害之外籍配偶個案輔導。 2. 建立外籍配偶家庭暴力資料庫查核系統。	社會局 警察局
	安全照護	1. 提供外籍配偶安置庇護服務及性侵害醫療補助。 2. 協助受暴外籍配偶接受心理治療、輔導、安置及法律扶助。	社會局
	諮詢服務	1. 配合外籍配偶保護諮詢服務專線「0800088885」及全國「113」婦幼保護線之設置，提供外籍配偶保護資詢服務暨轉介個案。 2. 受理通報案件，提供後續相關服務。	社會局 警察局

（資料來源：作者整理）

參、外籍配偶的相應政策

自一九九〇年以來，台灣廣泛接納東南亞外籍配偶、大陸配偶、外籍勞工的結果，開始呈現出「新移民社會」的面貌，由此衍生的社會議題日益增多。外籍女性配偶剛來到台灣，通常會感覺到自己的外表、語言或文化等方面與在地人是不一樣，加以形單影隻隻身在台，容易形成人際關係疏離感。首先必須克服語言的障礙，學習當地的語言，此外還得適應飲食習慣與社會生活習俗，如娛樂、人際關係及宗教節慶等，若能盡早適應當地生活，入境隨俗，才能避免適應不良狀況發生。

Anderson（1999）提到在成人身上保有原生文化，而與目前所處環境及文化形成差異距離，而自成一個特殊團體。（廖正宏，1985）我們是一個多元社會，有各種不同的族群存在，應該承認多元文化和傳統的重要性，強調族群相互尊重的教育內涵，並尊重不同族群文化中，特殊的學習和溝通方式。提德特（Tiedt, 1990）認為：多元族群社會的整體目的是世界和諧，使我們能夠和不同族群共存於世界中。因此必須拓展民眾的文化經驗，提高民眾的社會包容素養，由認識自己的文化開始，激發強烈的價值感和自尊心，進而理解和尊重其他文化，並將其同情的理解延伸至其他國家。促使外籍配偶能融入社會，以「社會融合」（social inclusion）的觀點，以相應的福利措施加以因應，方能建構一個平等、多元、沒有歧視的社會。為因

應新移民配偶福利需求，政府已訂定「外籍與大陸配偶照顧輔導措施」，計包括生活適應輔導、醫療優生保健、保障就業權益、提升教育文化、協助子女教養、人身安全保護、健全法令制度、加強宣導族群平等與相互尊重觀念等。我國正面臨社會變遷的轉形期，政府的施政作為，應掌握社會脈動，因應民眾需求，符合世界潮流與國情。因此，關懷新住民的服務推動，更應具前瞻性、計畫性、步驟性的規劃。推展族群平權教育，跳脫種族中心思維，培養互相學習與接納的態度。

跨國婚姻中所產生的適應問題包括：1.語言障礙；2.文化差異；3.人際關係的孤立。至於影響跨國婚姻生活適應的因素有：1.夫妻間的溝通技巧良好與否；2.是否有能力建立支持網絡的管道；3.個人人格特質，以積極的態度面對問題，促使適應家庭生活。社會價值的變遷，隨著社會對弱勢者的包容性已愈來愈高，也願意協助弱勢朋友，協助不是憐憫，而是給一個機會。台灣是個移民社會，當較能同理新住民心境。讓社會大眾感受永續照顧弱勢、落實公平正義與維持社會安定之決心，期能達到「保障弱勢者生存、就業、健康、教育等基本權益，並提升其社會地位」之總目標。其中所涉及的主題分析大抵可分為三個層面：

第一，身心層面——著重外籍新娘來台的生育、養育及其生活適應情形；

第二，結構層面——結合多元社會的發展型態，以理解跨國婚姻的形成；

第三，教育層面——探究外籍新娘的識字教育意涵及其子女的學習狀況。

政府自九十二年即頒布實施推動外籍與大陸配偶照顧輔導措施，包括生活適應輔導、醫療優生保健、保障就業權益、提升教育文化、協助子女教養、人身安全保護、健全法令制度及落實觀念宣導等八大重點，五十六項具體措施，由多個部會及地方政府等相關機關積極推動辦理，並補助地方政府設置外籍配偶家庭服務中心及社區服務據點來推動。爰此，於建構完整的族群社會工作，提供完善的福利制度，讓民眾福祉獲得照顧，讓公平正義得以弘揚，以開拓二十一世紀福利服務的新紀元。

表 3-4　外籍配偶的相應政策需求

項目	內涵
經濟生活 保障	為保障外籍配偶的經濟安全,加強外籍配偶及其子女的經濟協助,包括提供一般生活扶助、緊急生活扶助費與急難救助等。而在外籍配偶子女方面,為照顧這群「新台灣之子」,提供弱勢外籍配偶家庭教育補助、子女生活津貼、兒童托育津貼、營養午餐費等。
生活適應 輔導	由於台灣相對應的照護體系並未建立,女性始終擔負起托育與養老的照顧責任,外籍新娘承擔了本國婦女扮演的生兒育女、照顧配偶、照顧長輩、家務勞動等工作角色,成為權益的弱勢者。政府須針對外籍配偶的所屬家庭成員與整體社區環境一併考量,並提供更適切的支持系統與服務。
尊重多元 文化	能夠意識到外籍配偶的文化調適問題,重視文化認同的對話性,採取「多元文化認同取向」的教育目標,提供給外籍配偶更多的教育機會,讓他們能夠比較順暢地融入台灣社會生活當中,避免成為社會的邊緣人。
醫療優生 保健	為提升外籍配偶的醫療品質,輔導外籍配偶加入全民健康保險,減免或補助弱勢外籍配偶及其子女的保險費用。此外,應加強外籍配偶的健康醫療常識,例如,提供外籍配偶自我健康照護管理的教育、CPR 訓練,以及愛滋病防治宣導等。
保障就業 權益	保障外籍配偶公平的就業機會,加強辦理職業訓練與輔導,提供創業貸款、職業訓練與就業諮詢等服務,保障新移民就業權益,協調相關社政機構,提供適時社會扶助措施,保障人身安全,強化新移民之自主性,期使所有弱勢的外籍配偶家庭都能脫離貧窮,不需再仰賴政府的救助。
提升教育 知能	教育的目的在增進成人之生活、職業、健康及休閒方面的知能,對於外籍配偶的教育,更應該培養他們得以適應社會生活的基本知能。外籍配偶的教育,必須以多元文化教育的觀點,尊重各族群外籍配偶的文化傳統價值,求取社會和諧共存的目標。
協助子女 教養	透過親子互動,對於子女身心發展影響深遠,值得關注。為協助外籍配偶子女教養,除了加強外籍配偶子女的課後學習輔導、親職教育課程、兒童發展篩檢、子女語言學習及社會適應等,亦應加強外籍配偶子女的早期療育服務、嬰幼兒健康保障系統,並協助優先進入托兒所,提供托育服務、親職教養相關資訊等。
人身安全 保護	提供外籍配偶權益維護課程、婦幼安全資訊、家庭暴力暨性侵害防治相關法規說明、緊急救援措施,以及各種婦幼保護協助,或是受暴者推介就業、幼兒心理輔導、臨時庇護安置等服務。
健全法令 制度	落實外籍新娘生活適應輔導工作,增進其語言及生活適應能力,順利融入我國生活環境,與國人組織美滿家庭,避免因適應不良所衍生之各種家庭與社會問題。宣導社會抱持「和諧共存、文化學習」態度以及「尊重包容」的胸襟,幫助新移民在台灣落腳生根。

（資料來源：作者整理）

　　新移民是全球發展所帶來的一種社會現象，當我們社會面對日益增加的外籍配偶，宜平等且慎重看待這些新移民。跨國婚姻移民所面臨的不只是識字的問題，文化內蘊的價值而產生的困擾或認知與情緒的衝突，更是左右她們適應的關鍵。由於她們來自經濟較落後的地區，而且她們結婚的對象又是社會中較屬弱勢階層，而現今台灣缺乏多元文化的素養是目前社會接納她們的最大阻礙，如此不僅拒絕了追求夢想的大陸與外籍配偶，也降低了文化多元色彩所帶來的豐富性，影響更深的恐怕是我國社會內部的更多緊張與衝突。而要協助這群新移民能適應於社會當中，並且具備跨文化的能力，跨國婚姻移民的現象應著重在社會政策的作為中完整對應，讓新移民為社會注入多元新文化。

肆、社會工作的相應角色

　　族群社會工作的理念，在於肯定人的價值，重視個人潛能的發展，使每個人不但能珍惜自己族群的文化，也能欣賞並重視各族群文化與世界不同的文化。在社會正義的原則下，對於不同性別、弱勢族群、或身心障礙者的教育需求，應予以特別的考量，協助其發展。

　　新住民不論是勞動或婚姻移民，其成長的數量與速度均衝擊著台灣經濟、就業、教育、福利、衛生醫療、文化休閒、甚至政治等各層面。社會的家庭組成及社會人文元素，正在朝向多元化發展，也正代表著不同的家庭與社會需求將應運而生。對於越來越多的女性婚姻移民者進入家庭，並加入社會成為生產與再生產的勞動者，以及越來越多的新生代將成長受教於父母的不同文化背景脈絡之下，社會究竟應該如何掌握社會脈動，採取什麼樣的理念與作為去面對與因應新移民及其家庭成員所需要的支持，尤其如何了解外籍配偶所處的環境與遭遇，協助其社會角色的成長及個人需求的發展，是目前政府與民間均刻不容緩必須要去正視與面對的。外籍配偶家庭的快速成長，讓社會須正視並關心新生代的成長環境。隨著外籍配偶來台人口數逐年成長以及外籍配偶所生子女占新生人口比例增高的趨

勢，政府部門及相關社會福利單位，意識到外籍聯姻家庭所衍生之社會現象及關心議題，例如：子女學習成效、家庭互動等現象。

外籍配偶離開原生家國，婚配異地的各種抉擇，經歷結婚、生育、讀書、工作的生活歷程；對有些人來說，也許只是某個社會現象的理解，但對外籍配偶的家庭而言，卻是一個個特殊、充滿挑戰，須以勇氣與智慧來開創生命的經歷。參酌政府所訂定「外籍與大陸配偶照顧輔導措施」強調：共創多元文化社會價值的政策目標，加強理解外籍配偶家庭的生態系統以及其與外界環境的互動交流影響，以尊重、學習理解的態度來了解外籍女性配偶在性別、文化與階級脈絡間，如何探索、扮演其生產與再生產角色，以及建構自己教養子女的方式。是以，社會工作者應該扮演的角色不單單只是「服務的提供者」，更應該朝向「政策的促進者」的過程邁進。不應侷限在案主的充權倡導上，亦要強調社會工作者的專業，以積極促進方式提供對多元族群建置的社會政策；如以公聽會或立法遊說的方式去參與或影響移民政策的制定，如此，方能保障案主的最佳利益。如果單純的只看到婚姻移民的表面現象，逕作「輔導」、「照顧」的服務策略，很容易被大眾媒體和傳統婚姻觀念給誤導，而無法真實的看到問題的面貌。多元族群的理念，在於肯定人的價值，重視個人潛能的發展，使每個人不但能珍惜自己族群的文化，也能欣賞並重視各族群文化與世界不同的文化，這種多元文化的教育觀主要是差異政治上，承認人與人之間、群體與群體之間、文化與文化之間的差異，而這些差異都應該獲得肯定與尊重。故今日的新移民社會工作，須以多元文化的觀點，尊重新移民的文化傳統價值，求取社會和諧共存的目標，使新住民能肯定自我，使新住民能安身立命，讓台灣的社會、文化更加多元，永遠生生不息。

美國是世界移民最多的國家，成為一個「文化熔爐」的先進國家，移民的趨勢不可擋，美國各新舊移民呈現「馬賽克現象」（Magnuson, 2000）——各種族文化的多元性從飲食、服裝等呈現在日常生活中，以家庭作為傳承文化的基本單位，不同人對新文化的同化、認同差異很大，多種文化就像馬賽克一般的鑲嵌成一幅美國的圖形，實際上這樣的圖形對不同文化

的發展仍保有很大空間，各自的節慶習俗，甚至「中國城」、「韓國村」等，和主流白人、早期北歐英國移民，同時發展。過去以白人的價值主導美國社會，容易將弱勢民族「過度概化（overgeneralization）」，視為：貧窮、偏差行為、高危險群、不利於兒童發展的環境。主流文化對於少數民族的了解容易失真。對少數民族的工作是要協助其融入主流社會，認同社會的價值與生活模式，這樣可以協助其脫離貧窮或不利的環境。這樣的發展尊重不同文化的特質，文化多元性（cultural pluralism）可以是一個社會的普遍情形，多元族群不必讓大家都接受同一套生活價值、放棄原生文化生活。

　　邊尼特（Bennett, 1990）認為多元文化教育是基於民主價值和平等信念上的教學途徑，期望在文化多元的社會和相互依賴的世界中，促進文化多元觀的體現。教育必須補充民眾的文化經驗，提高民眾的文化素養，由認識自己的文化開始，激發強烈的價值感和自尊心，進而理解和尊重其他文化，並將其同情的理解延伸至其他國家。如果缺乏這樣的理解和移情，語言和價值觀不同的人，對我們將成為一種威脅。族群社會工作則容許弱勢族群保存自己的文化傳統，針對社會和諧共存的目標，促進所有民眾學會相互尊重。

　　外籍配偶教育的目的在增進成人之生活、職業、健康及休閒方面的知能，對於外籍配偶的教育，更應該培養他們得以適應社會生活的基本知能。然而他們在立足點上與一般社會成人有差距，以一般社會大眾為考量的教育活動，根本無益於外籍配偶，也讓他們的參與橫遭諸多結構性的障礙，因此為推動外籍配偶的教育，宜朝向較為積極性的做法：

表 3-5　推動外籍配偶教育的積極做法

項目	內容
獎勵性的措施	對參與教育活動的外籍配偶提供金錢與物質上的獎勵，是吸引外籍配偶參與教育活動的有效策略。
強制性的命令	對於新住民採強制性學習，如同強制新婚夫妻接受親職教育，才准其辦理結婚登記一般，才能有效迫使這些外籍配偶的家人，協助外籍配偶接受教育。

輔助性的 輔導	如果能夠發給外籍配偶學習期間的生活費、提供學習期間的育兒補助和托兒服務、提供學習期間的交通服務或住宿安排等,都是讓外籍配偶得以免除生活顧慮,安心參與教育的重要輔助性措施。也是誘導外籍配偶的家人,願意讓她參與教育活動的重要因素。
專責性的 責任	外籍配偶的教育要以直接到外籍配偶的社區內辦理,以教育送上門、福利送到家的原則,才能真正落實外籍配偶的教育服務。

(資料來源:作者整理)

為建置一個包容的多元族群社會,社會工作宜加強如:

一、在生活輔導方面:積極整合運用民間資源,以有效開發及拓展外籍配偶之諮詢管道與服務據點;主動規劃並提供到府的外展服務;加強辦理弱勢扶助措施。

二、在教育推展方面:落實「教育優先區計畫」;外籍配偶終身學習體系中程計畫;建立並推動語文訓練或生活輔導之學習機制;加強推動特殊教育實施方案。

族群社會工作的概念不單單指一個社會對於國際移民者在價值理念與生活習俗上的尊重,進一步指涉一個社會的文化體系容許不同文化在社會中的體現與交流。更重要的是要排除文化之間的階級建構,理解不同文化的風貌與符號意義,並在現有的社會體制與日常生活中,提供文化交流與學習的管道,減少移入者被歧視與壓抑的經驗。是以,訂定移民政策應考慮的因素包括:國內人口、社會、經濟、國際關係及環境資源等。人口條件如國內人口密度、結構等均為考量因素;社會條件包括社會治安、社會階層等;經濟條件如經濟發展、生活水準、產業結構等均須全面考量。台灣人口早期流動方式多為移出類型,目前已轉變為移入為主,面對全球化及婚姻移民風潮,其中外籍配偶又以大陸、東南亞地區的女性居多。我們須面對的不只是外來人口遽增的現象等,與其息息相關的乃是居留權衍生之「工作許可」、「定居設籍」、「人力素質」等移民政策問題,社會工作皆可秉諸專業以謀周延的政策。

結語

　　跨國婚姻家庭不僅須與其他家庭一樣面對婚姻調適、婆媳相處、子女生養育等問題，更需要面對跨文化適應所帶來風俗民情、生活價值觀差異和語言溝通隔閡等衝擊，可以想像會比同國同種族結合之婚姻家庭更容易產生婚姻不協調、夫妻關係衝突及養育小孩等問題。外籍配偶在新社會的適應過程中，其原生的文化經驗能夠不受歧視、不被壓抑，與主流社會的文化有彼此「對話」的空間，則其適應新社會的情況不但可加速，更可以轉化為正向的功能來促進家庭與社區成員互相融合。在全球化的氛圍下，各種社會問題日益複雜，而對弱勢者的關懷與照顧，一直是政府施政的重要議題，相關部門持續致力推動關懷弱勢政策以落實社會公平正義。弱勢族群，較易為低所得的人口，其形成的原因是欠缺工作能力或工作能力偏低，以致在職場上，工作機會的競爭力較弱；甚至雖有工作，但薪資所得偏低，使日常生活發生困難。對於社會中下階層民眾的照顧，政府應扮演積極介入的角色，除了延續往年各項施政措施外，並針對過去較少被照顧到的「近貧」及「新貧」者，優先提供積極、立即、務實的協助。

　　「永續發展」不僅追求經濟與環境的兼籌並顧，還著重社會的公平正義，尤其弱勢文化的傳承，對保存「文化多樣性」具有重要的意義，藉由提供相關服務，建構完善之社會安全網絡，保障弱勢民眾生存、就業、健康、教育等權益，增進其社會競爭力及公平參與社會權利。族群社會工作調合的社會福利，應兼顧社會弱勢族群的生存發展及市場競爭力。也因此，照顧弱勢族群的生活責任，不宜加諸營利導向的企業，而應利用政府財政收支的規劃，讓強勢族群的有餘，補貼弱勢族群的不足，以達全民生活照顧的總目標。

第四章　族群關係與人際互動

前言

　　多元族群關係在探詢彼此了解與互動的途徑，並建立對差異的尊重。強調各族群間的互動，以及他們對這個社會的貢獻，對族群缺乏尊重的觀念與行為，是國家邁入多元文化社會的絆腳石，是整體社會進步、和諧與幸福的障礙。在某些社會，多元的群體採取一種合理的和諧態度共同生活；也可能透過歧視乃至激烈的族群衝突，而被展現出來。因此族群認知的不足，可能對社會互動帶來災難性的影響，造成族群的不和諧。英國學者 Lynch（1983）認為多元族群的人際互動是在尊重自己與尊重他人，以建立一個和諧、尊重與公平的生活，進而達成多元文化的關係。

壹、族群關係的意義

　　人在環境中生活，除了適應環境以外，同時也隨著環境的特質而創造出不同的生活方式、儀式、生產方式、社會組織、信仰，而形成不同的文化、歷史、價值觀。隨諸彼此的交流互動，因為族群、環境、社區的多樣性，產生更多元的文化。外籍配偶在實際生活中遭遇到文化適應、家計維持與語言溝通等問題，對外籍新娘而言，最大的挑戰是，當家的範疇透過一個無形的價值體系向外擴延至鄰里街坊以至整個社會時，不再僅僅是一個嫁入夫家的「妻子」、「媳婦」或「母親」，而是台灣社會的「大陸新娘」、「越南妻子」、「印尼媳婦」以及「菲律賓母親」的刻板印象。多元族群的人際互動，不再侷限在鄉土教育或母語教育，而是透過社會化所揭示的社

會公義來追求一個符合社會公平正義的目標，協助來自不同背景的社會成員（種族、族群、國籍、性別、性傾向、社會階級、地區別、宗教、身心障礙、學識程度、年齡與語言背景等），發展出各種微視文化，國家巨型文化，以及全球社區的國際文化所需要的知識、態度與技能。

有關於族群關係的意義，洪泉湖（1997）指出，所謂族群關係是指在民族群體之間的相互關係，它當然可以指民族間的溝通、互相尊重和互相學習等正面的關係，可是在現實社會中所見的，卻常是歧視、不相容、鄙視和暴力相向之類的負面關係。正如國籍歧視的現象常在家庭衝突時爆發，在家庭發生衝突時，外籍與大陸配偶之身分常被作為攻擊的目標，會以「大陸婆不懂啦！」、「越南很窮？你不要太挑」等等歧視的話語攻擊。Marger（1994）也說，在一般人的印象中之所以會認定族群間的關係常是衝突、暴力的，較大的因素係受美國印象的影響。從一個社會規範適應過程而言，涵化（Acculturation）可以減少衝突，從而導致較高層次的文化凝結。涵化可界說為文化變遷的過程，指的是來自不同文化的團體或個人，在接觸過程中互相採用他人文化要素之一種過程，其結果有二種可能：一是一個文化占優勢而成主為文化；一是兩文化互相修正，各取所需。近年來，在面對族群關係時，一再倡導族群和諧，潛在的意義說明了族群間的關係是衝突的。但是我們應了解族群關係的樣態是多種的，也可以是和諧的。人或群體的自我定位與價值，是建立在互動的對方對自我的態度上。無論是來自自我群體對共同經驗或文化特質的認知，或接受其他族群對我群的觀點，都是族群建構過程中型塑自我認同不可或缺的要素。外籍配偶在一個多元族群社會的互動過程中，個別族群會因文化的特質與支配族群不同，而被給予不公平差別待遇。弱勢族群有時並非是數量上的少數，而是因該族群位於社會邊緣地位，且對於社會分配不公的狀況不具改變力量。外配人際關係於人際互動中所面臨的挑戰有：

一、親職關係匱乏

　　文化背景的差異，反映於兒童的教養觀念上也不同，在這樣的情況下，外籍配偶易與家人的意見不合而產生衝突，對子女可能造成矛盾，是較不利的影響。外籍配偶們本身要適應異國的生活環境本就不易，外籍新娘個人所承受的壓力，對於下一代的智能發展、生活習慣、人際關係及人格發展皆可能有不利的影響。甚至一些夫家不願意讓外籍新娘接受教育，易造成外籍新娘無法與其他媽媽或專業人士溝通育兒經，自然更沒辦法教養子女，萬一子女有一些先天上的缺陷或是發展遲緩，一般國人都可能力不從心，更何況是初至異國生活的外籍媽媽。

二、人際互動不易

　　社會對東南亞外配原生文化採取的是漠視甚至是鄙視態度，因此她們的原生文化在社群互動是隱形的、壓抑的、甚至是被否定的；人們甚至毫不掩飾地在新住民的子女面前，表現出文化的優越感及對異文化歧視的態度，新住民家庭亦無興趣讓子弟學習了解原生文化。由於是異國姻親，因語言的隔閡、潛在的畏懼，孩子在校在家皆難以傾訴。外籍媽媽大都避免與老師溝通，委由孩子父親或台灣姻親出面，但陪伴在子女身旁的是母親時，無法取得直接聯繫的老師，總會欲振乏力。造成學校與家庭溝通上的困難，在家庭教育方面也產生後遺症，正值啟蒙階段的子女在校的學習及表達能力難免出現遲緩現象。進一步分析許多外籍配偶社區參與度並不高的原因，部分外籍配偶雖然參加社區中的生活適應輔導班或成人識字班，然而往往由於必須照顧小孩及料理家務等因素，使得學習課程有所停頓或中斷。此外除了學校上課之外，大多數外籍配偶並不清楚社區所舉辦的活動，在本身社區活動資訊取得管道貧乏的情形下，若是先生或家中其他成員也很少參加社區活動，外籍配偶的社區生活將更為封閉。

當前面對族群關係中，最受重視的厥為「族群相對主義」。此一理念強調各族群間的差異，並非來自體質與環境的優劣，而是族群文化不同的表現方式及內涵特徵，皆有存在的價值，因此強調「尊重差異」、「關懷包容」、「欣賞悅納」等，以作為族群相互對待的原則。

貳、族群關係的類型

對於人類社會生活而言，良性互動是取得認同與發展社會關係的一個重要基礎。「種族偏見」混雜著對勞力工作的貶低，於是，「外勞」與「老外」在國人的語彙中代表不同階級。同樣是外籍人士，東南亞到台灣出賣勞力的「外勞」，地位比白皮膚的「老外」矮一截。地域歧視也常出現在庶民語彙中。說到「阿陸仔」就是粗魯不文，忘了每個社會都有各種人，自認高人一等的代名詞。弱勢民族對優勢民族的從屬關係，是透過一系列的措施來達成的，包括經濟的依賴、政治的控制、菁英的吸收和族群的隔離……等等。弱勢民族之所以願意接受從屬關係，是因為這樣可以在生活上得到一種安全與穩定，並且受到保證，而免遭迫害、放逐和流血。

多元族群關係是促成一個多元族群之間相互尊重，形成友善社會的美法良方。而在探討多元文化社會中的教育作為之前，應對當前社會的族群關係型式加以解析說明，才能據以提出適切的互動，以能建立一個多元、尊重的社會。關於族群關係的類型。

表 4-1 族群關係的類型

項目	內涵		
族群同化	指民族群體採納一些共同的文化模式、共享一些相同的制度。	墨西哥同化方式	把西班牙人、印第安人和黑人融合為一個新的、混血的墨西哥人，共同擁有新的文化和認同。
		美國的同化方式	並沒有把所有移民或黑人、印第安人加以混合，而是這些人均逐漸認同於盎格魯撒克遜（Anglo-Saxon）民族的文化與社會。

族群聯合	社會上存在著許多不同族群，但這些族群並未同化，而是在多少保持平等的地位下相互往來，但各自保有自己族群的文化和認同，如瑞士、加拿大、比利時等。
優勢統治	是指一個多數或優勢的民族，往往會單獨控制國家機器、壟斷政經資源，統治其他少數民族，並把自己的民族文化強化為主流文化，強迫其他民族學習、運用。優勢族群的統治技術或形式，則包括奴隸制度（如南北戰爭以前的美國白人）、種族隔離制度（如南非白人）、征服（如希特勒時代的德國人）、帝國主義和殖民主義等等。

（資料來源：作者整理）

　　不同族群的接觸，自然產生文化變遷，社會宜展現高度的包容性與前瞻性，接納外來的文化。如果無視民族國家內部文化認同多元化的事實，而強行把它們統一於單一的民族國家認同，就可能造成民族國家內部的文化壓迫與強制性的文化一體化行為。

參、族群間人際互動

　　多元族群教育理念在於肯定人的價值，關注社會中的社會正義與均等，以解放弱勢群體所受之壓迫。重視個人潛能的發展，使每個人不但能珍視自己族群的文化，也能欣賞並重視各族文化。在社會正義的原則下，對弱勢族群的教育需求應予特別考量。多元族群的教育目標在強調多元、差異與社會行動等概念，以培養學生對不同文化的理解與欣賞，增進對人權與認知文化差異，對差異觀點的尊重與包容，消除偏見與歧視。對於族群關係的形式，可以簡要說明如下（王甫昌，1993）：

表 4-2　族群同化的類型

類別	熔爐式的同化	教化式的同化
意涵	強調一種全面性的融合，原先不同的團體經過此一過程之後，都拋棄了各族群本有的文化獨特性，而構成一個新的、同質的團體。	是單方向的教化過程。在這種狀況下，劣勢的族群將被要求學習優勢族群的文化、生活方式，以便能夠順利地在優勢族群所控制的社會中，正常而有效地生活與工作。

價值	熔爐的概念中也經常參雜了一種價值判斷的元素，所融合出來的新元素，是保留了原有各種元素較好的部分混合而成，	是劣勢團體的文化，相對於優勢團體而言，是較低劣的，是有礙於他們在優勢團體的社會中扮演角色的。
發展	主張的族群關係，是要將外省、河洛、客家、原住民、新移民等族群放棄各族群本有的文化獨特性，而另行建構出一個新的、同質的團體──「新台灣人」。	係以漢族為中心（而且是非台灣的漢族文化），要求台灣的河洛、客家、原住民、新移民學習漢族的文化、生活方式、語言、價值觀、社會規範……等等。尤其是原住民各族與新移民，其文化被視為低劣的、落伍的、野蠻的，所以應該放棄，而去學習漢族文化。

（資料來源：作者整理）

　　和熔爐式的同化不同的地方是，教化式的同化是單一方面的，也是一個刻意形成的結果。它是以破壞劣勢族群的文化，使其逐漸喪失其文化獨特性的方式，來降低族群的界限。多元文化教學不能只是對文化族群的表面關注，多元文化教育不是品嘗民族食物、學習民族舞蹈，也不是只在每學年的某個日子辦理文化日活動而已。歧視所衍生的社會汙名如金箍咒般桎梏著外籍與大陸配偶的生活，因此未來如何增加本國人對外籍配偶生活真相的正確認知，並加強夫家人對外籍與大陸配偶母國文化之尊重相當有必要；Gordon 認為同化的發展過程有以下的幾個階段（Marger, 1994）：

　　1. 改變現行文化型態，朝向支配團體；→

　　2. 與支配團體發展大範圍的族群關係；→

　　3. 與支配群體之間進行完全通婚關係；→

　　4. 放棄與支配團體之間有疏離的感覺；→

　　5. 不同的群體於相處時沒有歧視互動；→

　　6. 不同的群體於相處時彼此沒有偏見；→

　　7. 降低與支配族群有價值和權力衝突。

　　綜觀許多被同化的民族多未能發展至第四階段。在與支配群體互動中反而受到疏離、偏見與歧視的對待，無法透過同化而達到和諧共融的階段。

　　觀察外籍配偶現象，許多東南亞國家的女性多因本國家庭經濟條件故選擇嫁到台灣，這些有著與台灣社會不同的語言、文字、生活習慣、風俗文化的外籍配偶，移民至台灣社會後，除了必須面對隻身在外離鄉背井及承受思鄉之苦外，尚須在語言不通、文化價值習慣迥異的情況下，融入生活。根深柢固的標籤，讓這群來自他鄉的外籍新娘，很難興起一種落地生根的歸屬感或是自我身分的認同，更承受了較艱困的角色調適歷程，其生活適應過程漫長而艱辛，許多問題也一一浮現。

表 4-3　外籍配偶的生活調適

類別	項目	內涵
生活適應	食物適應	外籍配偶來台後，所面臨的第一個大問題就是「食物」，雖然不習慣但因為也不懂得如何出去買，因此只能有什麼吃什麼，不過經過半年以後，大概就可以習慣了，進而解決自己重要的民生問題。
	語言適應	外籍配偶剛開始與家人溝通時，常常是比手劃腳，以肢體語言溝通。與他人溝通的適應期大約需要一年，若是上過生活適應輔導班或識字班的外籍配偶，在生活適應方面要比上過課者來得較為順利。
	休閒生活	受訪的外籍配偶生活簡樸單調，除了家庭環境之外，與外在社會互動較少，活動範圍大多還是侷限在家中及家裡附近，若要到較遠的地方去，往往必須倚賴先生，因此休閒活動範圍相對侷限。
	社區參與	許多外籍配偶表示剛來台灣時，重心都在家庭，和社區中的鄰居往往因為語言不同而互動有限，鄰居對於外籍配偶提供的協助與支持也就有限，不過若是社區中有鄰居也同樣是外籍配偶時，大家則會互相協助照應，慢慢形成一個友誼性團體，彼此之間提供重要的情感支持。
	人際互動	外籍配偶來到台灣後，與外界互動較少，由於缺乏足夠的資訊及學習的環境，加上語言、文化隔閡，認識的朋友大多還是以同國籍的較多，在人生地不熟的情況下，資訊的取得主要是以同國籍的朋友為主。
	資訊取得	外籍配偶對於政府所提供的福利服務資訊不是很清楚，在福利服務的宣導方面應該是未來可以努力加強的部分。

適應問題	夫妻感情	跨國婚姻的男女雙方由於其原生背景的差異，造成兩人婚後的調適十分辛苦，且假若雙方婚姻之基礎不是建立在「愛情」，而是以「傳宗接代」或「物質」為結婚考量，在此種情境下，感情基礎薄弱，而沉重的家庭勞務工作、語言的障礙、子女教養問題也影響夫妻感情。
	家計維持	外籍配偶嫁到台灣後，由於大部分夫家經濟條件並不寬裕，因此外籍配偶除了負責家務工作及照顧子女之外，亦別無選擇要分擔家計，惟許多外籍配偶均表示剛來台灣生活的前幾年並不容易找到工作，大多只能透過夫家親人介紹，在自家親戚工廠裡工作，賺取微薄的工資。
	福利保障	現行台灣相關福利法規的規定、補助和津貼型態的措施（如特殊境遇婦女之緊急生活扶助、創業貸款補助、低收入戶生活補助、急難救助等），均以在戶政單位領有國民身分證並設有戶籍為申請要件。對於未領有國民身分證之外籍配偶，若面臨婚姻解組或緊急危難等問題，現行社會福利相關法規仍難以就其緊急性、特殊性的需求，提供其經濟上的幫助。
	家庭暴力	外籍配偶家庭地位低，被當傭人使喚及遭受家庭暴力的情形，比本國婦女嚴重，此情形相當令人擔憂。由於親友不友善及夫妻感情薄弱，曾遭受過先生及家人精神上或肢體上的毆打及施暴，但她們不知道到哪裡尋求協助，在缺乏親友支持網絡及語言不通的情形下，往往未尋求協助。

（資料來源：作者整理）

肆、多元文化的主張

　　新住民難於融入同儕文化中，形成一種族群歧視，自悲、封閉的心態逐漸而成。新住民的行為模式與價值觀不同於台灣社會，初來不易與社區居民建立良好的互動關係，很難與主流社會打成一片；加上婚姻移民離開母國，中斷與過去支持系統的關係；另一方面家人擔心他們與外界接觸太多，自我意識提高，刻意限制其對外聯繫，將他們生活侷限在家庭內。且語言溝通能力亦有所限制，使其無法獲得更多的生活資訊及社會資源，諸如此類的狀況都在在使她們的社會支援薄弱。

　　「外籍新娘」不曾隨來台時間的改變而卸下這個身分。外籍配偶經由婚姻而定居於台灣社會，在所經歷的家庭、工作、與外界環境互動的經驗及適應過程，對其未來發展有重大影響，從家庭、街坊鄰里、媒體報導以至政府的相關政策，多站在嚴密監督的立場，對這群相對處於弱勢的「化

外之民」進行規範。為能有所改變，從外籍配偶觀點了解其真正需求，並針對其所面臨的困境提出解決之道，實是刻不容緩之事。建構完整的服務網絡輸送與服務整合體系極為重要，透過權益促進之運作機制，加強資源的整合工作，採取一些積極做法。

表 4-4　外籍配偶的生活需求

項目	內涵
語言溝通	外籍配偶來台灣之後，普遍遭遇語言不通形成生活不便的難題，為儘快融入我國生活環境，學習語言及了解文化是不可或缺的工作，「生活適應輔導班」及「成人識字班」，課程包括認識中文字、台語及生活法令的解說等。
親屬互動	促進其親子間互動交流及對於社區的熟悉與認同，此外探討外籍配偶所形成的種種問題及處境，提升社工員在外籍配偶議題之專業知能，藉由辦理外籍配偶聯誼會以及外籍配偶生活輔導適應班的方式，提供外籍配偶實質的協助。
社區活動	為增進外籍配偶的生活適應能力，政府及民間單位應積極辦理相關社區活動，提供外籍配偶更多的學習機會，以增進對我國語言、社會文化或風俗習慣的了解。
暴力防治	外籍配偶在語言溝通、資訊取得不易及缺乏親友支持系統等情形下，在家中遭受到先生或其他家人肢體上或精神上之暴力或虐待時，往往只能隱忍，為解決此問題，除了應教導雙方學習在親密關係中相互尊重外，遇有外籍配偶受虐的案件，社區民眾亦應主動關懷協助報案，讓外籍配偶基本的人權也能有所保障。
職業訓練	只要是持有居留證或取得中華民國國民身分證的外籍配偶，均可參加職訓局辦理之職業訓練，並進一步進行就業媒合，協助外籍配偶取得工作。
生活適應	外籍配偶生活在社區，如果提供其一個接納且溫暖的關懷環境，對於促進其生活適應有很大的助益。因此應妥善規劃相關方案及措施外，積極連結社區資源，協助外籍配偶早日適應社會環境。
社區資源	透過跨國婚姻相關課程的學習，一方面可以學習適應社會環境及婚姻生活，一方面也可以認識朋友，跨展人際關係，並適應新角色。相關單位可由外籍配偶的需求觀點出發，規劃相關措施，以協助外籍配偶提早適應跨國婚姻生活。
互助團體	外籍配偶互助團體的形成，一方面可以讓外籍配偶多認識同鄉好友，抒解思鄉情緒；一方面也可以做經驗分享，可以將生活經驗及解決問題的方法傳授給新加入的團體成員，彼此相互扶持。

（資料來源：作者整理）

當代的全球規模人口遷移，使得許多國家面臨了前所未有的族群多樣性。在美國與加拿大，多元文化主義的重要性日益增加。多元文化主義

（multiculturalism）認為，在一個國家之內維持文化多樣性，是一種良善的與可追求的目標，鼓勵對各個族群文化傳統的實踐，強調每個群體都會有所貢獻，並可以從其他群體學習若干經驗。主張各族群保有自己的文化獨特性，在和諧及相互尊重的狀態下共存。強調「族群融合」的呼聲，一個多元文化社會對其成員所進行的社會化，不僅是讓他們成為社會的一員，也成為多元文化的一分子，這過程不是建立在同一性，而是對差異的尊重。多元文化主義的倡導，比較明顯的訴求是要各族群不分閩南人、客家人、外省人、原住民、新移民，成為「新台灣人」。帶有希望各族群和諧共處、相互尊重的願望。

　　Banks 與 Lynch 對族群社會工作的主張，認為透過多元文化教育可讓所有的學生不但認識己族的文化、特質，更重要的是要讓學生了解他族的文化、特質與觀點，進而能夠使學生彼此之間相互了解，互相接納、尊重。

　　第一，族群社會工作的實施，可以透過教育為門徑，培養教育人員的多元族群教育信念，以利學校中的行政措施、政策規劃、課程教學、班級經營、同儕關係、群際關係等等加以興革。多元族群教育，教導學生學習自己不熟悉的族群知識是不可或缺的條件，才能了解教材、學生及教學脈絡中的各種影響。教師有責任參與並學習各種文化背景學生與其社區的生活經驗及文化，多元族群教學應鼓勵學生去面對所存在的種族中心主義，以及針對社會制度如何消除歧視的方式對待不同的民族。

　　第二，在教育過程中，泛文化教學（cross-cultural teaching）的情境，是使學生能發展出一種族群平權的行動，避免用主流文化的標準來評斷學生的學習行為。讓教師能將學生的生活經驗與文化統整於學習活動之中，教師應依學生的族群差異實施適性教學，教學應以學生熟悉的母文化為中介，以因母文化而產生的學習模式為框架，將母文化視為連結或解釋主流文化的工具，以面對來自不同族群背景的學生。使學生的學習更具意義，並認識自己所屬族群在社會中的價值與貢獻，提供給學生多樣性的族群文化型態，以使其多樣性族群文化的知識成為多元文化教育的核心。

　　第三，課程與教材是多元族群教育的重要實施，為提供一個無偏見與刻板印象的教材，以建立學生彼此之間的相互理解與尊重，教師應檢視教材中的種族中心，並在課程之中融入各族群的歷史、文化與價值。教師必須了解社會中所存在的偏差，並能發展消除偏差的教學策略。多元族群教育應融入課程之中，多元族群教育應實施於支配團體的學生，而不僅限於被壓迫團體的學生。

　　第四，教師進行多元族群教學時，應將族群多樣性統整於各個教學活動之中，並應以學生熟悉的母文化為中介，將學生的經驗引介到課程中，擴大欣賞其他族群的作品，以陶養學生多元文化素養。族群多樣性要能統整於各學科課程與教學之中，於課程中介紹社區中的族群，統整多元文化教材與課室教學活動，鼓勵學生進行判斷思考及不同族群同學之間合作以達成學習活動。

伍、多元族群的關係

　　外籍配偶來到台灣後，由於語言及社會文化的差異，要在短期間內融入台灣生活環境並不容易。這些外籍配偶反映出來的調適困境，凸顯出這些看似個人的生活境遇，事實上涉及了一種更廣泛且複雜的集體意識，就以參加「成人識字班」或「生活適應輔導班」的外籍配偶們來說，算是「幸運的一群」，家人支持她們學習。但許多外籍配偶的家人並不願意她們出去學習或者參加任何的活動，理由是怕她們與同鄉姊妹還有聯繫，會有所比較而爭取自己的權益，在這種情形之下，外籍配偶在語言、文化認知有限的情形下，越不能夠了解台灣社會，因此在生活適應上出現問題，日積月累，會衍生出其他問題。

　　自「外籍配偶之子、新台灣之子、新移民之子」一直到最新稱號──新住民，不難從名稱的變化看出一些社會型態改變的端倪，代表的是其量的增加以及社會地位、階層的改變；換言之，台灣社會漸漸可以感受到移民者正由剛開始的被邊緣化慢慢的被重視，為發展多元化社會，無論在教育

或社會相關政策的制定上，對外籍配偶子女均應一視同仁，漸漸融入為台灣社會的成員。多元族群是近年來逐漸受到重視的理念，在促進多元社會間的和諧與尊重。

表 4-5　新住民友善互動作為簡表

項目	事項		內涵
行政體系	宣導多元社會		新移民的議題成為台灣熱烈討論的問題，但負面新聞多過正面報導，導致一般大眾對於新移民多半貼上弱勢族群的標籤，對於這些新移民成員的自信心與自尊心都可能遭受打擊。若能善用大眾傳播的功效，多介紹異地風情、異國優勢，可消弭一般大眾對於新移民等於弱勢族群的刻板印象。
	培育教育師資		學校得加開多元化文化教育及多語言的選修課程。針對一些有意從事教職的外籍配偶，應可透過適當管道修習教育學分，語言專長也可以藉由通過檢定考試，提升專業教學品質。其次，透過定期的研修，加強教師多語言多文化的知識。
課程規劃	多元課程目標		課程目標應設定於「文化適應」、「自我認同」、「語言學習」、「促進能力」、「教育參與」。教育是人生大計，它可以提高知識水準、改善生活品質、培養謀生技能，進而提升社經地位。
	擴大培訓活動	辦認字班	讓母子當同窗，學業上互切磋，提升媽媽的自信，也使孩子觀察學習。
		成長社團	他鄉適應甘苦多，一同分享心情、育兒經驗，尋找心靈出口。
		親職講座	由學校提供機會，以促進親子情誼，改善家庭氣氛。
教材設計	強調自我認同		孩童與母親臍帶相連，透過母親認同社會，母親原生文化被壓抑，將來對台灣也可能產生認同問題，進而退縮；小孩也可能遭受其他學童拒絕、排斥。是以，尊重異己與自我認同的教材設計就更顯重要。
	多國文化學習		教材設計不但需要肯定國語的價值，更應重視其他語言的價值，尤其是母語的價值。雙語教學不僅僅是兩種語言教育，它更擴及其他語言文化的理解。課程設計加入一些其他民族的文化，營造一個多語言多文化的環境，引導自我的健全發展。
	善用社會資源		新移民受教育不應僅限於學校之內，他更可能從社會的每一個角落吸收知識。在民主多元文化的社會中，家庭、學校乃至於社會都應營造一個樂意學習自己文化及異國文化的積極氣氛。

教學方式	多元文化觀點	主流文化價值外，也認識異國文化的豐富性，避免因不了解而產生排擠，引導大家尊重、欣賞不同文化進而接納彼此。而教師以多元文化觀教學，例如：設計課程介紹各自的出生地或祖籍，利用互相交流異地文化，減少歧視。
	促進學習動機	鼓勵向上孩子，引起學習動機，擁有自尊心、責任感、成就感。鼓勵正意味著相信孩子，相信他的能力和智慧。除了口頭上的鼓勵，不論民間團體或教育單位應多設立獎學金制度，鼓勵積極的學生，同時也能減輕家庭的經濟壓力。
	發揮同儕力量	同儕力量可以影響學習氣氛，團體的力量在於鼓勵與驅策。建立凝聚性的群體去培養同儕間良好的關係，同儕之間溫暖善意的互動，讓人們有安全感、歸屬感、與被尊重的感覺。
	實施補償教育	在一視同仁的原則下，針對學習困難的學童，額外補償教學。當學童有不適應的情況，應提供積極性的個別補償教育，且務必普及至每一所教育單位。

（資料來源：作者整理）

　　行政體系方面，為避免新移民被貼上弱勢族群的標籤，應透過大眾傳播媒體提出正確和公正的報導，消弭文化差異；並且有計畫的培訓新台灣之子的師資。其次，課程規劃與實質教學方面，明確訂定課程目標，擴大推廣對象，研擬適合新台灣之子的教材，運用更為多元的方式、彈性與開放從事教學。共同構築一個能尊重彼此、欣賞多元豐富的文化之美的社會。

結語

　　外籍配偶現已成為台灣人口結構中重要的一環，除了政府部門針對外籍配偶的需求所進行的相關配套措施之外，相關民間團體亦可提供支持性社會資源，此外亦期待社會大眾以包容、寬大的胸襟接納這些外籍配偶並適時伸出援手，一起合力建構出緊密的社會支持網絡，協助她們打破語言、文化、風俗習慣的隔閡，進一步早日融入社會生活體系。對於多數的外籍

配偶而言，生活的邊界就是家庭，渠等的社會幾乎等同於家庭生活。因此，如何能使她們適應於家庭生活，讓她們不再只是延續家族的工具，使她們能跨出家庭這個高度的門檻去參與社區活動，讓她們能在寬廣的社會生活中伸展自我，是友善社會所努力的方向。多元文化教育旨在尊重文化差異、降低偏見、提升學生的學習成就，因此，最有利於建構一個多元文化主義的族群關係，建立一個友善、賢德與尊重的社會，而不會是一個衝突、歧視的生活世界。

近年來，社會倡議「族群融合」的呼聲，比較明顯的訴求是各族群不分閩南人、客家人、外省人、原住民、新移民，大家一起做「新台灣人」。多元族群教育強調尊重文化差異、降低偏見、提升學生的學習成就，有利於建構一個多元的族群關係，裨益於建立一個合諧、相互理解與尊重的社會。

第五章　外籍配偶的家庭服務

前言

在現代社會中，傳統家庭的功能在減弱與衰退，社會結構的快速變遷對家庭造成巨大的衝擊，也因而產生了顯著的家庭問題。面對家庭功能的失調，政府需要重新研議家庭福利服務的發展，並提供各種公共措施以利家庭的生存。

有鑑於近年來東南亞外籍配偶激增，形成台灣社會一個重要的社會現象。結婚成家的另一重要現象自然是傳宗接代，造成大約每八個新生兒就有一個母親是外籍新娘或大陸新娘。台灣地區本地的婦女由於教育水準提高、經濟自主、晚婚等原因，使得出生率長久以來都偏低，外籍與大陸新娘的生育替代了部分的本地的新生兒。外籍新娘中以東南亞國籍者為多，統計是越南籍最高，其次印尼及泰國。跨國婚姻中，夫妻因成長背景相異，所背負的期望不同，使得這些來自不同成長背景的夫妻必須花更多時間去思考彼此間的差異。國人娶外籍新娘者也多為社經地位居中下階層，無固定工作或身心障礙人士，其居住地區常偏向於農、漁、或山區等偏遠地區，經濟較匱乏的地區。而外籍新娘的原生家庭環境也相對地處於經濟弱勢的家庭，在婚姻與家庭關係的適應方面，由於外籍配偶與先生大都是經由相親（仲介、親戚朋友介紹）認識，雙方並沒有經過長久的交往為基礎，夫妻兩人來自不同的文化背景，一旦走入婚姻，要面對生活上瑣瑣碎碎的事物與情境，必然有許多地方需要互相適應與配合。

壹、外籍配偶家庭現況

外籍配偶來自不同的文化背景，在價值觀、態度、思想上皆有別於台灣本土文化，跨國婚姻中大多數的問題都與「語言」脫離不了關係。外籍配偶來自不同的語系，雖然來台前曾學習過幾個月的中文，但並不足以應付現實的生活，聽、說、讀、寫等能力的缺乏，使得夫妻難以有效的溝通，以致時有衝突；也讓她們不敢外出，行動受限；有了小孩以後，無法以夫家的語言教導孩子；工作不易，也影響到外籍配偶的經濟獨立；以上遭遇，也加深了外籍配偶適應過程的困難度。

目前外籍及大陸配偶數量計四十七萬人，中外聯姻所占結婚比率漸高已是趨勢。通常外籍配偶剛來台時，會有一種所謂「異鄉者」的心態，不知如何與外界接觸，經歷了混亂失序的生活之後，或妥協或調適地努力中找到秩序。當然兩地的不同風俗習慣與觀念，也讓她們在生活上體察到一些與原先生活不同的新經驗，諸如在飲食習慣、過年習俗、天氣調適、婆媳角色等方面，外籍配偶都經過一段適應期，時間長短則因人而異。在嫁入夫家之後，從單純的女兒身，一夕之間增加了「妻子」及「媳婦」的角色，且被期待要拿捏得宜，外籍配偶在嫁入夫家之後，開始感受到人在屋簷下生活，處處得看人家臉色的處境。由於原生文化背景與語言習慣的關係，外籍配偶在教養子女時，多採自己的教養理念，但家人的建議與學校教師的規範則是重要參酌。由於夫妻雙方的成長、接受教養與文化背景差異，在生活適應與教養子女時，會有不同程度的衝擊，是社會及教育應正視的重要議題，以協助外籍配偶與其子女更能適應當下社會環境，更是家庭教育刻不容緩的課題。

隨著世界政治經濟格局的變動，各國文化、政治與經濟交流日益頻繁，跨國婚姻也得到前所未有的發展，引起跨國婚姻的主要原因可從三個宏觀層面來考察：

表 5-1　跨國婚姻的主要原因簡表

項目	原因內涵		
經濟層面	經濟因素往往是影響跨國婚姻的根本原因。高峰期是自一九八〇年代中期以後。	經濟全球化趨勢	推動世界各國頻繁經貿的交流，也帶動跨國職業的發展，使異國工作者有機會結識跨國異性，進而變成跨國婚姻。
		財富分配不均衡	在婚姻市場中，經濟成分是擇偶條件的重要因素，豐富的物質利益經常是一種驅動力。許多跨國婚姻即是在國外優勢物資生活條件的驅使下進行，例如當前許多東南亞外籍女性配偶嫁到台灣，是台灣經濟相對優勢使然。
		貿易投資的增長	政府政策鼓勵海外投資與開放觀光的結果，不僅使世界各國經濟互動頻繁、社會關係日益密切，組成相親團至海外娶妻的跨國婚姻趨勢也越來越普遍。
文化層面	文化因素是影響跨國婚姻的原因，各國文化交流促成跨國婚姻發展。	文化全球化趨勢	全球文化變得日益多元化，使各國文化趨於融合。在文化全球化的影響下，人們的價值觀與人生觀發生變動，過去種族或文化障礙也獲得釋放。
		西方文化的傳播	優勢的西方文化以其電視、影片與書籍方式在全球各地放映或出版，衝擊許多社會的文化發展，也使許多人不再排斥或介意配偶的不同膚色、語言與習俗等。
思想層面	隨著時代的變遷，人們的想法也發生很大的轉變。	全球化影響	由於受到全球趨勢的影響，人們的思想從傳統、保守逐漸走向自由、開放。過去，婚姻上難以接受的事情，現在，也能以寬闊心態去包容。
		西方思想的影響	西方文化以商品包裝形式進入世界市場，相當程度影響到國人，特別是年輕人對於跨國婚姻的想法開放。
		婚姻與家庭觀念的轉變	從傳統到現代、自封閉走向開放、由一元轉向多元，跨國婚姻的擇偶需求表現在婚姻觀念轉變：滿足性慾與繁衍後代，以及建立家庭，未必是為了感情需要。

（資料來源：作者整理）

「家庭制度是一種親屬團體，主要功能在培育新生嬰兒的社會化。」（Reiss, 1965）其社會功能含括：首為社會新成員的生育，次為子女的輔育及兒童對於社會的價值傳統與規範的社會化。傳統的家庭結構，各種功能相互混雜，結構也未分化，是故，家庭結構為了適應社會環境變遷，因而結構有所轉變，在不同的現代化階段便會有不同的結構產生，新的結構便具有專門化的功能。另外，家庭結構與功能互為影響。家庭在傳統農業社會中是社會生活的基本單位，並且在經濟、宗教、乃至於福利與救助方面，都具有相當自足的功能，但在經過現代化的過程，家庭結構的變遷，致使家庭功能有所轉變，現代家庭的變遷主要是現代化所造成的結果，工業化和都市化為人類創造了前所未有的物質生活，但亦對人類生活造成了莫大的轉變。因教育年限延長、勞動參與率提升及所得增加，不婚和晚婚者漸增。就結構功能而言，家庭結構的轉變是因現代社會生活型態所需，而家庭結構改變是為了使家庭能更加有效的運作。

表 5-2　家庭功能變遷

功能	傳統家庭	現代家庭
生育功能	傳統農業社會所講求的是「養兒防老」、「不孝有三，無後為大」。	現代工業社會中，生育率明顯下降，家庭人口減少，生產型態的改變與價值觀的轉變，家庭生育功能的重要性在減低中，不婚和兩人家庭的比例也在明顯提高。伴隨兒童數的減少、國人平均壽命的延長、老年化社會的來臨，老人安養問題會越為凸顯。
情感功能	家庭的功能除了實質支持（instrumental support）功能外，也包括情緒支持（emotional support）。	在現代化的過程中，不斷的都市化和專業化，人與人之間疏離感加大，起而代之的是冷漠和無情的環境，因而家庭自然成為人類感情的避風港，家庭的情感功能也就成了現代家庭中最重要的的功能。
教育功能	家庭賦予成員先天的地位，影響兒童的態度與習慣的學習。	家庭的社會化和教育的功能逐步被學校制度、同儕團體、傳播媒介所取代。青少年問題日益嚴重，是與家庭社會化功能減弱有關，尤其是單親家庭的社會化功能更為薄弱。

經濟功能	在傳統農村社會中家庭是扮演著生產工作單位。	現在工業社會家庭轉變為消費單位,生產單位已由工廠和辦公室所取代,強調的是分工專門化、專業化。在工業社會中快速的社會流動,價值觀轉變為講求個人主義和強調成就地位,是使家庭結構轉變的因素。
照顧功能	傳統家庭中的照顧幼兒、老人和家中殘障或生病的成員的功能。	核心家庭的結構無法擔負長期照顧功能,加上婦女勞動參與率的提升,家庭中原有的育幼與養老功能,大多改由現代社會中的托育機構、安養中心、社工人員、醫護人員所取代。

（資料來源：作者整理）

　　當前,外籍配偶家庭的主要問題是:生活適應困難、價值觀點差異、語言溝通障礙、親職教育問題、家庭暴力傷害與社會歧視汙名。外籍配偶家庭的需求有其特殊性,但主要包括:醫療保健需要、就業工作機會、社會參與活動、語言學習環境,以及協助子女教養。面對外籍配偶家庭的問題與需求,應考量的具體措施與政策面向包括:居留與工作權、去除社會歧視、強化親職教育、重視優生保健、統籌管理機制與建立支持網絡。

　　民國九十二年政府辦理「外籍配偶子女生活適應研討會」中,政府各部門於會中報告其積極展開外籍配偶相關福利的措施,包括:

表 5-3　政府各部門外籍配偶相關福利措施

單位	職司
教育部	為外籍配偶所生子女提供教育經費補助、設立資源班等福利服務措施。
衛生福利部	提供家庭計畫需求、作家庭訪視卡並建卡管理、及推行新家庭計畫。
行政院勞動部	保障外籍配偶的就業權益。
內政部家庭暴力防治委員會	為受暴外籍配偶規劃保護扶助措施。

衛生福利部社會救助及社工司	補助地方政府辦理「外籍配偶生活適應輔導班」、委託民間團體辦理編印多種語文版（中、英、越）如《台灣外來新娘社會福利資源手冊》、並為符合各項福利法規定之外籍配偶家庭提供相當之輔導與扶助。
衛生福利部社會及家庭署	為外籍配偶編印多國語言之親職教養手冊，加強宣導親職教育、結合法人機構及團體辦理外籍配偶弱勢兒童親職教育研習及親子活動、並委請專家研究「東南亞外籍配偶家庭兒童生活狀況」等。

（資料來源：作者整理）

　　我國「家庭」為社會中之基本單位，一方面連結個人與社會，同時也是傳承文化的場所。婚姻契約的建立以家庭命脈的延續最為重要。外籍配偶來到台灣人生地不熟、語言不通、舉目無親，在自我尚未調適的情形下，可能就面臨與先生相處、與公婆相處、照顧生活起居的繁重工作之外，還須面臨照顧幼兒的重責，其壓力不可謂不大。在現代社會中，跨文化婚姻的大量出現除了是一種社會文化現象外，也揭示著社會結構的明顯轉變。在社會資本、社會凝聚力、社會排除與社會融入等是重要的概念，也是社會政策與經濟政策的焦點議題。在集體意識相當強烈的傳統社會中，婚姻是高度鑲嵌在結構嚴謹的社會實體上。由於人際間的文化同質性高，異文化通婚容易產生相當突出的社會關係。在邁向多元族群的和諧社會，我們可以先設定所追求的願景，而利用「向後預測（backcasting）」的分析策略，研擬多元文化的教育、家庭等的政策，來達成大家所期待的多元文化社會。

貳、外籍配偶家庭問題

　　家庭是最基礎的社會單元，婚姻促成最親密的接觸，不同成長背景與文化薰陶出來的夫妻，一起生活除了初期的新鮮感外亦有其挑戰。當夫妻相處遇到問題，他們的家庭有各種困難，成為社工員的服務案主。社工員在處遇時受到自身文化背景的影響，此時可能有多種文化在其中激盪著，是多元族群與文化主義（multiculturalism）的現象。這其中有相同之處

（similarities），同時有相異之點（differences），這就是「多元文化」（cultural diversity）。家庭關係指的就是一個家庭的組成分子及其相互間的關係。家庭透過其結構以善盡功能，結構的形成與存在主要是為了盡其功能；因此，結構的形式與性質必須與功能相適應。外籍配偶家庭系統中，外籍配偶雖然是最需要直接面對多重問題的個體，但是其在系統中的互動卻涉及了系統中的每一個家庭成員。因此，社會工作處遇時，不能只處遇外籍配偶，而是須以整個家庭為處遇單位。在跨國婚姻中，外籍配偶一方面要調適異國結合的婚姻關係，另一方面又要適應不同文化背景的生活，期間產生不少擾人的問題，諸如：婆媳之間可以從生活上的細小事件，例如：烹調習性、家裡的規矩、教養意見不同等等問題，引起衝突。有些外籍新娘娶來的目的就是照顧公婆的，若無法順從公婆的意思很容易就引起衝突。有些公婆認為外籍配偶是他們用錢「買」來的「外勞」，要求外籍配偶做很多的家務，甚至於要求到小叔或小姑家去處理家務、幫忙照顧兒童。這樣的不當的對待外籍配偶，先生經常無法保護妻子。這樣的家務事，外籍配偶往往投訴無門，只有暗自傷心，值得社會的關注。

　　學者艾力克遜（Erikson）強調：家庭是幼童成長過程中最關鍵的學習環境，而父母的教養及與子女的互動方式對於子女人格養成更是重要的觸媒。外籍配偶們雖來自不同國家，到了台灣之後所面臨的問題都有許多相似性，語言不通、風俗人情不懂，在家中處於孤立無援，如飄泊中的浮萍，不知自己將漂到何處。外籍配偶如是透過婚姻仲介結合，時間匆促就辦理結婚登記，快速就把終身大事完成，為跨國婚姻基本寫照。加上外籍配偶如果是透過買賣婚姻，其更視為其原生家庭的支持角色，以犧牲的態度嫁來台灣，家庭本質混合商業氣息，是較難建立家庭原本的感情，甚至難以更深入其家庭的生活相處。外籍配偶在台養育子女、學習融入家庭和社會的過程中所遭遇的種種困難，簡要列舉於後。

表 5-4　外籍配偶家庭問題

問題	現象	因素
優生保健的問題	臨床上發現,不少異國婚姻的下一代患有遺傳性疾病或兒童發展遲緩的情形。	在經過遺傳諮詢及檢驗中常發現健康的問題,源於有不良的生活習慣,例如:抽菸、嚼檳榔、酗酒、賭博、吸毒等;另外,也有年齡較大、身心缺陷、智障、精神疾患或其他先天性遺傳疾病者。(王秀紅、楊詠梅,2002)
語言學習的困擾	來自東南亞的外籍媽媽們對我們的語言、文字,和對台灣學校的教育方式等多半不夠了解。如果其嫁入的夫家是勞動階級或社經地位相對不利的家庭,則他們孩子的家庭教育和學校教育可想而知亦是相對弱勢。	外籍配偶來台通常並沒有完整的語言學習管道,導致在沒有學習正確的語言發音之下,外籍配偶常常說著一口外國口音的國語;而在和自己子女長期互動之下,自然而然便習得母親的國語口音。這樣的語言在入學後便會產生適應及學習上的問題,容易造成外籍配偶子女的人際障礙及學習怯弱,也在同儕團體中成為弱勢的一群。
家庭溝通的障礙	夫妻感情基礎薄弱及溝通障礙。在家庭中追求個人及家庭共同的滿足及迎合個人的需求的失衡與脫序。	家人彼此之間溝通關係,語言不同產生口角,每在遇到生活上的問題,要不是無法溝通,就是用有限的肢體語言溝通,而衍生家庭暴力的問題。其家庭的功能連帶以維持家庭的系統皆會失靈。
學校學習的障礙	東南亞外籍配偶子女使用的字詞,比同年齡兒童有明顯的減少、語言中缺乏複雜性、主動說話或社會化行為較少,平時也較少文字性的遊戲,間接使子女在發展上有語言表達及學習較遲緩的現象。	母親是孩子最主要的照顧者,她們卻往往因為中文的說聽讀寫困難,而無法帶領孩子閱讀、認字、教導日常用語、正確的發音及學校課業的輔導等,自然的這群孩子課業上的指導及協助資源便較少。由於外籍配偶的家庭中通常教育的責任多數還是落在外籍配偶的身上,孩子的功課無由輔導,學習的進度自然落後。這些都將會影響其子女學習、學校適應、心理缺乏自信等問題。
教育環境的隔閡	外籍配偶子女多半會在入學適應上發生問題,有部分因素是來自於老師對於多元文化的不了解、誤解及偏見。	目前在教育上並無針對教師或課程有多元文化觀的培訓及文化尊重方面的教學課程,所以在學習環境上,教師沒能適度處理外籍配偶子女適應不良的情況,導致這些子女淪為被貼標籤者。

身分認同的迷惘	外籍配偶常常被標籤為來自於落後的東南亞地區、買賣的婚姻模式等負向的說辭，進入家庭及婚姻中自然已被曲解、矮化，無法獲得婚姻及家庭中應得的尊重與地位。	在背負傳宗接代使命的婚姻下，外籍配偶子女在家中受重視的程度遠比自己母親高，這形成了子女教養的爭奪戰，夫家不願讓孩子學習媽媽國家的語言，過度干涉甚至隔離外籍配偶教育子女的方式，認為外籍配偶來自落後國家什麼都不會、什麼都不好。
文化差異的適應	跨國文化下的第二代應該是有著文化上的雙重優勢，但是卻因為國人的自覺優勢感，讓這些子女在夫家的保護之下形成不認同母親的國家，甚至進而不認同母親的情形。（楊艾俐，2003）	文化間的差異是需要時間學習及適應的，配合當地的環境及生活方式，外籍配偶及夫家都必須學習及尊重彼此的文化模式，否則容易產生文化衝突及家庭失和。但外籍配偶通常來台還未完全適應及認識本地文化時便生育子女，再加上照顧子女的責任多數落於外籍配偶身上，自然在教導子女方面，外籍配偶會以自己原生國家的方式及文化教導子女。然而，外籍配偶缺乏有人正確的指引，教導她們合宜的生活文化。
經濟能力的薄弱	家庭地位的權利是與其經濟的掌握相關，當然被所謂的買賣市場的婚姻角色在其家庭體系是屬弱勢，加上工作權不易，所以家庭角色權力更為低一階。	有些外籍女性配偶會要求夫家按月寄錢支助娘家，假使夫家不一定能負擔，或是產生改變者，外籍新娘則會急於為了存錢供家而外出工作，反疏於家庭職務，或是也有以結婚為名行打工之實者，於拿到居留證、身分證即要求離婚，不顧幼年兒女而離開。
家庭生活的壓力	外籍配偶家庭的平均所得偏低、家庭經濟來源不穩定、婚姻基礎關係不穩固等因素，可能造成失業、家庭暴力、離婚或單親等重大家庭生活壓力，影響家庭中兒童的生活適應。	因為家庭經濟的需要，可能許多家庭的成年人都要忙於生計，無暇顧及孩子的生活需求，甚至無暇與孩子互動；而如果因為失業，家計陷入困境，勢將生活無著；萬一碰到孩子先天體弱，患有遺傳性疾病或兒童發展遲緩，則往往不但無暇尋求醫療照顧，也可能無法付出超過其能力的醫療費用。

（資料來源：作者整理）

　　上述是外籍配偶來台之後較常出現的問題，這些問題的出現也都凸顯出有其不同的福利服務需求，以使這些問題能夠紓解或澈底解決。

參、外籍配偶家庭服務

社會由傳統進入現代，家庭是社會的最基本單位，現代化的過程，所強調的行動取向與價值取向已經有所轉變，現代社會所強調的是個人主義及經濟與物質的發展，家庭在面對不同以往的外在環境結構與社會價值觀的轉變，其結構勢必也有所轉變。一項家庭政策必須有前瞻性，能超越個別成員的需求，將家庭視為一個整體進行規劃，才是妥善之家庭政策。實施到宅親職教育課程是族群社會工作的一個思考，因為受到外籍配偶在孩子出生後，多數因為子女照顧的問題，參加上課意願減少的影響，社區家庭教育中心能實施到宅親職教育課程服務與協助，增加外籍配偶們教養子女的諮詢支援管道。外籍配偶來台之後，對於台灣狀況普遍不了解，在社會上除非能聯繫來自相同國度的同胞，相互支持，否則容易心生疏離及孤立，生活中發生問題也不知如何求助，所以專責社工應請專業的巡迴輔導員主動輔導，了解她們的需要，提供必要的協助，主動協助外籍配偶處理生活難題。發揮社區發展與教育的功能，可增加外籍配偶教養子女的常識與認知，幫助她們面對教養子女的瓶頸，並且有能力解決教養問題，以減少「心有餘而力不足」的遺憾。

家庭是一個規則運作的系統，透過所有家庭成員關係之中，建立基礎而且決定成員彼此相對的期望，因此家庭的規則顯示家庭的價值。家庭支持系統以為家人面對種種的議題，以維持家庭的發展。外籍配偶初為家庭成員是不同於自己原生家庭的體驗，所以不單是從個人生活變成雙人到三人世界的表面改變，而是一個動態的改變，透過「支持系統」的協助，才能適應此一「動態」轉變過程所牽動的環環相扣的微妙運作。同時，家庭是社會總體的一個小型系統，外籍配偶初來乍到，為家庭生活經驗及社會動態歷程，需要各種機能的協助。外籍配偶家庭服務在政府部門方面包括：教育部、衛生福利部、行政院勞動部、家庭暴力及性侵害防治委員會、內政部等單位，依據其各主管業務提供教育、衛生、就業、家庭暴力防治、生活適應輔導及各項福利措施與外籍配偶家庭親職教育與弱勢兒童外展服

務等。民間單位方面也包括：台灣兒童暨家庭扶助基金會、賽珍珠基金會、伊甸社會福利基金會及幸福福利文教基金會等等單位。政府與民間應攜手合作共同協助外籍配偶家庭所面臨的各項問題，除幫助外籍配偶生活適應外，更須協助整個外籍配偶家庭生活穩定，才能夠孕育出身心健康的外籍家庭子女。

　　外籍配偶家庭在台灣已有三十年歷史，但是，由於社會歧視標籤、媒體扭曲或不實誤導，以及政府消極態度與保守做法，均使外籍配偶家庭的生活機會與公民權益受到限制。外籍配偶家庭問題需要政府及民間提供的各項資源始能滿足其需求，其間所需的協調整合聯繫正是族群社會工作個案管理技巧的精華所在。如此才能協助外籍配偶家庭在同時面對多重問題之時，逐步解決。以家庭福利的模式推展，二十世紀四〇年代以來社會工作專業發展出一套以系統原則與概念為基礎的新助人理論與技術，並再一次將關注焦點單位從「個人」轉變為「家庭」，這是社會工作專業上的「典範改變（Paradigmatic Change）」。（Hartman & Laird, 1983）未來，族群社會工作宜朝向：「從婚姻移民到社會公民」，「從社會排除到社會融入」，「從消極管理到積極輔導」，「從社會孤立到社會參與」，「從社會疏離到社會凝聚」。

表 5-5　外籍配偶家庭服務事項

項目	內容
引介資源	外籍配偶家庭正處於多重問題與困難，而且外籍配偶的先生們也常處於社會的弱勢族群，十分缺乏有關資源的知識或取得資源及運用資源網絡的能力。社會工作員應能靈活運用個案管理的技巧協助外籍配偶家庭取得各項資源、發展資源網絡，並提升其運用資源網絡的能力。
個案管理	運用社會工作模式，個案管理（case management）是提供給正處於多重問題且需要多種助人者同時介入協助案主的過程。同時，個案管理強調二個重點：一方面，著重發展或強化資源網絡；另一方面，個案管理除了增進案主使用資源的知識、技巧及態度，更著重在強化案主個人取得資源及運用資源網絡的能力。

家庭福利	以家庭為中心（family-centered）的社會工作實務是將「家庭」置於關注的或行動的中心焦點的社會工作實務模式。（Germain, 1968）家庭中心的社會工作實務模式關注於家庭系統中的個人、家庭及其環境間的交互關係（transaction），並運用各種策略和處遇來強化或改變這些互動與交換。
社區網絡	推動社會福利社區化是希望能夠強化家庭與社區功能，照顧社區內的弱勢族群，建立社區福利服務網絡以落實福利服務於基層。外籍配偶家庭在社區環境裡也會與社區產生互動，也會受社區的影響。社區福利方案的規劃更須針對社區家庭需求評估的結果來規劃，以規劃出符合社區需求的方案。
增強權能（empow-erment）	增強權能的社會工作實務歷程則是以找出權能障礙（power blocks），發展與執行可以降低權能障礙的策略，目的在降低個人的標籤化或邊緣化的團體中所受到的負向價值貶低所導致的無力感。外籍配偶家庭在台灣社會裡屬弱勢族群，社會工作應以提升外籍配偶家庭權能（包括夫與妻），協助自助與運用長處觀點等概念來增強外籍配偶家庭權能，使能克服適應上的困難，營造幸福美滿的外籍配偶家庭。
教育機會	識字是一種認知技能，為個體適應社會變遷的必備條件，是一切學習的基礎。（林君諭，2003）外籍配偶來到台灣，由於語言溝通的障礙使她們變成弱勢中的弱勢。對外籍配偶而言，語言與識字是來台後所面臨的重要問題。中文的聽、說、讀、寫的能力對外籍配偶個人、家庭與社會而言，都具正面的影響，例如：與公婆及夫家其他成員溝通，也可以幫助教育自己的子女，增進生活適應及與他人互動的能力，更重要的是識字能夠使外籍配偶增強權能。

（資料來源：作者整理）

　　新移民主要係來自大陸、港澳地區及東南亞國家的「外籍配偶」，而與東南亞婦女通婚的男性教育程度多集中在國、高中，大多屬農工階層，由於是買賣婚姻，往往使男方及其家人有「撈本」心態，把外籍配偶當作「商品」，而不是當「人」來看待。（潘淑滿，2003）外籍配偶家庭需求與一般家庭的福利需求是不同。針對這些需求特殊的外籍配偶家庭要能夠規劃出滿足其特殊要求，同時也顧及可近性與方便性的服務方案，「社區化」的方案特性不但是有效的，也似乎是不可避免的方式。外籍配偶遠嫁來台，語言文字不通，尚須適應社群生活，傳統的社會工作取向是以技術性與情緒性的協助案主達到一定的生活水準，是以施恩者（benefactor）的角色來協助案主，很少扮演個人或組織的倡導或辯護（advocacy）來達到提升案主權

能的目的。（Simon, 1994）這些外籍配偶所產生的問題，可以歸納如下（賴兩陽，2004）：

（一）語言表達不佳，造成溝通障礙。

（二）國籍歧視嚴重，形成衝突來源。

（三）生活適應不良，婚姻穩定不夠。

（四）人際關係欠佳，社會支持薄弱。

（五）家庭暴力問題，隱忍離去兩難。

（六）子女教養不易，影響未來發展。

社會工作不能以過去的善意（good will）為名的施恩者或救助者的角色，為有效解決這些問題，政府部門必須以「社會融合」（social inclusion）的觀點，以更積極的福利措施加以因應，建構一個平等、多元、沒有歧視的社會。為協助外籍配偶家庭的服務策略可以用以家庭為中心，顧及家庭中各個家庭成員需要的方案內容，同時，在推展上以社區化方式來進行，將是一個可行而且有效的推展策略。一個擁有良好功能的家庭，具有下列特質，可稱為「滋潤家庭」（Satir, 1998）：

（一）能有效解決所面臨的問題及協調問題。

（二）能夠清楚、直接、一致且有效的溝通。

（三）家庭角色、職責分配善盡公平且合適。

（四）家庭能夠關注每一個人的情緒與需求。

（五）家庭的行為規範是彈性而且不僵硬的。

外籍配偶家庭的援助系統現況與問題包括：有限的學習、難以克服的家庭阻礙、缺乏資訊、無法學習自我面對問題解決能力、語言隔閡無法使用求助系統、缺乏專責而簡單的求助窗口等。目前政府所提供的外籍配偶家庭服務，從列舉的服務項目看來，似乎均存在。例如：衛福部所提供的健康管理、產前遺傳診斷、新生兒先天性代謝異常疾病篩檢、子宮內避孕器及結紮等補助措施與全民健保等等；勞動部提供的外籍與大陸配偶就業諮詢服務、推介、媒合取得工作權之外籍與大陸配偶就業、與受暴外籍與大陸配偶免費接受職業訓練或推介就業服務；家庭暴力及性侵害防治委員

會的受暴外籍配偶保護扶助措施等等；衛福部社會及家庭署的外籍與大陸配偶弱勢兒童外展服務，及以越南、印尼、泰國與英文版的不同年齡層兒童的教養祕笈以提升親職教養能力等服務。針對外籍配偶的福利措施仍有增強的空間，但是主要的問題其實是在於外籍配偶家庭運用資源的能力不足，無法善用已存在的資源使發揮功能。族群社會工作為外籍配偶開設識字班，目的除了教導識字外，還提供生活輔導、認識台灣社會、心理輔導、婚姻諮商、育兒保健常識等生活相關資訊或技能，希望能幫助外籍配偶早日適應台灣的生活。課程的設計與規劃需要居於她們的立場需求來設計，教材的選擇應更貼切外籍配偶實質的需要。外籍配偶教材應以日常生活常需要的實用教材為主，例如：交通工具、公車站牌與種類、道路標誌、家電用品、飲食、或居住相關的常識等。若教育無法幫助外籍配偶解決日常生活上可能遭遇的困境，提升其日常生活中解決問題的能力，那教育將失去其基本功能。

肆、對政府政策的芻議

就結構功能而言，任何一個制度其存在必有其功能，家庭政策應被視為以家庭整體福利為設計的一種觀點。家庭政策以分為外顯的和內隱的（Kamerman & Kahn, 1978），外顯的家庭政策會詳細的建構家庭的目的與目標，如：家庭計畫、家庭生活教育、兒童日間托育、兒童保護方案……等；內隱的家庭政策雖沒有明確建構出家庭目標，但卻對家庭會有影響的政策，例如：首次購屋低利貸款方案。考量家庭政策時，在於將家庭視為一個整體，提供家庭福利服務，減輕家庭負擔，並協助家庭走向獨立自主為目的。外籍配偶的跨國婚姻已有多年的歷史，政府單位已著重生活適應與語言訓練，衛生單位也將之納入家庭計畫管理範疇，而日後孩子的教養更需要有其他單位進行輔導，使得外籍配偶在子女教養任務上更能得心應手，才不會造成有心無力，有時雖知道方法，卻因為種種的因素，演變成嚴格的權威教養方式等困擾。族群社會工作是要建立一福利制度，此一福

利制度是補強現代家庭結構無法擔負的傳統家庭功能，主要是在強化家庭生活、促進家庭功能的發揮，而非是取代家庭功能，因此需要政府單位的重視與法令的引導，以下提出政策規劃的方向芻議。

表 5-6　對政府政策的建言

項目	內涵
民眾正確心態	族群社會工作應加強一般民眾、學校教師與社會大眾對其尊重的態度，給予外籍配偶平等的人權支持。少一些社會異樣的眼光，多一份社區支持網絡的溫暖，有助於其調適台灣生活與教養子女，更讓她們在台灣有生根的歸屬感。
提供生活資訊	外籍配偶初到台灣常面臨到有腳難行的問題，建議各鄉鎮編印具東南亞語對照的鄉鎮地圖、日常生活資訊之手冊以及相關視聽媒體製作，供外籍配偶或其家庭索取，誠如國內目前的鄉土教材一般，家庭成員可以利用此手冊與視聽器材，讓外籍配偶在較短的時間內認識居住地，進而能夠自行活動，不必事事依賴丈夫或求取他人援助。
照顧行的權利	機車在台灣是主要而且非常普遍的交通工具，外籍配偶因為短期內難以純熟運用中文，無法考取駕照，造成她們需要出門時，只能無照駕駛，不僅非常危險，也容易遭到警察取締。監理單位如能適切地輔導外籍配偶認識台灣的交通法規，結合民間具備輔導駕照經驗的公益團體，一起思考如何從外籍配偶的角度協助她們考駕照，則可以減少外籍配偶的日常生活困擾，並增進交通安全。
自我成長團體	開辦外籍配偶的自我成長與支持團體，成長支持團體一來可以讓外籍配偶多認識同鄉好友，抒解思鄉情緒，二來可以做經驗交流，來台較久者，可以將其生活經驗及解決問題的方法傳授給新加入的成員，互相扶持。避免外籍配偶因人地生疏，需要人幫忙時卻找不到援手，或者因為缺乏朋友而產生心因性疾病，亦影響下一代的健康。
健全支持網絡	外籍配偶嫁到台灣後的支持網絡薄弱，特別是以買賣的婚姻，容易造成家人對她們的歧視與偏見，影響所致，她們教養子女時，情緒控制容易失調；藉著外力的協助，相關社區家庭教育單位、心理諮商與輔導機構的支援，配合相關的福利措施，幫助外籍配偶能儘快調適其生活，並適應為人母的新角色，使其在穩定平衡的情緒下教養子女，減輕因家庭問題造成對子女人格的影響。
增加識字能力	在各國小設置外籍配偶識字班，應配合托育措施，增強其攜子學習的態度，減少因照顧子女的因素而無法到校上課的情形發生，慢慢增加外籍配偶對國字的學習，使其子女遭遇課業問題時，外籍配偶具備初步的課業輔導能力。

加強民間宣導	外籍配偶嫁入台灣的那一刻起，即是台灣國民，一般人因為對買賣的婚姻有歧視的觀念，加上報章媒體負向的報導，使得外籍配偶婚姻的維持相當困難；特別是在孩子出生後，如果先生沒有固定收入，此時外籍配偶不只負擔照顧孩子的責任，同時也得承擔家計收入的重責大任，有的甚或遭受家庭暴力的威脅，生活倍感艱苦，民眾應加以理解與包容。
強化家政教育	夫妻溝通團體亦有其迫切的需求，因為夫妻雙方大多沒有經過交往即迅速結婚，在婚後才突然面臨雙方文化差異所衍生的夫妻溝通不良、價值觀相異、生活方式不同及婚姻角色認知的衝突，須藉由夫妻溝通成長團體的課程，來增進彼此對溝通語言與非語言的認識，了解認知情感及行為上的差距，藉此增進夫妻間的共識，調整出雙方都能接受的生活方式。
多元教學方式	協助外籍配偶參加語言學習課程，外籍配偶普遍有學習台灣語言的需求，卻因為不識字，無法得知各補校或識字班之招生訊息，加上部分家庭不願她們讀書識字或接觸外界，造成語言學習課程「需求者眾，參與者寡」的情形。為了因應她們的需要，可嘗試採取多元教學方式。
語言學習識字	外籍配偶來台之後，普遍遭遇語言不通造成生活不便的難題，為了因應她們的需要，可繼續在國小補校或社區廣設語言學習識字班，協助她們認識台灣的語文；其次，外籍配偶參加語言學習識字班之後，常因為家務繁忙且家人又不願伸出援手，無法正常上課，甚至中途輟學，所以，在鼓勵她們到校上課學習語文的同時，可配合設立免費的幼兒安親班，使得外籍配偶可以放心上課，學習語文。政府若因經濟因素無法廣設外籍配偶識字班，亦可鼓勵社區教育相關福利團體或教會等，爭取志工（如小學老師）的協助，幫助外籍配偶識字學習。
加強管理仲介	政府應制訂婚姻仲介管理辦法，妥善管理仲介機構，對於不合法或不守法之仲介機構應予重罰，強調公權力的嚴謹，避免仲介公司或仲介人以不實的宣傳手法撮合買賣式婚姻，造成婚姻雙方在過高的期望之下結合，婚後期望落空成為泡沫，產生新娘逃跑、家庭暴力等糾紛，徒增不少怨偶。
開辦成長團體	目前政府設置的外籍配偶生活適應輔導班，雖已使得許多家庭受惠，但會參加此類團體的夫妻通常是大家家庭較開明，所以願意向外求助；但仍有部分外籍配偶無法參加，通常是夫家反對或不知道相關訊息。所以，政府可明令要求跨國籍通婚夫妻，同時參加成長團體達一定時數才發給外籍配偶簽證或身分證，或以獎勵的方式鼓動外籍配偶及其配偶共同參與團體，以達成夫妻共同成長的目標。
開設學習中心	由政府出資設立或輔導成立東南亞語言學習班，及協助成立社區型「新住民家政教育中心」，以提升新住民家庭生活品質。

健全輔導計畫	政府單位除了著重生活適應與語言訓練外，衛生單位也將之納入家庭計畫與健康輔導的重要對象，今後孩子的教養也應有社區家庭教育單位的協助，使得外籍配偶在子女教養任務上，能夠因為一套健全的「生、養、保、教」輔導計畫而蒙受其利。
弱勢家庭服務	迎娶外籍配偶的家庭多屬勞動階層，家庭經濟較差，政府應規範設計給予較低收入的跨國婚姻家庭子女托育的補助辦法，使其子女在幼兒教育的關鍵期得到適切的照顧與教養，減輕其家庭負擔，讓外籍配偶無後顧之憂，一方面能努力工作改善家庭經濟狀況，也能讓孩子受到較好的教養協助。
單一窗口服務	外籍配偶希望能為家庭付出一己之力，但是礙於沒有身分證，只好偷偷打工。其實就業服務法第四十八條即表示「與在中華民國境內設籍之國民結婚者，且獲准居留之外國人，可透過雇主之申請在台工作」。也就是說一般外籍配偶首次入境的停留簽證為六個月，再次入境累計住滿十一個月即可申請居留權；只要雇主提出申請，她們就可合法工作。但是對於此項法律條文不僅雇主很少配合，甚至連輔導外籍配偶的社區資源機構都可能不知情。政府如果能設計一套完善的辦法，對於婚後又亟需工作的外籍配偶給予特別的規定，簡化辦理身分證的手續，且提供單一窗口的服務，則能讓她們在較短的時間內，有效地達到尋求協助的目的。

（資料來源：作者整理）

　　外籍配偶家庭不但影響著目前的台灣社會，她們所孕育的新台灣之子更將影響著台灣的未來。現行的文化社會結構部分對於這些弱勢族群是相當不利的，而這也是我國多元文化婚姻問題的主要影響因素。因此，從問題的本質看來，未來政府政策應該做一個重大的轉向才有可能真正的觸及議題核心。申言之，外籍配偶剛進入台灣，除了應參加生活適應與語言訓練輔導班外，懷孕期間有衛生單位進行家庭訪視，生產時有醫療專業人員的輔導，而出院後的教養實務，則配合兒童福利單位與教育單位提供有關親職技巧之指導與協助，當孩子進入學齡階段，則加強學校與家庭的密切互動，親師合作的理念與實踐更應落實到這些家庭中，避免外籍配偶在遭遇教養困擾時無處求援的情形發生，這一道道緊密的資源與支持網絡，形構輔導計畫的實質內涵。在面對現代社會快速變遷、人際情感疏離的同時，家庭情感功能尤其顯得重要和不可替代，家庭是人類歸屬的避風港。因此，

增進此人類最基本的家庭制度存在有其必要性，須透過家庭政策協助家庭的建構與維持，而非是取代家庭之功能。

結語

以台灣外籍配偶人數的發展趨勢，外籍配偶所生子女也將在出生率持續下降的台灣地區注入新血，外籍配偶家庭所占家庭數的比率也將日漸升高。新移民潮形成的這一波超強「人流」，台灣將如何因應此多元多種族多文化的新台灣社會。有鑑於外籍配偶社區家庭教育方案之推展，絕非閉門造車或孤軍奮鬥能達其效果，其中實需要投注大量人力進行資源整合，外籍配偶在台灣，盡量使自己生活台灣化，同時也帶來母國文化，融合成為台灣家庭與社會的一種新景象。對於處於弱勢的外籍配偶家庭，社會工作專業應以增強權能的工作取向來提升外籍配偶及其家庭權能，以使其能從社會中之中下階層向上提升。接受識字教育以使外籍配偶迅速以中文之聽、說、讀、寫的溝通能力基礎，融入台灣的社會裡。

外在環境不斷變遷的同時，家庭的結構也會隨之變遷，家庭的需求亦是會有所不同，家庭政策便可隨著家庭功能需求進行適度調整，以協助家庭建構目標的達成，家庭問題的解決，大半的社會問題也隨之解決。期盼社會大眾對此議題加以重視並共同努力，提供應有的福利與適切的社區家庭教育方案，才能給予外籍配偶家庭生根的機會，提升其家庭生活的品質。也期望能激勵家庭政策與社會福利方面的專家學者或社區發展的實務工作者，更積極為需要協助的外籍配偶家庭，提供一處安全的棲身立命之所！

第六章　多元文化與學校教育

前言

　　隨著跨國婚姻增加與少子化的發展趨勢，新移民子女學童人數隨著增多，根據移民署統計目前新住民第二代正接受教育人數已超過二十萬人，其引起教育現象值得關注。在台灣的族群中，本已是多元族群社會，因社會及經濟發展引進眾多的外籍勞工，另外也有為數眾多的外籍新娘嫁到台灣，成為孕育「新台灣之子」的溫床，形成族群上、語言上的多元。這些新住民，將成為台灣的新興族群，促使社會的多元文化現象，形成文化的相互融合或衝擊，勢必值得關懷。外籍新娘因為缺乏當地的語言能力也就無法向外尋求支援，雖然隨著時間、環境的影響，聽、說能力也漸入佳境，但是若沒有機會接受教育，其在識字能力、寫字能力、讀字能力則無法提升，當然也就很難指導子女的作業。新移民女性，若會使用國語則子女的學業表現也較好。外籍新娘有些學歷雖然不低，但是因為對中文識字的障礙，導致不能將自身的能力，轉為力量與行動來參與子女的學習。學校該如何從多元文化教育中，協助她們以讓她們的子女能夠很快的適應台灣的社會，並且可以成為社會的中堅，是學校在教育方向上應該關注的重要議題。換言之，我們除了要幫助多元族群早日適應在台生活之外，也要同時對我們自身建立正確的觀念，這樣才能真正有效的解決問題與創造美好的將來！

壹、影響多元族群教育的因素

自二十世紀七〇年代以後,多元文化教育(Multicultural Education)成為美國教育改革的重要方向。在多元文化主義下,所有族群的文化特徵以及認同都要被尊重,即使是與主流社會迥然不同的民族認同。多元文化教育將是促成一個多元文化社會族群之間相互尊重、形成友善社會的美法良方。多元族群是我們的資產,而非問題。為此,著重於滿足不同族群的教育需要,將學生的文化差異視為一種資產,而非負擔,並試圖彌補由於文化背景不同所造成的學習障礙或學習成就差距,藉以反映不同族群的期望與需求。

面對這群「新台灣之子」的問題時,我們不能簡單地認為是由於母親不能讀寫中文,無法教導兒童,導致他們教養有問題,進而不利於小孩的發展。重要的是要協助他們發展正面的自我概念,以及獲得文化聯結的應對技能。在教學情境中,有多元文化觀的教師若能了解學生的族群自我認同,使其在安排教學活動時,對學生的價值觀、教育期望有清楚之了解,則可決定出一個較能夠符合學生需要的教學策略。學者研究指陳:來自兩個不同文化結合婚姻家庭的孩子,承受比單一文化婚姻結合家庭的孩子更

表 6-1　跨文化調適階段

階段	內涵
蜜月期 (honeymoon stage)	對移入國的所有事物,在最初保持著欣賞、熱誠及迷惑的表面關係。
危機期 (crisis stage)	由於語言、觀念、價值、符號等的差異,導致緊張、生氣、挫折等不適應的感覺。
恢復期 (recovery stage)	透過如學習移居國語言、文化等方式加以調適。
調適期 (adjustment stage)	在新文化、新環境中能夠適應、習慣並且勝任愉快。

(資料來源:Furnham&Bochner, 1986)

多負面壓力。（Bronfenbrenner, 1986）同時，由於多數跨國婚姻者居社會之弱勢階層，其子女可能會受到其他社會成員的排斥，在自我認同方面必會遇到較多的困難，連帶影響自尊也較低。

多元族群教育目標在於幫助所有的學生對不同文化、種族、民族與宗教團體發展出正向的態度，以機會均等的原則，反對不同文化族群的隔離教育，協助學生免於成為受壓抑的弱勢團體，幫助學生具備可以成功學習的能力並產生信心。更重要的目標是讓所有的學生不但認識己族的文化、特質，更重要的是要讓學生了解他族的文化、特質與觀點，進而能夠使學生彼此之間相互了解，互相接納、尊重。多元文化教育已成為教育領域的新興議題，因此，在學校的作為上，如何營造一個可供促進社會平等、肯定社會多樣性、具有多元文化教育目標，引起教育工作者的關注。

教育體系中所呈現的外籍配偶所生的子女學習困難個案，而且是越偏遠、社經條件越差的鄉鎮越多。由於對台灣文化背景不了解的情形下，教育子女也出現了心理上的障礙，進而影響教育上產生落差，發生學習適應之問題。這批外籍配偶所生的子女入學後所面臨的語言、課業和人際關係困難，如果未能處理好，難保將來不會成為新興的社會問題來源。因此，對於偏遠地區外籍配偶子女較多區域，應優先設立幼稚園或托兒所，並加強輔導適齡之外籍配偶子女，針對有學習困難或生活適應問題者，予以家庭訪視、個案輔導及輔助措施等。除拉近城鄉學習差距之外，也增加與外籍家庭的互動性。不可否認的是，這些婚姻關係中的男性配偶教育水準或經濟條件，大多不是很高，居住地多集中於邊陲地帶或離島地等，這種透過婚姻仲介者而結合的婚姻本身就潛藏著許多問題，外界支持系統不足下，很容易衍生出更多適應或社會問題。新住民因較多數來自開發中國家，有被社會排除的現象，如：勞動市場的排除、參與團體及決策機會的排除、人際關係孤立、文化排除、制度性排除等。此外，種族歧視與文化偏見造成新住民的生活壓力。新住民由於文化的差異，使得他們在適應環境較易感到困難；對子女的教育問題，因欠缺語文能力，又無家人共同來照顧孩

子，隻身離家背景，常會感到孤立無援；尤其是現在的課程的作業強調親子共同設計，也造成了外籍新娘在教導子女的課業更具困難性。

跨國婚姻家庭，小至對婚姻調適、子女生養等挑戰，更需要面對跨文化適應所帶來生活文化適應、文化調適問題；如風俗民情、生活價值觀差異、和語言溝通隔閡等衝擊，加上跨國婚姻會比同國同種族結合的婚姻家庭容易產生婚姻不協調、夫妻關係衝突及養育小孩等問題，甚至是族群與種族的優劣標籤的困擾，對於下一代鑄下烙印並產生種族對立，這些問題等到上了小學後，其學習、適應、認知、行為等許多問題往往浮現後更讓學校老師及家長憂心；而孩子逐漸長大，新移民又有新的問題需要面臨，除了與家人的教養與輔導觀念之差距外，還有因新移民女性識字及書寫能力的不足，造成指導子女功課上面臨困境，也間接造成溝通不良或人格扭曲等問題。此時若家人願意伸出援手共同協助外籍新娘教養子女與指導子女學業，那麼子女在學業的表現、語言的發展也會進步許多；反之，如果家人不協助而常在孩子面前責罵孩子，則更會加重外籍新娘的負擔與孩子的畏縮。此時如果家人沒即時伸出援手；學校及教師若不重視這群新興的弱勢學生；政府沒有制定相關政策來協助，那麼這些「新台灣之子」將可能因對社會環境適應不良而產生問題。

表 6-2　影響多元族群教育的因素

因素	現象
環境弱勢	父母對小孩的教養與輔導顯得重要，因為家庭是小孩最早學習的場所，也是奠定小孩人格發展之處。外籍新娘懷孕時，本身不知如何養育與教育子女，家人及自己對特殊教育資訊的缺乏，在求助無門的情況下，他們的教育、養育環境、經濟環境在居於弱勢的情況之下也將有可能會成為「弱勢中的弱勢」。
文化差異	外籍新娘由於文化的差異，導致飲食、與親族間的人際關係、生活習慣的不同；除了文化的障礙外，其心理也產生了障礙，因欠缺對在地文化與國家的認同，更不知如何教導孩子，單憑在原生國裡生長背景模式的教育方式來教導孩子。
經濟弱勢	基本上迎娶外籍新娘的台灣新郎大多屬經濟上的弱勢者，家庭較無法提供子女基本的需求，難於提供給子女營養、購買促進發展所需的相關書籍及輔具以刺激孩子的發展；影響子女在學習課業困難或生活適應。

學習弱勢	家庭生活的經驗對個體的人格與行為發展具有重大的影響，而父母的角色與功能關係到子女的成長，外籍新娘的子女由於主要照顧者的語言能力不足，相對之下也影響子女的學業成就、語言程度，母親的語言會直接影響子女學習，造成新移民有心無力的結果。
關係弱勢	新住民的婚姻被社會汙名化，文化及語言的差異又使得他們與社會隔離，遇到問題時通常又申訴無門，且擔心居留的問題，這些不利的因素，促使易於與社會隔離，並且有的丈夫不准外籍太太對外承認她們是來自東南亞某個國家，造成新住民嚴重地受到傷害，打壓她們在社會、在家裡的地位與權力，也讓新住民的家庭蒙受歧視。

（資料來源：作者整理）

隨著交通的便捷，人們為了追求更好的生活，使得國際間的移民與遷徙比比皆是，新住民的加入，與當地文化激盪出火花，因此學習包容與尊重不同的文化已在全球萌芽。不論這些孩子他們的父母的原鄉地為何，他們都將長成新一代的台灣人，若是能及早給他們更多的關注和教育，其實比不斷討論他們的問題更為重要。爰此，在目前的環境中所產生的多元文化現象，影響新住民之子教育的因素是值得教育單位在教學、輔導的過程中加以注意，並進行了解與認識，如此方可進一步加以改善。

貳、我國多元文化教育的政策

在異國聯姻的潮流和趨勢之下，新移民者不但面臨了語言隔閡、社會適應與文化調適的問題，隨著下一代的來臨，也衍生親子關係的問題。更因為文化上的思想觀念、教育方式的差異，許多經濟能力上的弱勢、文化上的弱勢，轉變為學習上的弱勢，這種被冠上標籤的弱勢族群的受教者權利已經遭受威脅，而這是以前的社會政策和社會工作方面所沒有涵蓋到的。

族群競爭的場域不外在政治權力、經濟資源以及文化認同的確認。多元族群教育是讓所有的學生，不論其性別、社會階級、種族或文化特質，都擁有平等的受教權，族群不分尊卑好壞，讓每個族群都能把自身不同的

觀點和想法與他人分享,並學習尊重其他族群的文化特色,讓文化變得更寬廣。多元文化教育的特徵(潘榮吉,2006):

表 6-3 多元文化教育的特徵簡表

特徵	內涵
是一種社會運動	藉由改變學校的環境,達成教育機會均等,讓不同族群團體的學生都能公平地接受教育。
是一種課程設計	將多種族及全球化的觀點統合於傳統課程中,使各族群的學生,均能了解不同族群和國家之間的文化差異、歷史和貢獻。
是一種學習過程	重點在發展個人的文化多樣性,進而能將知識發展成為具體信念、知覺和行動,並能接納和欣賞不同文化,在任何文化之間達到良好的溝通。
是一種公平對待	透過適切的態度、理解和發展社會行動技巧,來對抗種族和其他文化歧視的不公平態度。
是一種教育改革	因為要達成教育機會均等及消除歧視與偏見,必須要不斷地努力帶動學校及其他教育機構的改革,才可能實現的。

(資料來源:作者整理)

　　隨著經濟自由化、政治民主化及社會多元化的發展,使得國人與外國人結婚情形逐年增加,台灣已經從跨國人口移出變成跨國人口移入的國家之一。近三十年新移民開始進入台灣,與以往家族或族群遷移的模式不同的是,多數是默默潛身台灣家庭的個別女性,在台灣生養後代,這群新移民就是近年來備受重視且人數大幅攀升的外籍配偶。社會習俗上男性在找婚配對象時,通常會找年齡、身高、學歷、職業地位等方面的條件較不如他的,也就是男性較會往下找、向下配對;女性則相反,較會向上找、向上配對,形成婚配上一種條件上的非平等狀態。根據調查,娶越南新娘的台灣男性的年齡接近四十歲(三十八點八歲),教育程度多為國中畢業、高中職,在職業方面工作集中在工人、司機、自營商與農民,居住地區有比較高的比例來自所得比較低的地區。(王宏仁,2001)

　　這群新移民在台灣生根發展,結婚生子,並隨之產生新台灣之子的教育問題,現行跨國婚姻移民教育是否意識到移民的多元和歧異性,目前提

供的教育資源能不能滿足她們的需要？假如無法突破「我群」與「他群」的區別，排斥外來文化、對不同族群的移民者有差別待遇、教育機會的不平等、教育資源的不均衡，恐怕與兼容並蓄、國際社會接軌的多元文化教育目標漸行漸遠，也是達到真正社會正義理想的障礙。參酌加拿大為例，政府將教育政策著重在於：推動語言方案、加強父母本身和教養能力、設置專精的輔導老師，以避免語言障礙、文化衝突、角色混淆、家庭經濟及政府財政問題等主要五個影響移民子女教育成就的問題。在現代化教育政策下，我國近年來多元文化教育的實施可從下列看出：

表 6-4　多元文化教育的實施建議

項目	內涵
教育優先區域	「教育優先區」的規劃，期能有效解決地區性的教育問題及平衡城鄉教育差距，讓「教育資源分配合理化」與「教育機會實質均等」之理想目標得以逐步實現，並延伸到對所有弱勢團體的關懷與協助。
專責教育機制	參酌八十六年憲法增修條文第十條第九項明白指出「國家肯定多元文化，並積極維護發展原住民族語言及文化」，一方面在承認文化的多樣性下保障原住民的教育自主權；另一方面經由各種教育機制的設計，營造了多元社會真實的社會環境與多元文化的教育理念，其精神主要在落實多元文化教育，提出尊重新住民文化主體性與教育權之自主性。
多元教育重視	多元文化教育課題是塑造文化認同的一種努力，培養「文化學習與國際了解」的能力——尊重並學習不同族群文化，了解與欣賞世界各地歷史文化，認識世界為一整體地球村，培養互相依賴、互助互信的世界觀的理念，與多元文化教育的理念是相一致的。
重視終身教育	培養具備人本情懷、統整能力、民主素養、鄉土與國際意識，以及能進行終身學習之健全國民，培養各族群文化的尊重，以開闊胸襟與視野，並增進社會和諧，陶冶學生愛家、愛鄉、愛國之民族文化情操。

（資料來源：作者整理）

隨著全球化，現代社會中跨文化婚姻的出現，此與「商品化」有著密切的關係。尤其在科技的推波助瀾與交通工具的便捷，天涯若比鄰將全球建構一個地球村，文化與文化間的差異拉近了許多，商業化對於跨文化婚姻的增加有著極大的推動力。環視歷史脈絡，台灣是個充滿豐富多樣的文

化之地，在不斷朝向全球化的過程，勢必將與更多族群文化相遇，必須以更寬容的胸襟去面對新住民，讓我們社會變得更多元、更鮮活。針對基本國民教育中應列入多元文化課程，教導我們的下一代要如何尊重及學習其他的外來文化，栽植正確的基本觀念。另外，也應開辦教師的相關在職訓練，並邀請專家學者及實務工作者針對文化議題進行深度的交流及討論。對於多元族群的認知，是社會大眾每個人的義務，而學校教育是奠基的關鍵之鑰，負有提升學生對多元文化的認知，對新住民摒棄偏見與歧視，教師要先提升對多元族群的知能，設計相關課程，讓新住民子女能認識原生文化，設計一套完整的跨文化、多元文化教材，從最基層的國民教育及社區宣導做起。在國民教育教材中適度加入「多元文化」的理念，畢竟需要教育的不僅是第一線教育工作者，還有外籍配偶的子女以及與他們共同學習的在地同學。當然這些有外籍配偶的家庭更加需要，從學習過程中養成對不同文化的相互欣賞、學習與寬容的態度，減少因刻板印象所造成的歧視。經由不同文化的融合，使社會更加和諧、豐富、尊重與多元。

參、因應公民社會教育的策略

「公民社會（civil society）」是介於個人與國家間的區域，它係由許多社區及團體網絡所組成，是我們的生活場域，而這些場域的存在又在滿足或回應我們的需求與制度，避免個人孤立、保障個人免於國家侵害、滿足政府無法提供的需求，以及鼓勵更積極參與社區生活，而又維持相當程度的自由與選擇。隨著交通及科技的進步，加上社會觀念的轉變，新住民的人數不斷增加，使得台灣人口結構逐漸產生變化，新住民族群的加入，讓我們的文化呈現了多元，不同文化的交流，可能產生許多文化衝突、適應、同化及再生，如何讓原有的在地文化與新住民文化同時並存，或藉由新住民子女融合兩者成為新的文化，有賴學校在課程及教學上的努力。新住民子女的教育成為重要課題，如何讓新住民子女在社會中獲得應有的尊重與權利，有賴多元文化教育的落實。透過多元文化課程，讓所有學生接觸並

認識不同文化的內涵，除了解自己家鄉及族群的文化之外，並能走出自身文化的侷限。新住民的教育有需要先澄清教育的基本思考與關懷，由此再發展適合的課程而使參與者得到最大的學習利益，對多元文化教育的推動策略提供國內的學校教育應有啟示作用：

表 6-5　多元文化教育的策略

項目	內涵
培訓種籽教師	從培訓種籽教師著手，從有意願的種籽教師培訓作起點，再逐步推展開來，應是一個可以嘗試的做法。
建立多元意識	加強認知及信念上的自我覺察與對話，建立多元文化意識是推展多元文化教育的重要根基，而多元文化意識的建立，有賴於在認知及信念上的自我覺察與對話。
運用融合教育	讓一般孩子能欣賞特殊孩子的異同，並協助其發展，讓特殊孩子能經由與一般孩子的互動歷程，學到人際交流的技巧。
行政支持系統	建立強而有力的支持系統，建構完整綿密的行政網絡，讓教師擁有足夠的資源進行相關教學活動，則多元文化教育的品質自然提升。
釐清教育價值	老師所教導的各種知識或價值觀，能引導並運用在學生回到家庭，或是和社會整體環境接觸時的價值，促使眼觀事實和學校教育做法一致。
強化語言發展	除了大陸港澳地區外，其他地區的外籍配偶子女普遍具有語言發展遲緩的問題，由於語言學習具有敏感期，因此對於新住民的基礎教育應該提早接受幼兒教育。

（資料來源：作者整理）

　　跨文化婚姻是指：配偶雙方不是來自同一文化體系，而且可以具體認知到文化差異的存在。譬如說，我們所熟悉的越南新娘、印尼新娘等都是跨文化婚姻的具體例子。另外，大陸與台灣同屬中國文化的一脈，但是，在特殊時空背景下，兩地有著殊異的發展，因此，人們多把大陸配偶視為跨文化婚姻的一種，藉以關注台灣社會中這種婚姻形式。Banks（1989）提出多元文化的教師應有之態度行為，包含：

1. 充實對各族群歷史文化的認識及了解。
2. 應有足夠的知識技能去解釋族群文化。

3. 能客觀的面對不同族群的態度與行為。

4. 避免偏見，並且傳遞正面的族群印象。

5. 能夠對學生的種族態度保持著敏感度。

6. 對有衝突及歧視觀點的教材保持警覺。

7. 增加學生對各族群認識並能分享經驗。

8. 合理的對待學生並且能減少差別待遇。

9. 經常自我檢討是否有差別待遇的情形。

10. 落實學生本位的思考，建立教室秩序。

　　從外籍配偶所引發的新移民潮中，多半來自經濟較弱勢國家，其原生家庭經濟生活情況並不寬裕，結婚對象大多是台灣社會中經濟較弱勢階層，在語言、文化、風俗習慣尚未適應的情形下，亦必須負起生育及教養孩子的責任，也有部分外籍配偶遭遇家庭暴力及虐待等問題，在此情形下，其所承受的壓力十分沉重。族群關係雖然存在著衝突與競爭的實況，然而族際間的關係卻不完全是衝突的，合作（cooperation）與適應（accomodation）也是另一種族群關係特質的表現。在現代社會中，婚姻形式與家庭型態已然產生許多變化。在這些變遷中，近年來出現的跨文化婚姻是已然可見的社會現象，在台灣的跨文化婚姻中，經濟因素扮演著重要的角色。這些新娘多半來自東南亞與大陸地區，而這些地區又都處於發展較邊陲與落後的地區。跨文化婚姻的配偶選擇在分布特性上並非是一種個人選擇的偏好與巧合，其反映的是一種全球的經濟結構差異與身體的商品化現象。一個有社會凝聚力的社會，是一個具有充分或豐富社會資本的社會。社會凝聚力與社會資本同時是集體的與生態的面向。融合教育強調特殊孩子應與一般孩子一起學習互動，除了可以增進彼此理解和接納之外，更重要的是，學校是社會的縮影，是由不同文化背景的師生所共同組成的團體，學校文化的多樣性，是由不同性別、族群、階層、宗教等所形成。由於不同族群文化中有其特殊的學習和溝通方式，所以在教育的過程中，不可忽視學生的文化背景差異。同時，對於新住民之子的教育問題，除了學校教育的加強外，還是要從外籍配偶的教育著手，協助融入台灣的文化、學習識字，因

為親職間的積極態度會牽動孩子的學習成就，如此才能正視並尊重每一種文化的價值與差異。

肆、教師教學現場的具體作為

　　文化是一種學習與參與的過程，真正的多元，是建立在彼此的了解與尊重，必須整個社會層次的提升，營造對新住民友善，真正成為多元、包容和尊重的進步社會。親職教育可分為兩方面，一是對於新住民家庭的親職教育，由於外籍媽媽可能受限於語言及文化上隔閡而導致無法好好教養子女，因此幼兒園及社區內可舉辦一些親職講座，一方面提升外籍媽媽的教養知能，另一方面也增加和其他父母交流的機會。面對來自不同文化背景的新移民女性，成人教師更須尊重每個人的背景文化，配合本地文化特色，兩相結合，除能豐富學習內涵，更能激發學習動機，以利學習。故開辦新移民師資培訓課程，以加強成人基本教育的目標及精神，提升教學者教學及設計課程的專業能力。

　　學校教育資源不足、學校設備不夠、教師負擔太重，無力編寫適合的教材，加上語言及文化的隔閡，可能造成新住民子女怯於使用學校的資源和設備，以及和同儕互動，這些都是學校現存的問題。有的老師非「不為」也，而是「不能」也，提供相關的研習或分享，以強化相關認知與技能，絕對有助於多元文化教育的實施。因資源的不足，很有可能成為學習失敗者，然後再將他們歸類為學習遲緩者，能力比一般的學生差，這是非常不合乎公平和正義，也不符合我國傳統有教無類、因材施教的教育理念。Thomas 和 Collier（1999）認為少數種族學生課業成功的重要因素為：

表 6-6　少數種族學生課業成功的重要因素簡表

因素	內涵
學生得到額外教學輔導	教師上課時，能考慮到這些學生語言上的隔閡是造成在學習上的障礙。可藉由提供新住民子女課後輔導來改善，例如攜手計畫課後輔助方案，讓新住民女性雖然因語言障礙，無法督導子女課業學習，其子女仍可以得到應有的照顧。
少數種族被社會所接納	提升社會全體對於多元文化的認知與尊重，鼓勵並補助學校辦理新住民相關活動，讓新住民被社會大眾真正認識與尊重。
學習多元文化特色內涵	因現行教材內容大多採「同化」觀點來處理新住民的問題，缺乏納入新住民原生文化背景，未能符應「多元文化」理念，沒有以新住民子女的觀點而設計的課程，無法滿足新住民子女對於學習母親文化的需求。
學校課程融入多元文化	從設計新住民多元文化課程著手，展現新住民之原生文化，強調理解與尊重。對新住民子女設計適當的多元文化課程，讓他們在學習後，能真正認識多元文化的意義，除了理解與尊重母親的文化，願意加以傳承，也能將之與其他文化融合並創新，才是多元文化課程的真正目的。

（資料來源：作者整理）

　　教育必須負起統整文化和尊重多元的責任，讓學生除能重視及發揮自身擁有的文化資產，並能欣賞與學習其他族群的文化資產，進而希望能達成文化融合與創新。若任由教育人員自由發揮的結果就會落差過大，唯有經由規劃全校性的多元文化教育活動，才能取得系統性的步驟逐步實施。不僅要保障新住民可以優先入學，更要保障其受教品質，教師素質是其關鍵。鑑於台灣新移民子女入學人數的逐年增加，對於學校環境中的教師及學生，宜提供適切的輔導措施，教師應具備多元文化教育的素養，整合校內教師與社區專業人士的專長進行協同教學，培養學生具備「自我認同」、「多元文化」、「終身學習」的能力，進而改善社會大眾的心智模式，培植多元文化教育內涵。從教學現場的實際情況來看，若要讓多元文化教育能夠落實在新台灣之子教育的推展，茲提供下述具體解決策略方向：

表 6-7　多元文化教育的具體策略

策略	內涵
深耕多元文化教育意識	缺乏普遍意識，就不可能形成具體作為，先要從深耕全體教育人員的多元文化意識開始。
增加家長對新住民認識	對於一般家長親職教育的重點，則是希望大家能避免用異樣眼光看待新住民家庭，並鼓勵孩子接納外籍配偶子女，願意與他們作朋友、玩遊戲甚至幫助他們，分享了許多新住民幼兒的特質與優點，讓家長了解這些孩子並不一定對班級造成負擔，甚至可能帶給孩子不同的學習。
強化相關的認知與技能	幼托機構還可以結合社區資源，與當地醫療機構合作，定期進行健康檢查，並提醒或協助外籍媽媽按時去施打預防針與兒童健診，以期能早期發現、早期療育，並減少傳染病蔓延。
規劃多元文化教育活動	班級中有新住民的幼兒教師，可以設計多元文化課程，例如介紹越南、緬甸……等地的風土民情，邀請外籍媽媽來班級分享，幫助一般幼兒了解不同的文化，並促使新住民更容易融入同儕團體中。
分享經驗擴大相互交流	適時邀約教育成效良好的教學者舉辦成果發表會，可分享成功經驗，並藉由專業對話擴展格局、增加視野，對於有心推動的老師應有相當助益。
提供多元文化學習機會	運用多元智慧教學模式，透過學生的優勢潛能設計學習活動，提供多重管道的學習，並採用多元而適當的評量方式，或診斷其學習困難所在，使學生能肯定自我、認同族群，進行喜悅而有意義的學習，運用多元的能力提升學習競爭力。
挹注相關教育資源作為	新住民的教育，光靠老師的努力以及其他家長的接納是不夠的，政府還是必須要有資源投入，協助學校在這方面的運作，例如：增加輔導教師，除了可以減輕教師的教學負擔外，不同性質專業人員的服務與建議，更能有效幫助新住民的學習與發展。或運用退休教師或大學生的人力資源，指導協助新移民女性教育及適應。
鼓勵對新住民志願服務	隨著社會的快速發展，退休教師的退休年齡紛紛提前，政府可充分運用退休教師的教學技能，再加以輔導；或鼓勵大學生透過服務學習的方式，協助新移民的教育及生活適應。
加強外籍配偶終身教育	建立多元社會，其具體目標為：一、建立國人對新移民之同理認識，促進在地國際文化交流與融合；二、建立外籍配偶個人價值，營造學習型家庭，俾利於個人、家庭與社會發展；三、促進新台灣之子雙邊文化認同，培養健全文化意識與人格發展。

（資料來源：作者整理）

　　由於外籍配偶在不熟悉資源狀況下，取得資訊較困難，是故政府單位應主動協助介入。與具備基礎中文能力的新移民合作，開設相關課程，協助其他新移民女性來學習，減少她們對台灣的不安，讓她們認同這塊土地，並且也讓新移民女性有就業機會，使人人都盡其所能的發展。中央政府應積極結合相關非營利組織，針對城鄉的資源分配不均狀況，中央及地方應強力整合資源，並主動發送相關資訊及資源予外籍配偶家庭，讓其取得資源進而運用資源，也讓相關福利服務措施能夠達到普及性的宣導作用。例如因為公立幼稚園名額有限，可以保障名額方式，提供這些孩子上幼稚園的機會，讓他們不致因家境不好又抽不到籤而失去及早學習及適應學校的機會。教育應該走出教室，走向校外，讓學生的學習場域無限擴充，見識到社會的多元狀況，以涵育孩子的開闊心胸，學習尊重、理解、包容與欣賞。由 OECD 舉辦的「國際學生評量計畫」（Programme for International Student Assessment, PISA）中屢獲佳績的芬蘭，在教科書中，教材兼具生活轉化能力及趣味化，除了重視芬蘭國家主體外，並能結合世界觀，其中最能展現教育平等價值的，是芬蘭政府對移民子女一視同仁的態度，不論是否有芬蘭國籍，移民子女都能免費上學，政府還額外撥預算讓他們學習母語，每週上兩堂，為期四年。（蕭富元，2008）多元族群教育已蔚為先進教育的趨勢，也是成功教育的重要條件。透過學校教育體系提升新住民子女的學習成效，追蹤個人發展，再將觸角延伸至其原生家庭，繼而建立社會支持體系與輔導網絡，去除文化偏見，敞開心胸與新住民族群攜手，共創多元文化的台灣。

結語

　　多元文化教育思潮的興起，是為了維護族群權益，對抗強勢者的宰制，其理想乃是促進平等的實踐。或者說，多元文化教育是一種強調公民社會

與教育機會均等的教育，其目標在促進教育機會均等、提升弱勢族群的學業成就、了解與支持文化多樣性、促進族群關係、及培養增能與社會行動能力，多元文化教育不是一個可以立即明確具體實踐的教育措施，它是一種真正允許眾聲喧嘩、百花爭豔，而又容許各自擁有明顯獨立聲部的合音概念，也是一種提供孩子享有充分的心靈自在、身心自主的文化氛圍與教育境界。在探討多元文化社會中的教育作為之前，應對當前社會的族群關係型式加以解析說明，才能據以提出適切的教育作為。它的被重視程度，可以視為一個社會文化進步與否的指標，也是衡酌社會文明高低的準繩。

這群從境外嫁到台灣的新娘們也已是台灣人的一分子，我們不應漠視她們的問題，我們應該發現問題後來協助她們，讓她們很快的適應台灣的整個社會環境，並且能夠解決她們在教育子女方面所發生的問題。新住民教育需要額外的協助，但是他們也跟一般孩子一樣需要愛與關懷。社會大眾能接納他們，政府能多投入資源在教育上，只要教育與福利方面做得好，新住民的加入不是危機，而是會為社會的未來注入新的生命力。

第七章　多元族群的班級經營

前言

　　外籍配偶子女議題並非是台灣獨有的現象，許多世界經濟體系中邊陲的國家的婦女，必須透過婚姻來解決其生存的問題，在亞洲方面，日本也有類似的情況，而在西方國家，美國、澳洲、德國、加拿大均有過相同的現象，以「郵購新娘」的形式存在，這種由低度發展地區的女子嫁往高度發展地區，即是「商品化的跨國婚姻」，是一種女性的特殊移民現象，在台灣這群來自大陸及東南亞的外籍新娘，不僅完成了許多農工階級家庭傳宗接代的心願，更成了台灣廉價勞動力的來源。（夏曉鵑，2003）

　　將新台灣之子的教養和教育問題納入規劃課程和改善教學心態的考量；進而讓這些新的住民能盡快融入台灣的社會，也能因應未來多元文化教育的趨勢。

壹、多元文化的教育經營與實施

　　隨著台灣地區社會多元化腳步的趨近，在多元族群關係中教育受到重視。而班級經營活動在多元文化教育中扮演十分重要的角色，若無適當且積極的族群關係教育，將無法達成族群融合的目標，多元文化教育也難以落實。近年來外籍配偶及其子女不斷的增加，依據統計近十年來外籍配偶比率已從 5.12%升至 13.16%，而每一百個新生兒中有十四個是外籍配偶所生。外籍及大陸配偶子女的適應問題，主要原因包括語言溝通障礙、教育程度有限無法教育其子女，並且深深影響到其子女的心智發展及學習意

願；另外這些家長大部分為弱勢族群，教育子女更形困難。再加上文化上的差異、社交範圍有限、缺乏親職教育知能，無法善盡教育子女的職責，形成子女適應程度上明顯之落差。

在台灣社會，少數民族家庭環境通常較易成為社會弱勢階層，Hall（1976）認為文化差異會影響兒童的學習，文化差異對兒童的影響事實上是擴及家庭與學校的各層面中。國內學者的實證研究顯示：一般教師對於少數民族的學生在上課專心、設備損壞率、遵守校規、生活常規及上課秩序等較持負面評價。（黃政傑，1998）如何防止此類問題的產生，及面對問題時如何處理，實在是班級經營相當重要的課題。在學校教育中融注多元族群關係，以建構多元族群相互尊重的社會來傳遞族群關係的價值，以「多元」的觀點來看待少數民族，是學校教育的重要事項。

表 7-1 新住民子弟教育

議題	作為
強化親職教育	由於本身語言、文化上的隔閡，使得外籍媽媽在孩子課後的課業輔導形成一定程度上的困難，因此除了積極提升媽媽本身的能力之外，並進一步給予媽媽們一些教育孩子與孩子共處的親職教育相關知能，使她們面對生活及學習事物上能更有自信。
善用人力資源	有鑑於國內服務學習的興盛，大學生的服務教育可由校內轉至校外，透過大學與中小學聯盟，協助新台灣之子的課業與輔導，使其有健全的人格，充分發展自我的多元智慧，開展其明朗化經驗，找出其弱勢的智慧，肯定「天生我才必有用」之道，協助個人獲得成功經驗，如此才能進行有自信、有感知、有意義的學習。
肯定多元智慧	傳統的教學，以語言和數學的智能來傳授知識，如果學生的學習智能組合，是屬於動覺、視覺智能學習型的學生，則學生的麻痺化經驗將提高；故教學者，尊重學習者的不同需求，故筆者認為以多元智慧為教學策略，可為新台灣之子帶來正面的希望。

深化 教育輔導	必須對新移民子女給予教育輔導，且必須從學齡前開始。學前教育對於新移民子女而言，是補強其早期語文與學習經驗的重要管道。	「機構式」的學前教育	於學前教育階段為他們提供符合其需求的多元教育，包括母親的國家文化及台灣社會的價值與教育列為重點，接納雙語溝通，尊重多元價值，融入台灣的社會生活。
		提供語文學習輔導日	學習最大問題在於語文，學者則建議應提前在其學前或小一就提供。

（資料來源：作者整理）

　　在國際間，多數的先進國家對待新移民子女是以一視同仁的態度面對，但針對弱勢族群提供教育或社會福利補助措施。在美國，推動雙語教學活動、尊重多元文化、關注補償教育、提升教育人員素質、社會福利團體協助、選取適合教材及教法、加強社區及父母的教育參與性、鼓勵相關研究活動等教育政策。「少數民族」是指兩個個體中，屬於少數人種及少數種族的團體，而原住民即是台灣的少數民族。學校教育的內容或教師，若表現出對新住民的刻板化印象或偏見訊息，將影響平地學童對新住民學童的認知和接納，也將使原住民學童在師生互動和同儕互動中，感受到強烈的族群與文化認同之內在衝突。因此，為了改善這樣的現象，最根本的做法應該從小學教育中著手，促進師生了解多元文化，建立學生正確的族群觀，作為發展良好族群關係的基礎。

　　當前教育改革是朝著開放、彈性與國際化的方向前進，而台灣之子教育亦應加入考量之因素，新移民的最佳師資，應是能熟悉新移民語言、文字及文化的教育人士。而教師的人格特質更需要有正向的人生觀、要有關愛他人的人格、要具備同理心，還要有敏銳的觀察能力。台灣在民國九十年度加入了世界貿易組織（WTO），廣開國際大門，勢必將要面對更多來自不同文化不同族群的學生，因此如何擬定出一套融合多元文化教育的班級經營模式是迫切需要的，藉由良好的多元文化班級經營，以期待能夠營造出和諧的班級氣氛，更希望能推展至社會，避免省籍情節的產生或是群族對立，建立一個美好和諧的社會。

表 7-2　多元文化教育的作為

項目	內涵
邁向 成功學習	辦理多元文化系列活動，如：潑水節、幸福家庭選拔等，提供新住民及親師生大眾體驗了解多元文化。
	開辦新住民成人基本教育班別，如：華語、技藝專班，並提供子女臨時托育服務，以鼓勵新住民朋友踴躍參與。
	編印多元文化系列教材，如：多元文化繪本、小說、漫畫式教材、多語親職學習教材等，期透過閱讀帶領大眾領略多元文化之美。
	架設多語學習網站，包括：「新住民專區網站」提供即時性、便利性訊息外，亦整合各相關資訊。
	辦理相關研習課程：多元文化研習，透過研習培養本市教師具多元文化素養。
	提供各類福利措施：辦理教輔計畫、提供新住民子女獎助學金、新住民技能檢定獎助金。
	設置多元文化之校園情境：建置國際文教中心、新移民學習中心、補助多元文化相關設備購置。
培育 社會公民	培訓新住民志工媽媽及故事媽媽：以鼓勵新住民參與學校、社區事務。
	辦理幸福婚姻講座。
	新住民親子生活體驗營：鼓勵新住民及其子女共同了解台灣文化及生活。
經營 幸福家庭	設置多國語言國際多元服務櫃檯：提供全方位、單一性服務窗口，並提供便捷之轉介服務，該櫃檯之功能包括電話諮詢、臨櫃通譯。
	寄送新住民幸福季刊：提供新住民及各學校、區公所，內容除提供教育局相關活動訊息、成果外，更整合各校給予即時性資訊。

（資料來源：作者整理）

貳、班級經營中的多元文化現象

　　隨著新住民的加入，其子女在目前義務教育階段所占的比例逐漸提高，因為人口結構的改變，造成的文化衝擊加劇，進而改變舊有的學校教育及活動，而新住民子女學生，在學校中的適應問題、與同儕間的人際互動，造成語言或學習上的困難、對原生國的文化認同與適應，及其對自我概念的發展，顯示出需要多關心在新住民子女的教育上。

　　目前在班級環境中所產生的現象是值得吾人所注意的，也對於這些現象進行了解與認知，方可進一步進行改善，就單文經（1993）認為班級中常見的多元文化現象包括種族、語言、社經地位、性別與特殊學生等方面，以下分述之：

表 7-3　融合多元族群的教室經營

項目	內涵
種族包容	少數民族的學生所接受的是比較低品質的教育，這可由學生入學、分班編組及與教師互動的情形看出來。就「與教師互動」的情形而言，教師對少數民族的學生和對多數民族的學生所進行的互動有所不同。一般而言，教師較少以各種類型的問題來問少數民族的學生，所給予的代答時間比較短，也較少給予讚美和鼓勵。
多元語言	當一個國家面臨大量移民移入之際，移民子弟就學時所遭遇的挫折或困擾，是語言的障礙所導致。由於政府多年來一直推行「標準國語」的語言政策，貶抑了母語或方言的運用，對於母語不是國語的學生，尤有不利的影響。當學生在班上使用母語或方言時，教師要和學生共同研究與分析其與標準語言間的異同，而不應該把這些語言加以貶抑。
社經地位	能力分班和編組時，作為安置測驗的工具，常是以主流文化的材料為主要來源的標準化性向測驗，低階層和少數民族的子弟往往被編在低能力或較差的班，所獲得的教育處置也比較差。再者，中產階級出身的教師，以中產階級的行為方式來要求學生，一旦低階層的學生以不同的行為方式表現時，教師對學生的期望也就會不同，因而造成不同的師生互動，最後導致低階層的學生學業成績不容易有起色，對學生有不良的影響。
性別平權	在班級中，性別偏見會對課程與教學的實施形成相當程度的影響，一些常見的性別偏見現象如「語文用詞的偏見」：以男性的名詞和代名詞指涉所有的人；「刻板印象」：把男性描述成勇敢、主動、獨立，而把女性描述成膽小、被動、依賴；在描述成人時，都為男女兩性賦予了傳統性別形象、角色和工作。
特殊學生	在特殊學生方面，一般公立學校對待特殊學生都是採「回歸主流」的方式，以落實「特殊學生教育法」的精神，旨在提供適當的服務，以消除當前教育措施中對特殊學生所造成的不平等，甚至有所歧視的情形。

（資料來源：作者整理）

　　Barksdale-Ladd（2001）以及 Yokota（1993）認為多元文化學習對學生主要有兩點影響：第一，是建構學生多元觀點強而有力的媒介，除了可以幫助學生建構關於社會中他們的文化與角色多元觀點，更提供機會了解其

他人的文化脈絡、洞察力、他人的傳統與信念，因為學生唯有學習到自己周遭其他人文化的差異與相似點時，才更能以欣賞的態度看待他人。第二，有助於多元經驗的生成，培養出覺察不同文化傳統與價值的意識，並有助於學生與來自不同國家文化的人進行交流，有助於擴展不同的文化經驗的養成。（劉美慧，2009）

立基於對新移民的關懷，期待學校對移民議題應有的認識與覺醒，學校推動族群融合可由下列學習目標：

一、對於台灣的族群及多元文化的歷史、現況能有足夠的理解和學習。

二、能夠清楚的覺察、反省到社會作為中對於新移民的偏狹族群意識。

三、能夠貼近新移民的生活經驗，以了解台灣的新移民所呈現的現象。

四、能夠以多元文化的角度理解我們社會中新移民的現況及生活處境。

五、能夠體察到台灣社會對待新移民的態度，並進而關懷新移民人權。

六、能設身處地，站在移民者的角度來思考社會體系公允對待新移民。

參、多元文化教育的目標與作為

以目前的學校教育而言，主要是入學的機會、學習的資源和所受的待遇。對於新住民子女學生，學校提供入學的機會，是合乎公平與正義的原則；但是就學習的資源和所受的待遇來看，就不是那麼合乎公平和正義，學校的教師對新住民子女常存有負面的刻板化印象。在課堂上，教師是否能對新住民子女多一點尊重、關懷和指導，如果新住民子女在學校受到同儕的排斥，教師是否願意嘗試去消弭？Banks（1993）認為多元文化教育是一種概念、是一種教育改革運動，而且也是一種過程，並藉由教學的途徑促進多元文化觀（culture pluralism）。多元文化的班級經營，要從教育的目標建制如下的作為（張家蓉，2000）：

一、建立師生對其他族群文化的尊重與包容。

二、消除種族中心所形成族群的偏見與歧視。

三、教導師生們能欣賞不同族群文化的內涵。

四、教導學生從不同族群文化觀點看待世界。

五、幫助弱勢族群的學生發展其學習的信心。

台灣出生率下降，但新住民子女人數所占每年新生兒比例卻日增，此對台灣的教育而言，帶來一波不可忽視的衝擊，正逐漸影響到各教育層級的學校組織、校園生態、教師之教法等。很明顯地，教育目標不是要使學生認為自己種族最優秀，排斥其他族群文化；相反的，而是要讓學生學會對不同族群欣賞、接納與容忍的態度，旨在培養良好的族群關係教育。使學生透過合作學習的運用、角色扮演、發現教學等多種教學模式，以及個別化、自我指導的教學方式，使學生有更多的成功機會，進而使老師能夠有意義並且有效率地將學生帶進一個多元文化的經驗中，以幫助學生了解、關懷並參與民主社會活動。再者，若著眼於多元文化教學實施方法，綜合學者的論述說明如下（吳雅惠，2000）：

表 7-4　融合多元族群教育實施面向

項目	內涵
內容統整	教師會發現有必要在所有學科領域中，應用來自各種文化的例子和內容。在此實現之前，教育工作者必須先對多元文化的貢獻非常熟稔，並要求學生補充他們文化或種族傳承的例子，在各種課程中都有豐富的資源可供教師擷取。
知識建構	教師可以幫助學生確認文化的假設與偏差是如何影響一個學科的知識建構。在班級中所教授的概念、事件與議題應從廣泛的種族、文化團體的觀點與經驗來看待。
平等教學	教師運用各種教學法以促進不同種族、文化、性別與社經地位的學生的學業成就，在教學活動中幫助所有的學生發展對自我或是他人更正面的多元文化態度。
減低偏見	對於教室情境中各種不同文化的呈現，差異性的文化會導致學生對其他族群的偏見，教師應運用各種不同的方法幫助學生發展正向的種族態度，以減低偏見。
賦權增能	教師不僅要檢視個別教室內並且應注意學校整個結構內族群間的互動情形，並鼓勵行政人員與學生進行族群之間的正面互動，以協助創造增能的學校文化。

（資料來源：作者整理）

為了在各課程中成功地統整多元文化教育，我們應先將老師置身於同樣的目的和情境中，因為唯有當老師本身具備文化和族群多樣性的知識，

而能夠以不同族群文化的觀點來詮釋知識經驗，在平等的教學中，教師必須確保學生在各種教學活動中，每個學生的地位都是平等，並採取適當的行動，使其生活和社群更富多元性且更敏銳於理解文化的差異時，他們才能具有足夠的知識和技能來協助轉化學校課程及學生的意志，提供老師和學生去掌握更多的主控權與能力感，如此學生才能學習到全球社會中有效參與所必備的知識、技能和看待事物的觀點。

肆、班級中營造多元融合的策略

有關外籍配偶及其子女的教育，往往都是對文化、社會的融入以及學校教學的環境為主要論述，對於建構一個外籍配偶及其子女教育課程規劃模型，仍然是一個有待開發的新領域，相對的對於外籍新娘子女的教師們的培育及教學，也將會是一個重要的課題。在班級經營中，融合多元文化教育的教學策略可分為教師信念、教室氛圍和教學實施三個層面，教師應主動提升多元文化的知能，閱讀一些相關的書籍和報章雜誌，參加有關多元文化教育的研習，並且走入社區參與當地的各項活動，以便深入了解當地人們對各項事務的看法。如何在多元文化族群班級中輔導學生積極學習的教學方法。強調：

第一，融合多元文化的教師信念

新住民子女人數占每年新生兒比例日增，此對台灣的教育而言，帶來一波不可忽視的衝擊。面對班級中形形色色的問題，正是考驗教師課室管理能力的最好時機。對於學生之間因族群文化的不同所帶來的衝突及阻礙，教師應能根據各文化的意涵，溝通及協調學生的衝突，並引導學生有更積極、正向的互動，除了增進族群間的合作之外，更應發展學生生活溝通的技巧。教師的責任不僅是教授課業知識、技能，更應培養學生正確解決問題的能力。

表 7-5　融合多元族群的教育內涵

項目	內涵
性別平權	教師能平等看待兩性的差異，並公平地對待兩性學生，提供學生經驗及知識，讓學生能增進對兩性的認知，以減少偏見的產生。
	能檢視教材或現實情境中所存在的潛藏刻板印象，並適時糾正學生的性別刻板印象，引導學生對異性持正面的評價。
	教師能與兩性學生維持良好的互動關係，不因性別偏好而產生互動不平均的情形。
族群文化	教師能將教材內容置於文化脈絡中來教授，以增加學生對學習該教材的興趣；以毫無偏見的語言以及變化多樣的教學方法，以提升學生的自我概念及學習動機，進而增進其學習成就。
	教師能鼓勵不同族群、性別的學生互相學習，並利用各項活動增進各族群之間的了解及相處，藉由人際之間的互動提升自我概念。
	教師能充實文化的經驗及知識，並能利用不同文化背景學生的文化經驗作為教學的資源，以利族群與文化的教學。
社經地位	教師能對低社經地位學生適時給予援助，鼓勵學生持續的學習態度。
	對於社經地位的不平等可能導致的價值觀偏離，教師應澄清學生的價值觀，並導正學生的價值觀，使學生能了解社經地位是值得重視的課題。

（資料來源：作者整理）

第二，融合多元文化的教室氛圍

在多元文化教學的理念下，多元文化課程的教室是營造群體合作、主動學習氣氛的重要環境因素，因此在教室內的布置與課程的情境規劃方面應有下面的特徵（Leicester, 1989）：

表 7-6　融合多元族群的教室經營

項目	內涵
環境規劃	一個好的學校應提供多面刺激、多種色彩的環境，幫助學生學習，透過公告、廣告、照片、學生的作品等，呈現班級或學校的進步。這些可見的環境，應積極的思考，並反映學生個別的文化差異及整體的多元文化。
方案設計	多元文化學校方案應提供的資源，有海報、照片、傳單等。例如「為我們工作的人」這個主題應包括所有階層的合作團體，所呈現的照片中有原住民的女醫生、漢人的男護士等諸如此類，可幫助學生改變一般的刻板印象。

教學活動	在幼稚園及小學裡，小學生常接觸許多東西，如銅板、穿衣服、家庭用品、玩具等。在學校活動中，一方面善用各種生活上的材料，提供多元的支持與服務；另一方面，學生在生活情境的脈絡中進行活動，將有助於多元文化的認知。
閱讀計畫	社會大眾和許多教師關心學生，如何學會最佳的閱讀，致使很多學校一直使用結構的閱讀計畫，而不是提供多元的閱讀材料。很多學校的閱讀計畫，忽略多元文化和種族的多樣性。閱讀計畫應依據學校成員的背景與程度，仔細的審視，建構一個符合多元文化取向的閱讀計畫。
全球視野	在教師的認知裡，課程應具全球性及國際性的觀點，並引導學生在世界研究方案中有進步的發展。在教材方面，不排斥第三世界的文化，並以地球村的概念出發，廣泛的收集各類的出版品及相關的訊息。
圖書資訊	多元文化學校的圖書須大幅地增加，以因應多元化的學習需求。在選擇圖書時，應避免挑選諷毀其他種族的書籍，多選擇自己或其他種族相關的叢書，圖書的性質也應多元化，期望透過與多元圖書的接觸，擴充學習的資源。

（資料來源：作者整理）

第三，融合多元文化的教學實施

在多元文化教育實施中，教師身負十分重要之責任，教師本身的多元文化觀念對教學上影響深遠，因此教師必須自我要求，率先了解文化與文化之間的異同，避免對學生產生偏見，有效運用教學策略，做好多元文化教育的工作。一位具有多元文化素養和態度的教師其教學信念應包含的面向有（吳雅惠，2000）：

表 7-7　融合多元族群的教學活動

項目	內涵
多元文化課程	多元文化教育的課程設計應以文化多元觀的教育哲學為核心，拋棄熔爐觀的教育方式，課程內容同時存在不同族群的觀點，和納入不同族群的文化。
包容族群文化	介紹各族群文化時，並陳文化的差異性與相同點，引導學生思考文化差異之內涵，從中培養接納其他族群文化的寬廣胸襟，避免形成學生對族群文化的刻板印象和偏見，建立平等、尊重的族群態度。
善用鄉土教學	在鄉土教學活動中加強族群文化之教學，包括：原住民、外省人、客家人或其他少數族群，應力求均勻分布，兼顧各領域之文化內涵，例如：參訪客家歷史文物館等戶外活動教學來促進族群和諧。

結合多元教材	結合影音多媒體之教學情境可以增進學生的學習意願和誘發學習動機，因此教師應將相關報導以多元媒體形式之輔助教材來進行多元文化教學。
發展學生思維	教師應設計出符合學生文化的學習計畫，適切地分組，鼓勵學生能透過課堂發表看法及信任自己的見解，並且經由公開的討論及反思，讓學生自己建立一套健康且理性的族群批判哲學。
客觀公正評量	教師在使用評量工具時要謹慎地解釋測驗的結果，避免主觀或是錯誤的判斷，並應建立合理、公平、公開的評測程序和標準，以增進教育機會均等。

（資料來源：作者整理）

　　在多元文化上，發展有效的班級經營策略，提供每一個學生多元智能有效發展的機會。對於「低成就」的少數民族學生，教師可提供額外的學習輔導，但卻不可施予不同的評量準繩，避免差別待遇的形成，如此才能使學生感受多元文化之美，進而尊重、欣賞及包容多元文化的社會。例如：目前已有愈來愈多的出版人，增加出版物的豐富性，納入不同的觀點，並出版多元文化雜誌提供學校學生、教師瀏覽、閱讀，以設計更好的閱讀計畫，並發展更豐富的閱讀材料。任何團體規則的建立與維持，都須依賴成員對團體規範的認識，因此有了一致的共識，才能達到多元族群間共信共存之目的。教師能以其期望、支持的態度對待教室內的多樣族群，能以教材、教室布置等不同的形式呈現多元文化；營造多元文化的教室氣氛。教師能建立一個教室內可包容更廣泛的個別差異，教師應公平地照顧到每一位學生，務必兼顧到質與量的均等。班級經營重點不是消極地杜絕問題產生，而是積極地提供師生一個和諧的班級氣氛，以及培養學生在團體生活中自我管理的能力，以利教學目標的達成。

結論

　　由於社會日趨多元化，多元文化班級經營的有效策略是達到多元文化教育的途徑，面對各個班級的組成是由許多來自不同文化背景的學生組織而成，教師應該掌握教學的原則、發揮多元文化教育的精神、實踐多元文化教育的理念，以利在班級中營造一個具高度包容性的和諧環境，讓每一位學生能在公平的教育環境中學習，藉由平等的教學以增進師生間的互動及學生之間的人際關係，教師有責任及有必要使不同種族、語言、性別、社會階級、學習能力的學生獲得公平的機會和對待。爰此，師資養成教育和在職進修應納入多元文化教育課程，以增進教師之多元文化專業知能，進而才能實行多元文化班級經營之道。

第八章　外籍配偶的教育服務

前言

　　近年來,「外籍配偶」成為台灣社會現象之一,這些有著與既有社會不同的語言、生活習慣、風俗文化的外籍人士,與民眾結婚,定居下來成為台灣人的一分子,未來在夫妻溝通、教養子女、家庭經營等各方面環境適應上衍生的生活適應,將對社會造成莫大的影響,政府與全民應一起關心與重視。

　　為此,政府八十八年頒布「外籍配偶生活適應輔導實施計畫」以辦理外籍配偶生活適應與語文訓練,輔導其融入我國生活環境,並通函各縣市規劃、協調及輔導學校、民間團體辦理,有效輔導外籍配偶縮短其文化與生活適應的不便,減低文化上的衝擊,促其儘速融入我們的社會。除此之外,基於國內外籍配偶日益增加,為解決實際學習需求,促使其適應生活及有助於教養子女,教育部亦於九十一年通函各縣市政府,同意取得「台灣地區居留證」、「中華民國護照」者,均可進入補習或進修學校就讀,取得正式學歷,並從九十一學年度起實施。同時,還要求加強外籍配偶的學習與親職教育。

壹、外籍配偶教育的必要規劃

　　「教育」可以提高知識水準與謀生技能,改善生活品質與培養自立自強的精神,提升其地位與自尊,使能隨時代潮流進步。一般對於外籍配偶子女的印象多半傾向負面,因為他們的父親多數是社會弱勢者,在婚姻市

場上較缺乏競爭力，轉而至大陸或東南亞擇偶。因而，新台灣之子較可能出生於社會底層的家庭，加上母親語言不通或文化差異，使他們容易被貼上弱勢的標籤。John Berry 提出：在新環境中與其他團體所產生的文化認同、特徵、和傳統價值的衝擊而採取的應對環境的方式，提出四種移民者文化適應模式：疏離、隔離、同化、整合。

表 8-1　移民者文化適應模式

項目	內涵
疏離 Alienation	移民者孤立於自己的文化族群和排斥主流文化族群。通常是在移民者不可能或沒有興趣去保持自己文化傳統的時候。
隔離 Separation	為維持自己所注重的文化認同、價值和特質，刻意地避免和主流社會的人群接觸，活動只限於自己的族群活動。
同化 Assimilation	刻意地拒絕自己的文化和傳統，只和主流文化建立關係。專注於適應環境的手法，如語言學習、參與與主流社會活動、信仰表達方式的改變。
整合 Integration	同時保有自己的文化，並願意與主流文化建立良好互動。

（資料來源：John Berry, 1992）

　　台灣社會通常以「外籍新娘」指稱來自東南亞跨國婚姻婦女，「外籍」表示非我籍或我族，帶著對於經濟發展較台灣落後的東南亞國家的歧視意味；「新娘」則表示一種狀態，意味著這一群人士不被認同為永久居民的「自己人」，其中隱含著歧視與刻意區分他群與我群的不同。政府雖已體認外籍配偶來台定居的事實，與外籍配偶教育的重要性，惟目前課程規劃並不十分理想，且未能符合實際需求。教育課程並不是閉門造車、隨興而為，它必須具有理論基礎，經過仔細妥善的規劃方可竟全功。外籍配偶教育課程曾經開辦「外籍配偶成人基本教育班」與「國民小學附設補習學校」，這兩種形式的「專班」與「合班」（與本國民眾共同學習），多以識字教育為主要目的，所舉辦的教育課程，對於外籍配偶的實際需求，助益不大。而且，前來參與活動的外籍配偶，大都是固定的一群，其服務對象不夠全面。再者，外籍配偶家庭環境的因素，加上缺乏交通工具，難有機會來參與外籍

配偶學習活動，因此在時間的安排與地點的選擇，均須斟酌。還有一些支持性的服務措施，以及宣傳的落實，都是未來規劃外籍配偶教育課程時必須加以考慮的。

外籍配偶教育課程為達成教育目標的關鍵，其重要性更是不言而喻。核心概念：

一、強調多元文化能展現於各族群。

二、維護權力分配與公平正義精神。

三、促進具備社會參與機會的平等。

四、尊重各不同族群間的文化差異。

五、關懷多元族群的群體人際關係。

由於外籍配偶有其生活適應與文化差異上的困難，外籍配偶在今日社會結構易成為弱勢族群，在生活、教育、文化、環境、保健、就業等問題上，面臨著較多的困擾。基於此，為外籍配偶規劃一套符合實際需求的課程規劃，自有其必要性。

第一，強調語言溝通能力的建構：當語言文字不通，自然隔閡了各項資訊，使得學習困難，外籍配偶們不知如何教養下一代，惡性循環的結果，讓外籍配偶生活適應更為雪上加霜。

第二，針對實況關懷弱勢，協助生活適應，包括：飲食習慣的不同、風俗文化的差異、夫妻年齡的差距、傳宗接代的壓力、婆媳妯娌的相處、教養子女的態度等。

貳、外籍配偶教育的實施現況

為因應外籍配偶迅速增加的現象，有效輔導外籍配偶縮短其文化與生活適應的不便，減低文化上的衝擊。在服務的機能上包括：提倡「優生保健」的衛生所，「國籍身分管理」的戶政事務所，以及發展成人基本教育之「識字教育」的國民中小學附設補校等單位，分別敘述如下：

表 8-2　外籍配偶教育實施單位

實施機構	實施內容
衛生所	衛生所自民國八十三年將「大陸新娘及外籍配偶」列為加強服務重點（列入建卡管理項目中）。其目標主要在於「家庭計畫之推廣教育」；而宗旨則在於人口控制、優生考量。同時，加強家庭計畫宣導。
戶政事務所	鑑於外籍配偶語言與生活適應問題，政府於八十八年頒布「外籍配偶生活適應輔導實施計畫」，積極規劃辦理外籍配偶生活適應與語文訓練，輔導其融入我國生活環境。
國民中小學校	基於國內外籍配偶日益增加，教育部為解決外籍配偶實際學習需求，促使其適應生活及有助於教養子女，於九十一年起，同意開放取得「台灣地區居留證」、「中華民國護照」者，均可進入教育體系之補習或進修學校就讀，取得正式學歷。同時，還經費補助國民中小學辦理「外籍配偶成人基本教育班」，廣開外籍配偶學習的管道。

（資料來源：作者整理）

八十八年，台灣省政府要求各縣市：「可受理外籍配偶就讀成人基本教育研習班」，台北縣、苗栗縣、新竹縣、彰化縣、台中市、雲林縣、屏東縣、花蓮縣、澎湖縣、高雄市等縣市，陸續開設外籍配偶學習課程，表現出對外籍配偶輔導的重視。同時，多個公益團體亦參與服務，如：嘉義縣香光尼僧團紫竹林精舍及安慧學苑分別開辦「外籍配偶生活適應班」；台中縣東勢鎮大茅埔客家社區的「外籍配偶識字專班」；台北市的賽珍珠基金會針對越南新娘開華語班，天主教新事社會服務中心為菲律賓新娘開閩南語班。茲分述如下：

表 8-3　外籍配偶教育的實施

實施機構	實施內容
地方政府	由民政課負責推動外籍配偶教育工作。其主要推展家庭教育、夫妻溝通、環保教育、技藝訓練等，通常配合家政推廣教育來辦理，每年亦定期舉辦知性之旅與交流活動。然而，項目雖多，並全鄉婦女共同參加，適合來台已有一段時日，語言無礙的外籍配偶。
衛生所	針對外籍配偶，辦理衛生教育講座，以及營養與預防保健教育兩項工作。

國民小學	主要由學校辦理社區活動。活動的項目通常是烹飪、手工藝製作等才藝課程，師資大都由學校教師兼任。此外家長參教學日，亦辦有親子活動、親職教育講座等。學校除辦理前項之社會教育活動外，其附設之補習學校則提供識字教育，以增進其對本國語言文字的了解與認識，適合初到台灣地區之外籍配偶。
社會教育工作站	社會教育工作站隸屬國立社教館，每年都有固定經費辦理社會教育活動，對象是針對該轄區之社區民眾，但有些社會教育工作站則是針對外籍配偶來辦理各項活動，如編織研習、美容研習、拼布藝術研習、親子活動、社區讀書會、健康系列講座等課程。
宗教組織	宗教是社會的清流，許多熱心文化教育的宗教團體亦紛紛加入外籍配偶教育工作，如：天主教新事社會服務中心等，針對外籍配偶辦理有：生活適應班、本國語文班、成長團體、唱詩班、團契活動、親子活動、休閒娛樂等活動。
公益團體	社區發展協會、社區大學、賽珍珠基金會、婦女新知基金會、外籍配偶關懷協會等民間團體，辦理外籍配偶教育相關課程，受惠之外籍配偶為數不少。

（資料來源：作者整理）

　　外籍配偶對本國的語言、文化及及學校的教育方式多半不太了解，加上如果嫁入的夫家是社經地位較低或弱勢家庭，則孩子的家庭教育和學校教育便將成為相對弱勢。對外籍新娘教育的實施，是對外籍配偶融入社會的重視，與政府機關、宗教團體與民間團體的普遍參與。其次，課程或活動類型偏重強化家庭的功能與技藝的訓練。

參、外籍配偶教育課程之芻議

　　植根教育於外籍配偶的社會當中，乃是最正確、也是最迫切之舉。教育工作者有必要規劃提供完整適切的外籍配偶教育課程，以充實其知識、改善其生活方式，進而提升生活品質，以適應社會的潮流。外籍配偶是否與家人溝通良好、能和社區民眾融合相處，且對於教養子女之能力沒有困難等，都對我國未來社會具有深切的影響力。鑑於外籍配偶的生活適應需求，在課程規劃實務與內容方面，外籍配偶教育最佳的師資，乃是能熟諳外籍配偶語言、文字及文化的教育人員；具有能夠融入社區、平等看待，不會以強勢族群的心態對待外籍配偶學員。

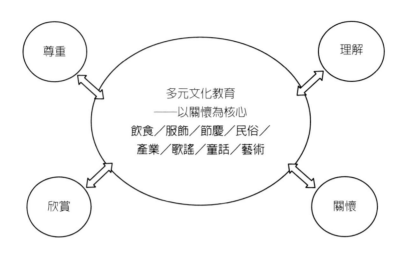

圖 8-1　多元文化教育概念圖

　　多元族群教育使每個人有機會接觸國家和世界中的文化多元現象,支持和維護不同的文化,使之得以保存和延續;外籍配偶因為對於環境陌生,語言溝通能力尚未建立,因此,在課程規劃上有以下幾方面的建議:

表 8-4　外籍配偶教育課程規劃

實施機構	實施內容
課程目標	外籍配偶教育課程目標應首重「促進溝通能力」與「培養識字能力」,其次則在於「促進生活適應」與「了解風土民情」。
學習地點	考量缺乏交通工具,因此學習地點應設在住家附近,國民小學分布各鄉鎮,以及外籍配偶居住的社區都是極佳的學習場所。
上課時段	由於外籍配偶多數兼具照顧家人與協助家庭經濟收入的雙重責任,日間上班時間參與學習課程有所困難,因此,上課時段宜安排在夜間或假日較為適宜。
課程內容	外籍配偶最需要學習之課程有「中文識字」如注音符號、聽得懂中國話、會說中國話、會讀中國字、會寫中國字等;其次是「人際關係」如兩性相處、婚姻經營、婆媳關係、親職教育、溝通技巧等相關課程,因此識字課程,應安排「生活識字」將兩類相互結合,發揮成效。
配套措施	外籍配偶教育因目前「課程缺乏整體性規劃」、「缺乏補充教材」、「學員異質性較高」、「學員中輟率高」、「實施對象無法普及」等因素,因此必須建置各項配套措施。

（資料來源:作者整理）

　　在面對新住民人數持續增長的同時，多元文化教育對社會有極大的意義，我們必須要先從了解多元族群教育的意義，進而能跳脫「種族中心主義」的偏狹思想，認知全球化的趨勢，是在面對新住民教育問題上應努力的目標。台灣人口結構的改變、外籍配偶增加，以及多元文化的問題，引發教育的措施、教育的設備、師資的問題等都將面臨相當的衝擊。考量外籍配偶嫁入我國，對於社會環境、鄉土文化不甚了解，且多不認識本國語言、文字，無法與人流利或順利的溝通，語言溝通上的困難，出現社會、家庭適應的問題。特針對教育行政機關、國民小學附設補習學校及未來相關研究提出建議：

表 8-5　外籍配偶教育課程規劃建議

對象	事項	內容
行政機關	推動識字教育，以強化溝通與適應能力	外籍配偶與先生、公婆等家人溝通，與教育子女的迫切性需求。因此，規劃外籍配偶教育課程政策中應優先實施「識字教育」。
	計畫性培育外籍配偶教育師資或推廣人才	計畫性培育較高學歷之外籍配偶或當地大專學歷以上民眾，擔任外籍配偶教育師資，不僅可以解決師資的問題，藉由地區民眾相互幫助、就近學習，還可以為當地注入一股新活力，加速地區積極正向的發展。
	成立各種支持性措施，協助解決學習過程所遭遇困難	外籍配偶學員輟學率偏高，因為「懷孕、生子，不便出門」、「子女年幼，無人照顧」、「需要工作，分擔家計」、「缺乏交通工具，交通不便」等因素，因此，積極成立各種支持性的措施，便可降低學員中輟情形，提高就學人數。
	辦理托兒服務	外籍配偶大多有幼兒需要照顧，是學習的一大障礙。因此，在每個學習場所附設免費托兒服務，可以讓外籍配偶安心學習。
	發放學習津貼	外籍配偶參加教育學習課程時，往往影響其操作家務與工作報酬，因此，對於參加學習課程的外籍配偶學員，可發放學習津貼，部分補貼個人或家庭，能夠發揮獎勵作用。
	交通車接送	外籍配偶教育班次開辦並不普及，加上學員的環境辨識、語言溝通能力尚未建立，亟需在交通上代為設法協助，必能吸引更多學員前來學習。

	寬籌外籍配偶教育經費	順應終身學習時代,「使用者付費」的教育觀念在我國社會普遍地開展。多數的外籍配偶家庭屬弱勢族群,家庭經濟環境較差,免費學習課程,不見得能夠吸引其前來,因此,政府應寬列相關補助經費,才能使外籍配偶教育順利地推展。
	強制外籍配偶參與學習課程	制訂相關法令,強制外籍配偶初入國門,便須接受一定時數的學習課程,以儘早促其融入我國社會,並避免相對社會問題的衍生。
學習單位	課程內容特重中文識字,輔以人際關係	生活會話、鄉土語言課程,因其亟需學習與家人溝通,為外籍配偶急需學習的語言。在課程內容規劃時可分為階段實施,初級以學習中文識字、人際關係課程,其次再逐漸增加其他類型課程如:史地文化與醫療保健等課程。
	分設本國與外籍配偶教育專班	課程規劃實務中,在開設班次時,可以將本國與外籍配偶學員分開班別授課,以降低其異質性。惟仍須透過活動或其他綜合性課程與本國學員有所互動,以免形成格格不入的獨立團體。
	規劃多元時段,行銷教育課程	考量外籍配偶學員「學習對象無法普及」、「學員中輟率高」,除時間安排多元之外,宜採行多元招生行銷策略,宣導教育課程理念,以提升學習成效。
任課教師	優先培養溝通與識字能力	在國民小學附設補習學校裡,教師應特別重視外籍配偶學員的識字與溝通能力的培養,注重生活會話,提供日常生活用字、用語,以促進外籍配偶生活適應。
	提供補充教材,融入多元文化教學	在混合本國民眾與外籍配偶的班級中,教師應提供適當的補充教材,配合多元文化教學內容的呈現與啟發,定能對外籍配偶學習適應有所助益。
	採取多元教學方式	教學方式多元化,有講述、示範、實作、觀摩等方法,教師上課間變化,可提升學習動機;分組教學、同儕學習都有助於教師處理學員異質性的問題;重視過程評鑑輔導,隨時了解外籍配偶學員的學習狀況與問題,進行輔導、補充或補救教學,可提升外籍配偶學習的成效與成就感,還可以降低學員中輟的情形。

(資料來源:作者整理)

　　檢視外籍配偶教育,是一個有待開發的新領域。因此,建構一個外籍配偶教育課程規劃模式,深具創新的意義。建構適切的外籍配偶教育課程,才能真正符合外籍配偶的學習需求,達到教育的功效,進而解決外籍配偶所帶來的社會問題,開創外籍配偶教育發展的新契機。多元文化學習的目標也應配合不同的學習階段,分別設定不同的目標與訴求,運用文物、教

具、各類影音等使教與學更加生動，將主題作更廣泛的探討，以獲致更完整的了解。因此，在建構外籍配偶教育課程規劃實務與內容的影響因素，應再做深度及廣度的探討。作為政策研訂參考，規劃建議如下：

表 8-6　建構外籍配偶教育課程規劃

項目	內涵
教育主題	外籍配偶教育課程規劃所包含的層面甚廣，例如：外籍配偶教育模式、外籍配偶教育課程規劃模式、外籍配偶教育的教育行銷策略、外籍配偶教育課程教材等與外籍配偶教育課程規劃。
教育內涵	外籍配偶教育課程規劃的建構有利於補習學校教育效能的提升、外籍配偶教育目標的達成、外籍配偶教育課程規劃之參考、外籍配偶教育教師教學之應用、了解外籍配偶學員的學習需求，以及了解並解決外籍配偶成員遭遇問題等；累積多元文化的各類體驗與經驗，豐富教與學的現場。
教育評鑑	透過討論、溝通、互動甚至角色扮演，並運用各類創意或思考批判的運作，使親師生獲得更深刻的理解，也讓教學不再僅以靜態方式呈現，而是以更多元而動態的方式深耕，建構一套有效的檢測外籍配偶教育課程規劃的過程與成效的評鑑指標。
教育對象	了解外籍配偶學員真正課程需求，能克服語言上的障礙，直接針對外籍配偶本人及其家人，運用主題活動、閱讀策略、創意活動及延伸資料活化教學。更符合外籍配偶教育方式及需求，並使教育內容更為豐富與圓滿。
教學手冊	內容可蒐集相關國家的地理位置、氣候、歷史文化、飲食、節慶、服飾、藝術文化、民俗文化和童話為主軸的教學資源，並且提供繪本圖文賞析、閱讀導讀、多元閱讀策略和各種教學法及實用的學習單。
輔助教材	教學運用上可附有教學指導手冊、教具和 DVD、CD 影音輔助教材，提供教學之用，讓老師配合各領域課程進行各國相關主題的延伸教學之用。
教育推廣	廣設「外籍新娘識字班」、「外籍配偶生活適應輔導班」、「新移民成長班」，甚至在社區大學開設新移民識字教育及電腦班等，提供多元管道使新移民更快地融入台灣。

（資料來源：作者整理）

肆、外籍配偶教育推展的借鑑

　　族群社會工作是指運用社會工作的專業方法，幫助弱勢族群解決因各種原因導致的困難，維護其權益，引導其適應整個社會生活，從而使其能和諧地融入到正常的社會生活中，發揮其應有的作用。

一、「媽媽教室」的構思與規劃

　　台灣省政府於六十一年推動「小康計畫」時，大力提倡「媽媽教室」活動，在社區內普遍實施，並為媽媽們提供治家所必需的常識和知能。早期教育行政體系未對成人婦女提供教育方案活動。考量中華民族向來極為重視家庭制度，故歷來有「國之本在家」、「家齊而後國治」之說法，因而在傳統上均以家庭為基礎，運用中國固有之倫理道德以培育子女之人格，進而求得家庭的和樂、社會的安定。母親在家庭中占有極重要的地位，諸如管理家務、管教子女等，都是由母親負責的。一個好的家庭的建立有賴於賢慧的母親。所以有好的母親方能有好的家庭，也能培育出健全的子女，創造幸福的家庭生活。有鑑於此，針對一般家庭主婦推廣「媽媽教室」是一種最具規範的社區教育。「媽媽教室」的目的，是要教導母親如何去處理家務，管教子女應有的知識，也就是加強媽媽們的「親職教育」。「媽媽教室」的目標，在於促進家庭生活的倫理化、科學化、藝術化、生產化。

表 8-7　推動媽媽教室課程內容

項目	內涵
家庭倫理化	即使以倫理道德為基礎，使家人的關係，名如其分，即長幼有序，行為合乎規範，一家和樂；到了社會上就能了解並實踐為人處世的道理，讓社會充滿一片祥和。
家庭科學化	就是家庭生活合理化，將家庭的每一天生活作合理的安排，並運用家用電氣節省家事的工作時間，讓媽媽們亦有時間充實各種知識，從事社會服務工作。
家庭藝術化	鼓勵兒女讀童話、故事，家人閱讀優良文學作品，參加美術及音樂活動等，以培養家庭生活高尚的風格和文化氣息，美化人生。
家庭生產化	主要是養成勤勞的習慣，自己種植蔬果、飼養家畜，製作食品加工，修理電器、修改衣服或經營一些家庭手工藝等，以減少家庭支出，增加家庭收入。

（資料來源：作者整理）

事實上，「媽媽教室」的主要精神，在於教育媽媽們如何相夫教子，如何成為賢妻良母，以及傳授現代化的家政知識，進而具有促進家庭、社會進步、和諧與團結的積極性作用。畢竟教好一位媽媽，等於教好一個家庭；教好每個家庭，等於教好社會。所以，「家政教育」是肩負了承先啟後的重大責任。

二、「媽媽教室」活動的推行

為推展「社區媽媽教室」活動，台灣省政府頒布「台灣省各社區推行媽媽教室活動實施要點」，陸續在全省各社區推廣媽媽教室活動，至八十年內政部頒布「社區發展工作綱要」後，台灣省政府重新修定「台灣省各社區推行媽媽教室活動實施要點」，其最大的改變是規定社區發展協會應成立社區媽媽教室活動工作小組，社區發展協會理事、總幹事、社工員、社團人員、機關代表、學校教師、保育員、農會家政指導員、衛生所保健員、社區民眾組成媽媽教室活動工作小組來推動。

推行「社區媽媽教室」活動有其重要的理論意義與實際價值。家庭是社會的基本單位，又是一個重要的教育實體，還是「政治發展的基石」。要實現儒家倫理關於「修身、養性、齊家、治國、平天下」的局面，必須從健全家庭做起。尤其是近年來，隨著社會形態和家庭結構功能的急劇變化，母親在家庭中的地位與角色日趨重要。母親是家庭的主角，有良好的母親，才能有良好的家庭，社會才能繁榮進步，國家民族才能富強康樂。因此，如何向媽媽們提供繼續受教育的機會，使她們以一種新的觀念、新的態度和新的做法來管理家庭，乃是社區教育面臨的重要任務之一。當時政府頒發的「台灣省各社區推行媽媽教室活動實施要點」中，具體的成效：「促進社區精神倫理建設具體化」，「擴大教育的領域，使學校教育、社會教育、家庭教育三者合為一體」，「啟發母性愛，減少問題青少年之發生」，「強化家庭主婦之責任，改善家政，使家庭能順應社會形態之演進，而更求進步」，「增加家庭收入、提高生活水準」。

　　當時參與推動的學者指出:「媽媽教室在現代社會中的確有推廣的必要,因為它幾乎可以在社區中配合任何工作計畫來推行,如改善社會風氣專案、社會革新工作、志願服務、社區發展三大建設、基層建設、禮貌運動等」。(蔡漢賢,1985)「社區媽媽教室」活動是結合家庭教育、學校教育及社會教育開展的一種綜合性教育活動。其參加的對象、舉辦的地點、活動的內容,或採用的方式,均因人、因事、因時、因地而易,並對社會教育資源進行靈活的運用。在落實社區媽媽教室活動政策上,本來是由政府機構主辦,其行政上是由上而下的方式推展,其成果是較穩定的進展。然而社會快速的變遷、家庭結構的改變及社會多元化、經濟自由化與人民自主能力的倡導,和教育制度的革新等等,使得政府行政革新的聲浪愈來愈大下,許多的社會福利政策不斷的檢討,最後為落實福利社區化社區總體營造的觀念,應由社區居民共同為社區來建設各社區的文化與產業特色。當然,「社區媽媽教室」是社區精神倫理建設之一,必得由社區所組織的社區發展協會推動,政府站在協助督導的角色,共同為實現社區生命共同體的遠景而努力。

　　根據台灣地區《社區建設與活動調查報告》一書中指出,台灣社區有辦理媽媽教室活動者占 66.5%,活動內容主要以教育活動為主(82.2%),活動內容為:家庭教育、家政指導、衛生保健、生產習藝、社會服務⋯⋯等,多以三個月為一期程。為使社區居民普遍參與媽媽教室活動,提高媽媽教室出席率,其活動型態由學校實施轉為以社區實施方式進行。

　　「媽媽教室」的教育最初在提供媽媽們接受新知識新技能的教育,使家庭更和諧,讓家庭的成員有好的親密關係,並經新技能的學習改善家庭的經濟狀況;對親子的活動則視其年齡、教育程度、婚姻狀況、職業、家庭週期的不同而有不同程度的參與。因此,媽媽教室活動內容中的倫理教育、衛生保健、社會服務方面相當重要,以提高生活的品質。「媽媽教室」也有社會教育的功能,常在活動中作政令宣導工作。尤其自七十六年宣布解嚴以來,雖加速民主化的腳步,大幅推動革新開放措施,為落實國民的

民主法治教育，在社區媽媽教室課程倫理教育中加強民主素養，以提升國民民主態度與守法的習慣。

　　「社區媽媽教室」活動是台灣實施社區教育的一種獨特的形式，也是促進社區發展最重要的方法之一。同時，它又為高等學校的社區發展教學提供了理論體系的參考構架。「社區媽媽教室活動」在促進社區精神倫理建設具體化，擴大教育領域，推進家庭教育、學校教育與社會教育一體化，啟發母愛、母德與母教，強化家庭主婦責任，改善家政，以及增加家庭收入，提高家庭生活質量等方面均取得了顯著的成效。

三、「媽媽教室」的成功經驗

　　實踐大學由台灣先賢謝東閔先生創辦，首創於大專院校培育「家政教育」人才，其宗旨在促進家庭倫理化、科學化、藝術化、生產化，以締造和諧的社會，建設富強的國家；同時其教育目標在：研究並推廣生活科學知能，增進生活福祉與生命意義。本校的創校宗旨與教育目標彰顯民胞物與的關懷，也具體落實小康計畫的精神，將人民的生活從貧困帶到安居樂業的宏願。媽媽教室活動是由社區、學校或家庭提供媽媽一個學習的園地，且由專家或有經驗的媽媽授予生活新知或技能，因此也是一種家庭教育、社區教室、家政教育與親職教育。媽媽教室的課程規劃包括：（1）倫理教育、（2）家政指導、（3）衛生保健、（4）生產技藝、（5）休閒康樂、（6）福利服務、（7）家庭法學、（8）生活新知等，陸續在全省各社區推廣媽媽教室活動。隸屬實踐大學的台灣省彰化縣二水鄉的「實踐大學家政中心」成立以來，戮力推展媽媽教室研習課程，成為全省媽媽教室研習訓練中心。多年來，「社區媽媽教室」的推展體現：母親為家庭之本，家庭也是人類第一個學習接觸的場所，家庭教育是一切教育的基礎，也是治國大經的精神。雖歷經四十餘年，該精神及作為歷久彌新，足以作為我國社會於建構社區「新住民家政教育中心」的借鑑。

結語

　　新住民的生活適應，是個體隨著環境變遷或內在需求改變時，對個人、社會、家庭的人格適應，是一種求取內、外在需求達到平衡與和諧的長期互動關係與靜態結果。外配子女的出生不僅改變我國的人口結構，教育內涵也面臨到不小的衝擊。為使新住民充分發揮其社會角色，促進文化交流，營造社會和諧，教育部門宜對於提供新住民教育與生活輔導，投入資源與協助。面對多元族群社會，教育機構結合政治、經濟、社會、文化等學者專家，透過學校教育體系提升新住民子女的學習成效，追蹤個人發展，再將觸角延伸至其原生家庭，繼而建立社會支持體系與輔導網絡，去除文化偏見，敞開心胸與新住民族群攜手，共創多元文化的台灣。

第九章　多元族群與社會福利

前言

　　人類創造文化是為了促進彼此的互動。因此，人們因為生活環境不同，自然也出現不同的文化。族群關係的意識型態影響社會的互動，透過社會活動亦能建構某種類型的族群關係。文化差異，對於事物的理解與詮釋的觀點亦有所不同，在生活形式的表現上自然會有差異。這通常會造成移民者對於在社會體系適應上的困難與社會資源使用上的障礙。多元的族群關係在探詢彼此了解與互動的途徑，並建立對差異的尊重。族群社會工作強調各族群間的互動，以及他們對這個社會的貢獻。

壹、多元族群面臨的挑戰

　　社會工作是服務人群的專業，人深受文化的影響，不同的民族在不同的文化環境中成長，一旦相遇必然有文化碰撞的適應問題。符號、語言、價值和規範是構成文化的四個基本要素（Light, 1975）。文化影響人類行為，人類因地理環境的不同、各民族自我導向（directionality）的不同而產生文化差異性。文化差異是不同文化之間的差別，當他們相遇之時會產生衝擊、競爭及疏離等反應。文化與成長背景的差距，使得原本生活習慣大不同的異國夫妻，因言語溝通困難，摩擦產生，甚至引發衝突。文化差異可能由於宗教界別、種族群體、語言能力、政治立場、社會階級、性別、民族意識、年齡差距、人文素養、藝術認知、教育程度等的不同，而產生文化區隔。

　　多元族群是當前許多國家的現象，無論是對岸抑或是南洋的姊妹，初來乍到在這陌生的土地上生存，除了適應新的家庭生活外，也必須融入台灣這個不同以往成長的新社會。當面對新環境，亟需要了解當地文化、民情、風俗習慣等。受制歷史發展、地理環境、經濟資源、語言宗教、乃至政治因素，使一國之內存在著多個族群，或是一個民族分散在不同國家間的「跨界民族」，這些民族關係不論境內或境外，存在著既「競爭」又「合作」的關係。當國內族群關係和諧、國家認同正向，則國家興盛、民族文化得以永續發展。反之，族群對立、社會動盪、經濟蕭條，國脈民命將受傷害。在台灣外籍配偶面對婚姻與移民的適應及文化挑戰，社會的種族成見，使得外籍配偶受到不平等的待遇。同時處於種族、階級和性別多元弱勢，使得社會角色被孤立化，社群生活被邊陲化，對生活造成不利的影響。分析其困境為：

表 9-1　外籍配偶的生活困境

事項	內涵
人際溝通	多數外籍配偶無法以國語、閩南語溝通，造成生活上之不便。也由於無法運用言語溝通，使得外籍配偶的人際關係無法融入既有生活圈。
語言交流	語言與識字是外籍配偶進入社群所面臨的最大阻礙，婚姻需要雙方彼此溝通情感和思想，語言障礙，無法適當表達情感與反應情緒，使婚姻經營困難。
精神壓力	面對陌生的環境，必須重新適應不同的生活習慣與家庭關係，常會因為害怕觸犯禁忌或行為不當而產生焦慮、敏感或心理不適的感覺，身心受到極大的壓力。
心靈受虐	在遭受家庭暴力時，如選擇逃離暴力家庭，則將立即面臨生活陷入困境、證件被扣、逾期停（居）留、法律訴訟及爭取子女監護權等問題。
家庭暴力	跨國婚姻根植買賣，丈夫和婆家將新娘商品化及生產的工具，認為「你是我買來的，我要怎麼對你，就怎麼對你」，在家中與社會的角色和地位不易被認同。
生活苦悶	外籍配偶在台灣生活極單純枯燥，僅以夫家為生活重心，加上因缺乏支持系統的協助，所以隱忍持續受暴，處境堪憐。
婆媳相處	在婆婆心目中，多認為外籍配偶是花錢買來的，本來就該做家事、帶小孩、孝順公婆，除了既有的種族歧視外，更視外籍媳婦本該「認命」。
親職教育	外籍配偶主要任務是「傳宗接代」，來台後很快就進入懷孕階段，對於親職教育的角色，她們並沒有充分的準備，教養能力不足；而她們在懷孕與育兒的過程中，壓力所產生的心理問題。

子女 教養	所嫁入的家庭，較多屬勞動或社經地位相對偏低者，生活壓力沉重，更無多餘的時間或能力可教育下一代，使得孩子的語言學習、生活習慣、人際關係及人格發展受到影響。
社會 疏離	生活層面受到侷限，雖然她們學習意願非常高，但家人擔心她們與外界接觸太多，自我意識提高，所以不願讓她們參加政府或民間所開辦的識字班、生活輔導班等。再加上居住區域的限制，造成社會疏離。

（資料來源：作者整理）

貳、社會工作的服務方案

　　落實多元文化，滿足不同文化、不同種族、不同語言、不同信仰、不同生活方式、不同居住地點的民眾，有其複雜性和困難度，而我國憲法對於多元文化的基本權益均採完整保障的方式，因此多元文化和社會福利充分整合有其必要性。而在多元文化和社會福利的議題中，以新移民受到最大的關注，而在新移民中以外籍配偶在家庭和生活適應產生問題，文化語言和生活習慣差異性，社會福利體制必須對於外籍配偶新移民建構有效的輔導措施，以提升新移民的生活適應能力。

　　為落實外籍配偶照顧輔導措施，提升生活適應能力，使能順利適應生活環境，共創多元文化社會，與國人組成美滿家庭，避免因適應不良所衍生之各種家庭與社會問題。政府訂定「外籍與大陸配偶移入因應方案」暨「外籍與大陸配偶照顧輔導措施」，辦理生活適應、居留與定居、地方民俗風情、就業、衛生、教育、子女教養、人身安全、基本權益、語言學習、有關生活適應輔導及活動等課程，並鼓勵其共同生活親屬參與。

表 9-2　新住民社會適應輔導活動簡表

活動 名稱	活動內涵
補習 教育班	協助外籍與大陸配偶就讀補習及進修學校，除依「補習及進修教育法」，就讀國民補習教育得免繳學費外，另外籍與大陸配偶如係身心障礙或低收入戶者，其就讀進修學校，亦可依「身心障礙學生身心障礙人士子女及低收入戶學生就學費用減免辦法」，減免學雜費或學分費、學分學雜費。

生活 輔導班	依外籍及大陸配偶需求及在台居留時間，辦理初階及進階生活適應輔導課程，課程內容包括日常生活技能，其中有衛生保健常識、法律交通安全常識、兩性及親職教育及當地民俗風情，並了解社會福利資源及公共衛生宣導。電腦課程縮短數位生活差距，學會上網找資料、寄發電子郵件與家人朋友即時通、建置專屬部落格等，開拓其生活新視野，拉近與家人之間的距離，提升其人際網絡，增進生活適應。
家事 管理班	建立家務管理的專業知識，學習居家環境與環保生活的趨勢；並以創新的思維，了解台灣家事管理的面面觀與就業市場環境的現況。同時利用課程給予實際製作學習的機會，並增加其就業的機會。
機車 考照班	為使熟悉我國交通法規、道路駕駛規則等交通常識，以增進其生活便利性，並培養單獨處理日常事務能力，輔導參加機車考照輔導班。
語文 學習班	為解決新移民之語言溝通問題，辦理大陸及外籍配偶國語、閩南語、客家語及英語課程，藉由課程建構跨文化家庭關係及促進新移民學習視野，增進新移民之歸屬感，辦理「歸化取得我國國籍者基本語言能力及國民權利義務基本常識」為範圍，開設相關課程並安排測試，使外籍配偶了解基本權益。
種子 研習營	鑑於外籍配偶隨著婚姻移民來台生活，產生文化適應需求，輔導辦理生活適應輔導課程，提供從事新移民輔導工作人員研習，熟稔法令措施，儲備人才，以協助推動相關業務。
多元 文化營	辦理新住民嘉年華會成果展示活動，配合外籍與大陸配偶生活適應輔導班結業，舉行學習成果展覽及活動，增進多元文化社區的學習與分享，藉由外籍與大陸配偶家人及社會大眾的共同參與，有效增進多元文化認同。
攜手 輔導班	針對弱勢族群人數較多的學校，建立接納、關懷及尊重的態度，營造良好的學習環境。針對弱勢跨國家庭子女的學校生活表現與適應狀況，包括親子同儕、師生互動關係暨自我概念與效能之提升。結合社工人員，協助了解家庭處境，判斷所需協助，連結導引各種可資運用的資源或協助發展輔導方案。

（資料來源：作者整理）

　　除上述的活動外，針對社會成員，以民主、法治、人權為主軸接納多元族群，建構豐富與多元文化社會。結合各項資源，作有系統、有深度能累積的教材。落實外籍配偶照顧輔導措施，提升其生活適應能力，使能順利適應生活環境，共創多元族群社會，與國人組成美滿家庭，避免因適應不良所衍生的各種家庭與社會問題。

　　行政院國軍退除役官兵輔導委員會頒布「榮民娶大陸配偶輔導照顧實施要點」，作為推行輔導照顧大陸配偶工作的依據，其工作重點如下：

表 9-3　「榮民娶大陸配偶輔導照顧實施要點」服務內容簡表

項目	服務內涵
建立個案紀錄	對有意娶大陸配偶之年長榮民，詳述利弊得失，促其了解婚姻的真諦慎重考慮，以免造成日後之困擾。針對榮民娶大陸配偶者，列為輔導對象，加強訪視建立訪查紀錄，結合社會福利機構、專業社工、警察、衛生機構等，建立聯繫網絡，使得到妥善的處理。
輔導專案講習	為協助大陸配偶了解台灣生活文化背景及法律觀念，使渠等迅速融入台灣社會生活環境，辦理「大陸配偶生活適應輔導專案講習——認識台灣」；並製作宣導光碟，以協助融入本地之生活，促成家庭之和諧。
職業技能訓練	依據大陸配偶屬性及其生活需求，辦理各項職業技能進修訓練（如電腦班、居家照顧服務人員訓練班、保姆人員訓練班、地方語言訓練班、中餐丙級證照班、丙級美容班、中式麵食加工丙級等），使渠等能獲得一技之長維持生活自立。
法律諮詢服務	對特殊案例，整理資訊並作為輔導工作之參考，凡有異常或受騙情事，即協請法律顧問給予必要之諮商輔導，如涉不法情事，則依規定溝通輔導後向司法單位舉發。
急難救助慰問	為能因應大陸配偶或其子女，在生活上有急迫性且確屬清苦及急難時，頒訂「榮民（眷）遺眷急難救助慰問暨災害救助要點」辦理慰問，以確保救助其生活窘困。

（資料來源：作者整理）

　　一般新住民成為母親後，因為語言文化差異，擔任家中角色更為吃力，跨國婚姻家庭中，東南亞外籍女性配偶教養子女的權限較低，不單是操持家務、養兒育女，心情的起伏可能比一般母親更為強烈。新移民照顧輔導政策與實施方案，已有多項策略：1.提升生活適應 2.保障工作權益 3.優生保健措施 4.人身安全保障 5.族群平等觀念 6.擴大社會支持 7.教育文化參與 8.協助子女方案。給予適切的機會與支持網絡，促成能以母職角色，運用正面的支持和關懷的社區互動，建全家庭運作，裨益「新台灣之子」有健康的身心和未來。

表 9-4　外籍與大陸配偶照顧輔導措施

項目	理念	具體措施
生活適應輔導	協助解決因文化差異所衍生的生活適應問題，俾適應社會生活。	1. 加強推廣生活適應輔導班及活動，充實輔導內容、教材與教學方法，加強種子教師跨文化培訓，鼓勵家屬陪同參與。 2. 提供外籍與大陸配偶生活適應輔導相關諮詢資料服務窗口。 3. 強化外籍配偶家庭服務中心及移民署各縣市服務站功能，成為資訊溝通與服務傳遞平台。 4. 加強移民照顧服務人員之訓練，提升對外籍與大陸配偶服務之文化敏感度及品質。 5. 結合民間團體之資源，強化移民輔導網絡與溝通平台，發展地區性外籍與大陸配偶服務措施，提供外籍與大陸配偶社區化之服務據點及轉介服務，強化社區服務功能。 6. 提供法律諮詢及通譯服務。 7. 建置「新住民」輔導考照線上學習課程，輔導外籍與大陸配偶取得駕駛執照。 8. 加強聯繫促請相關國家駐華機構對外籍配偶之諮商、協助，並加強對外國提供國內相關資訊，提升我國國際形象。 9. 強化入國前輔導機制，與各該國政府合作，提供來台生活、風俗民情、移民法令、人身安全及相關資訊，以縮短來台後適應期。 10. 　強化通譯人才培訓。
醫療生育保健	規劃提供外籍與大陸配偶相關醫療保健服務，維護健康品質。	1. 輔導外籍與大陸配偶加入全民健康保險。 2. 提供周延之生育遺傳服務措施減免費用之補助。 3. 提供孕婦一般性產前檢查及設籍前未納入健保者產前檢查服務及補助。 4. 繼續實施外籍配偶入境前健康檢查。 5. 辦理外籍與大陸配偶健康照護管理，促進身心健康環境之建立，製作多國語版衛生教育宣導教材，規劃辦理醫療人員多元文化教育研習與活動。
保障就業權益	保障外籍與大陸配偶工作權。	1. 提供外籍與大陸配偶就業服務，包含求職登記、就業諮詢、辦理就業促進研習及就業推介，以協助其經濟獨立、生活安定。 2. 提供職業訓練，協助外籍與大陸配偶提升就業及創業能力。

提升教育文化	加強教育規劃,協助提升外籍與大陸配偶教養子女能力。	1. 辦理外籍與大陸配偶之成人基本教育研習班,並分等級開設,落實社區化語文訓練;補助公私立機構辦理多元語言學習課程。 2. 加強外籍與大陸配偶及其子女教育規劃,培育多元文化課程師資。 3. 辦理外籍配偶家庭教育活動,並將跨國婚姻、多元家庭及性別平等觀念納入婚姻家庭教育宣導,增進整體社會對跨國婚姻正確認識,並強化本國籍配偶社會責任。 4. 宣導並鼓勵外籍與大陸配偶進入國中、小補校就讀,以取得正式學歷。 5. 辦理外籍與大陸配偶成人基本教育師資研習及補充教材研發,並將教材上網資源分享,以提升教學品質。 6. 規劃於中小學課程及鼓勵大專校院於通識課程中納入移民議題。
協助子女教養	輔導協助處理其子女之健康、教育及照顧工作。	1. 將外籍與大陸配偶子女全面納入嬰幼兒健康保障系統。 2. 加強辦理外籍與大陸配偶子女之兒童發展篩檢工作。 3. 對外籍與大陸配偶子女有發展遲緩者,提供早期療育服務。 4. 加強輔導外籍與大陸配偶子女之語言及社會文化學習,提供其課後學習輔導,增加其適應環境與學習能力。 5. 繼續結合法人機構及團體,補助辦理外籍配偶弱勢兒童及少年社區照顧服務及親職教育研習活動。 6. 定期辦理教育方式研討會,與教育單位及教師研討最適合外籍與大陸配偶子女之教育方式,提供更適當之教育服務。
人身安全保護	維護受暴者基本人權,提供相關保護扶助措施。	1. 加強受暴外籍與大陸配偶之保護扶助措施,參與保護性案件服務之相關人員,應加強並落實家庭暴力防治教育訓練。 2. 加強受暴緊急救援措施,並積極協助其處理相關入出境、居停留延期等問題。 3. 加強外籍配偶人身安全預防宣導。
落實觀念宣導	加強宣導族群平等與相互尊重接納觀念,促進異國通婚家庭和諧關係。	1. 加強外籍配偶申請來台審查機制,推動面談、追蹤、通報及家戶訪查機制,並提供及時服務資訊。 2. 加強大陸配偶申請來台審查機制,除採形式審查外兼採實質審查,推動面談、追蹤、通報及家戶訪查機制,並提供及時服務資訊。 3. 加強宣導國人包容、接納、平等對待及肯定不同文化族群之正向積極態度,並鼓勵推廣外籍配偶之外語廣播或電視節目,或於公共媒體考量語言溝通,以提供多元文化及生活資訊。 4. 整合規劃多元文化教材,補助辦理多元文化終身學習及宣導活動,促使國人建立族群平等與相互尊重接納之觀念,並推動民間團體或社區舉辦多元文化相關活動,促使積極接納外籍與大陸配偶。 5. 尊重多元文化,於「社區總體營造獎助須知」納入有關外籍與大陸配偶議題。

（資料來源：作者整理）

參、族群階層與社群流動

　　台灣的外籍配偶現象是出現在二十世紀七〇年代中期，當時因為婚姻市場「男多女少」的性別比例不均衡事實，加上女性對婚姻觀念的改變，選擇不婚的比例逐年增加，開始有少數社會經濟地位較為弱勢的男性向外尋求婚姻的管道。外籍配偶家庭的增加，在台灣已經形成一個社會現象，跨國婚姻的形成，學界引「推拉理論」分析，因為高度經濟成長所帶來的就業結構的改變，許多弱勢地區或農村地區需求人力孔急的「生產性」需要，是以向外尋求婚姻的對象；推力則是因女性教育程度提高、對婚姻生活與主婦角色的排斥，進而產生的對「家」的迴避；所導致的現象就是，條件較差的男性，不易在本國境內找到合適的婚配對象，只好轉而向境外尋求。這樣的通婚不必然是社會問題，但是在短時間內許多外籍新娘加入，文化和生活經驗的差異，對台灣社會造成影響。

　　翻開人類的族群關係史，不乏族群融合相互攜手合作的諸多實例，但也呈現著如：北愛爾蘭衝突、一九九二年洛杉磯暴動、盧安達種族屠殺、前南斯拉夫聯邦的各族裔獨立戰爭、以巴衝突、印尼族裔騷亂、歐美新納粹和白人至上主義的反移民風潮等。一個多元族群的社會中，族群階層的存在意謂著某些族群成員，比另一些族群成員享有更多的資源，而資源的分配並非依個人的成就或對社會的貢獻所決定，而是依據個人的出身的族群背景決定，且世代不能變更。當族群之間資源分配不公的現象未能合理的解決，族群間的競爭與衝突也就會持續的發生。「衝突」（conflict）是指兩個或兩個以上的個人或團體直接且公開的鬥爭，彼此表現敵對的態度與行為。衝突是個人間或群體間產生以壓倒對方為終極目的一種互相對抗的行為方式。面對族群的互動，不應該是一種畫地自限式的封閉思想，而應該是一種具有海闊天寬的心胸，以開創新時代的支撐或引導力量。在這種思維上，族群融合是為了有更大的氣度與能力來包容和接納各種不同觀點或事物，從而創造出更耀眼的成就。

　　衝突與合作相反，它是兩個或兩個以上的個人或團體對立的社會互動過程。衝突所以發生，主要是因為雙方都認定只有壓制、阻撓、挫敗對方才能獲取目標；況且，社會資源是有限的，當雙方在追求稀少資源時，往往會發生利益衝突。擊敗對手是手段，衝突的焦點在於對立的對方，為實現願望，表現出壓制他人。衝突的特徵是破壞，被視為負面的人際互動。多元族群移動造成優劣勢族群的不對等關係，很容易引發族群衝突與仇恨。英國思想家哈茲立特（William Hazlitt）分析族群的衝突，其中有：「仇恨有如含毒礦物質，會腐蝕掉慈悲心，並將之轉化成一種怨恨的仇外及偏執，散布瘟疫和饑饉的藉口，以褊狹、嫉恨以及野蠻方式，蹂躪、破壞，讓我們丟開了文明的規範。」社會學家 Noel（1968）認為：在社會中為了競爭有限的資源，促成了階層化的發展，擁有權力的多寡就決定了那個族群團體能夠支配其他的族群。相對於社會經濟階層，族群階層系統內的界線區隔卻是更加僵化。因為對於大部分人而言，族群屬性是自先天的繼承而來的，若族群的區隔特質因素包括了身體上的差異（例如膚色或髮質），族群間的界線也越明顯，個人的族群屬性通常也是終其一生未曾變更也無法變更的。族群階層是建立在一個族群壓制在另一個族群的基礎上，生存在此種族群結構中的族群團體，必然經常性的處在衝突的關係中。

　　綜觀台灣發展史，從早期移民形成早期圓山文化以及多元來源原住民，以大陸閩南為主的漢人移民，接著有荷蘭人、西班牙人和英國人，「美麗島」名稱就是那段時期之稱呼，鄭成功經營台灣作為復國基地，亦免使台灣成為荷蘭的殖民地。滿清政府經營台灣，設省、設巡撫、設台灣使，因而台灣有了現代化的發展基礎。光復後接著戰爭爆發，一次最大移民由中國大陸進入，使台灣文化更具多元化。推動廢除種族隔離政策的南非前總統戴克拉克，在推介南非的族群和解經驗，強調「過去的對立不會就此消失，都會一直存在我們的生活中，總有人會再想起。大和解不一定需要政治人物來做，有時公民社會領導者更適合發起大和解，因為在政黨中，反而容易陷入政治競爭，必須挑起對立，就不會從異中求同。和解必須超越族群考量，各族群之間擁抱共同價值！」

「族群競合」是一種本質上的存在，卻又在歷史與社會變遷中，呈現紛歧多元的現象。弱勢族群的文化能否永續？社會的公平正義能否獲得相當程度的彰顯？皆是我們能否邁向共創多元共榮的族群社會的關鍵課題。半個世紀來，異時移民群共處海島台灣的生活空間，接受相同的教育，超過百分之二十的異省通婚率，尤其新住民移台時和清代一樣是男多女少，「芋仔」和「番薯」所生的「芋番」就是「有唐山公無唐山媽」的再版。新移民，是指剛移民到另一個國家或地區的人士。部分新移民本身的謀生技能及適應能力不及本地人士，令新移民不少停留在社會較低階層，需要社會保障的支援。新住民也都同樣是台灣人，族群融合，營造永續發展的生活環境與社會。

人類的文化自始就非單一，而有多種源流和展現方式；但是過去強調定於一尊，壓抑了多元異質的聲音。我們習焉不察，以為文化內涵理當如此，或者，以單一標準來衡量各種文化的優劣，形成「種族中心主義」，這些皆有賴我們於社會工作中的反思。時代在變，世界也一樣。國際社會趨向政經相互依賴，在區域進行整合的情勢下，數年來台灣這蕞爾小島，變成多元族群的社會。多元文化、多元社會、多元族群成為歷史所留下清楚的足跡，且順應全球化趨勢，使台灣走向更為寬廣的社會，使台灣納入國際社會。

肆、共創共榮的族群社會

外籍配偶家庭大量出現是最近社會變遷的現象，據內政部統計，來台的外籍新娘學歷狀況，自東南亞部分屬於國小或國中畢業的比率有三成八；而大陸地區有四成二是國中以下的教育程度；與台灣的一成七比率相比，外籍新娘的教育程度相對的不高。「新台灣之子」的家庭多數以勞力為主要收入方式，負責家中經濟的父親在外打拚居多；同時尋求異國婚姻的本國男子，較屬弱勢社群，加上彼此結合快速，以致婚後諸多層面落差太大，難以互相適應，衍生的家庭、社會、教育等問題不容忽視，最嚴重的

是東南亞外籍配偶子女的發展易出現遲緩的現象，影響深遠。（鍾重發，2003）面對族群社會工作的推動，如何結合社會資源以提升生活品質並有效融入社群，是新住民社會工作必要強化之處。以公民權的角度論述，並非單純指涉年紀，是在群體之中、是在共同體（Community）裡產生的概念，用來描述相對於群體之個體成員的權利與義務關係。少數族群的發展乃是國家整體發展的一部分，族群政策應嚴肅認真地從多元族群政策來加以定位，拓展多元族群的生機與活力，進而促使族群關係呈現平等、多元、和諧、共榮的嶄新風貌。

近年來，社會工作體系透過「賦權增能」（empowerment）的方式幫助新住民，希望動員各種力量來維持新住民與社會關係，共同解決所面對的問題。當中需要更多人力、物力、財力、知識與技能以協助時，專業人員就扮演資源聯繫者，主動地結合外界眾人的愛心，也可以透過政府的福利措施與設備來幫助新住民，讓異文化之間有交流的機會；此外，透過活動促進異文化之間了解、互相學習，發展異文化間互相尊重的社會風氣。對於「積極性的維繫服務」，採取支持性的措施。

表 9-5　建立支持系統及倡導多元文化

事項	作為
加強家庭成員教育	強調異文化相互了解，協助夫家人了解外籍配偶文化語言等列為補助重點；我們認為單純提供外籍配偶相關服務已無法適切解決問題，將同是社會邊緣人的夫家納入服務重點，提供他們了解外籍配偶母國文化的場域，才是打破藩籬及偏見根本之道。
對異文化相互了解	增加本國人對於異文化之了解，透過活動讓外籍配偶表達其內心的夢想，相當多的外籍配偶都表達「希望台灣人認同他們，不要將他們視為外來人」的心聲。因此，將本地婦女與外籍配偶共同合班的融合式講座列為輔導重點。
關懷訪視打破孤立	增列「關懷訪視服務」，此為回應外籍配偶社會支持網絡侷限於夫家的現象，透過社工員定期訪視，讓社會支持網絡進入需要服務的外籍配偶家庭。
成立專責服務中心	成立專責服務中心，透過專責中心提供外籍配偶全方位服務；提供生活適應危機的外籍配偶個案管理服務、舉辦外籍配偶成長及親職講座、專業法律諮詢及心理諮商服務。

提供經濟 支援系統	協助經濟發生危機的外籍配偶，放寬「特殊境遇婦女家庭扶助」的規定，讓符合特殊境遇婦女扶助規定之外籍與大陸配偶，能享領急難救助及相關家庭扶助措施。
加強子女 支持措施	紓解外籍配偶教養子女的壓力，結合民間團體發展跨文化家庭子女支持性服務，以發掘第二代子女的需求作為未來政策規劃的參考。
增加社工 文化敏感	對於外籍配偶服務多散見於各社會福利服務中心及民間團體中，服務零散，增加求助之困難，為解決目前狀況；辦理社工員在職訓練，除使社工員熟悉法令相關規定外，並將加強文化敏感度的課程。
加強早期 療育服務	針對家有發展遲緩兒之異國聯姻家庭，運用志工團隊協助翻譯；並透過個案管理系統建立家長支持系統；最後將持續多元語文宣導，讓有需要家庭可得到適當協助。
強化家庭 暴力防治	利用三方通話之系統，提供語言不通的外籍配偶線上翻譯，提供外籍配偶更即時的緊急救援服務。
進行研究 發展政策	辦理「外籍與大陸配偶子女生活狀況調查」；另外，為長遠政策規劃，進行「結婚移民婦女政策及措施之跨國比較研究」，藉比較研究，發展長遠政策及實施方案。

（資料來源：作者整理）

　　台灣是一個多元族群的國家，有原住民、福佬人、客家人、外省人、新住民五大族群之分，多元族群形塑台灣豐富多樣的文化，而觀察了解族群關係的歷史演變，及族群意識發展出的認同感，是建立為一永續發展社會必須面對的課題。新移民社會工作受到社會的重視，早住民與新住民族群有所不同是生物現象，但是差異未必就會對立。為破除社會普遍性的族群迷思，有必要從多元族群的角度，分析、理解與反省因族群差異背後的文化意涵，在尊重、欣賞與互為主體之下，營造共榮共存的社會，族群社會工作著墨各族群關係與生活上的融合，多元文化的命運共同體是我們社會建構的歷史與未來。為協助外籍配偶適應台灣社會，保障外籍配偶權益，政府自九十三年籌措專門照顧外籍配偶的基金，該基金提供：設置外籍配偶服務中心，課後照顧服務和醫療衛生輔助提供經費，以順應社會需求。該基金應基於創造出多元文化產業，使基金除消極補助功能外，更有積極發展功能，更有效運用於開發新人力資源並與原文化相互結合，協助其組成多元文化社團組織，建構一個更多元的文化社會。

結語

　　台灣在長期國際社會缺席的背景下，國際化程度並不高；再加上媒體往往奉歐美為圭臬，民眾對於東南亞與大陸報導多環繞於「落後及髒亂」等刻板印象，並且由於外籍配偶原生母國在國際政經架構下相對的經濟弱勢，以致形成社會大眾視其為次等公民的國籍歧視現象；這樣的印象直接影響到外籍配偶的家庭，甚且，這種封閉的生活型態，讓外籍配偶的人際網絡關係僅能繞著夫家人打轉，無法拓展社會網絡；一旦家庭發生問題，造成外籍配偶獨立生活的資源薄弱，也直接影響到其生活適應。「夥伴關係」本來是當代「治理」的重要模式或概念，中央與地方的夥伴關係，先住民及新住民、政府與民間的夥伴關係，都是新治理的課題。「種族歧視不只在黑白之間，而是對任何種族都有其偏見。」消弭歧視，尊重多元，最重要的是要先教育自己，比如不是肢體障礙者，就不了解肢障者的感覺，這是個需要學習的課程，也是社會工作專業所努力的。

第十章　新住民社區工作

前言

　　從二十世紀五〇年代起，西方國家紛紛朝向「福利國家」發展，於是，一系列解決老人福利、勞工失業、軍人服務和積極性救助等旨在全盤改進福利制度的「新探求」（New Research）社會政策相繼頒布。這個政策的核心是開始強調以整個國家的福利、計畫和綜合性管理為解決手段。特別是美國聯邦反貧窮計畫強調福利計畫在社區的發展和推進。政府的衛生機構、醫療機構和家庭、矯治機構和學校、社區開始引入團體工作者。在組成社區基金會、社區委員會的過程中，社會工作的一些基本概念和方法不僅在個案工作中，同時在團體工作和社區工作中也得到充分運用。（廖榮利，1987）

　　民國五十四年政府頒布「民生主義現階段社會政策」，確立了社區發展為我國社會福利措施七大要項之一，同時並明確規定「以採社區發展方式，促進民生建設為重點」。歷經多年推展，取得豐碩成果，為因應社會環境之變遷，使社區發展工作法制化，並期改變社區體質，使其更能達到民主、自治、自助之目標，於民國八十年修訂發布「社區發展工作綱要」採人民團體型態運作，協助地區成立社區發展協會，以推行社區公共設施、生產福利、精神倫理等三大建設。隨著社會的變遷，產生新的社會現象，為回應社會需求，新的社會工作模式發展有其必要。

壹、精神倫理建設

　　為凝聚社區居民意識，提升社區居民精神生活，由社區發展協會推動，辦理各種生活講座、社區刊物、兒童、青少年育樂休閒活動、婦女及老人健康活動、社區運動會、媽媽教室、民俗文化技藝活動、社區性福利服務等，以達成敦親睦鄰、促進社區居民互動的目標。貫徹心靈改革、推動精神倫理建設、倡導辦理多元化育樂活動，以提供公民參與的機會，藉以拓展身心，不僅達到寓教於樂之效益，同時兼具淨化心靈之教育作用，俾以健全民眾身心發展，增加民眾間之互動，引導居民迎向圓融健康之境域。藉由精神倫理建設的角度切入，民眾開始走出家門，主動去關心社區的人、事、物，社區的生活變得更為豐富與多元。社區居民與知識分子投入家園再造的故事，在各地不斷上演，不論是為了兒童安全，齊力改善上下學路線，或是投入在地文史資料的採集、整理，大家的努力與付出確實令人動容。凝聚社區意識，改善社區生活環境，建立社區文化特色，由點而線至面，循序完成打造新故鄉、形塑新生活環境的理想。在檢視社會發展脈絡中，過去被忽略的「社區」觀念，也就是凝聚共同體意識的問題，為了因應新時代環境的需求，以「人」為主體的社群概念，必須成為精神倫理建設的中心。精神倫理建設在社區生活中非常重要，其效果有：

表 10-1　精神倫理建設的功能

功能	內涵
改善生活品質	現代家庭日益核心化，透過公共產品的方式提供文化娛樂設施，可以有效地提升居民的生活。
促進民眾參與	透過精神倫理建設，促進民眾參與公共事務的積極性。以居民集體的方式為社區提供公共服務，參與公共文化活動之後，居民參與集體事務的熱情也得到提高。

發揮民主 培育	精神倫理建設發揮了民主培育的作用，文化活動必須透過組織的方式來完成。居民在組織的過程中，培育了民主精神，培育了民主治理及公共事務的能力。社區居民經由研習討論，一起將社區過去或現在的生活經驗及產業文化予以記錄、傳承進而創新，也在不斷的交流討論中增加彼此的情感，提升居民對社區環境與人、事、物的關心，社會工作人員則是從旁協助的推手，讓社區營造內化為社區工作。
發揮公共 論壇	居民們在文化活動中聚集在一起，除了娛樂之外，也會自主地談論社區問題。發揮了公共論壇的作用，資訊得到有效溝通。

（資料來源：作者整理）

　　目前台灣地區已設有社區活動中心超過四千餘所，提供社區辦理地方性青少年、婦女及老人活動，並作為社區居民平日休憩聚會之場所。協助社區發展協會充實社區活動中心設施設備，以加強社區活動中心之各種功能，使社區活動中心能對社區民眾提供有效且多功能用途的服務。社區精神倫理建設的工作種類有：

表 10-2　精神倫理建設的工作項目

項目	內涵
社區文教 康樂活動	依據社區特色及需要，配合國家慶典、民俗節日，舉辦文化、育樂、藝文、民俗等活動，以及各種專題講座或自強活動，加強民眾對社區的向心力。
推展社區 居民活動	由社區發展理事會負責計畫推動，內容如：慢跑、登山、土風舞、郊遊、太極拳、健身操及各種球類，或民俗才藝聯誼活動，或配合媽媽教室舉辦婦女康樂活動，配合社區長壽俱樂部選擇中、老年人的健身活動。透過組織學習來探討社區資源、凝聚社區向心力及建立共識。
社區青少 年的服務	協調各校充實運動器材及設備，平時供校內學生使用，課餘及假日開放供社區青少年使用。寒暑假期間，舉辦青少年育樂營。組織各級社區童軍，進行各種訓練及野外活動，以啟發、陶冶青少年心智。為推動在地文化活動，鼓勵社區居民，不管大人、小孩、老人、男人、女人、親子及祖孫，學習傳統的文化活動。
社區媽媽 教室活動	利用社區適當場所，成立媽媽教室，由鄉鎮市區公所、婦女會、農會、衛生所、學校、社區發展理事會等單位共同輔導。家政教育、衛生教育、家庭計畫等活動可透過媽媽教室廣為推行。

倡導勤勞節約風氣	獎助節省婚、喪、喜、慶費用，捐作獎學金、社會慈善事業及社區維護、活動經費；鼓勵各寺廟宗教團體，積極辦理文教康樂活動。倡導保健、社會建設等或產品展示及正當康樂活動，以轉移風俗。並透過相互的資訊提供，彙集各地農村社區人文發展現況及問題點等，結合地方人力開發的內涵，提升心靈生活、社會關係。
歷史文物景觀維護	開發新社區，要維護原有生態景觀及歷史文物，鼓勵在社區內適當公共建築物內設置文物陳列室，以保護文化遺產。以「由下而上」、「自主參與」的社區營造精神，引導居民「尋找社區目標」、「發展地方特色」、「建構在地的文化」，讓農村居民的生活更好，而且可以將農村的好讓大家分享。
充實社區活動設施	社區的力量是大家一點一滴努力匯集起來的，透過大家的努力、老照片收集、耆老訪談、田野調查……等，將生活文化、產業文化、節慶文化……等，彙製相關資料，以提供後代認識，進一步將過去文化創新運用，結合現代生活需求，開創服務新契機。
充實社區圖書設備	社區圖書室設於社區活動中心、寺廟或其他適當場所。發動機關、團體、學校、書店及社區民眾與旅外鄉親捐書，並協調文教、新聞、農林及衛生單位提供文宣資料、農業推廣及醫療保健等資料陳列縣市、鄉鎮圖書館，經常性巡迴服務。
提高社區老人參與	因為有了老年活動的參與，這樣大家的參與熱情提高了。文化娛樂活動與以往不同，具有群眾性和娛樂性，居民依個人興趣參加，每種娛樂活動由參與者個人，透過非正式組織的方式，自發形成組織者和引導著。使活動形式越來越豐富，並產生互動的網絡。
開創文化創新產業	文化創意產業的發展相當受到政府及社區所重視，社區以本身所具備的條件並結合當地文化特色以推展社區產業，不僅有助於社區文化之保留，亦有助於紓解地方財政壓力。但是，社區的地方產業發展臻於成熟，並不必然代表此社區之產業能永續發展，其必須有良好的行銷策略與搭配，以創造機會與因應市場變化，此為社區產業永續發展的關鍵所在。

（資料來源：作者整理）

　　社區還有開發文化創新產品，透過培育在地人力，利用在地資源開發社區產品，例如台中市霧峰區桐林社區利用修剪廢棄的枝條，做成會動會跳的玩偶。彰化縣田中鎮太平社區利用玉米葉做的玉米娃娃。高雄林園林內社區的迷你糠榔掃帚，讓產品具有商品的魅力，使生活智慧及創意產品走入都會區，讓人們分享社區的美好。又如新竹縣新埔鄉巨埔社區的「跑旱船」、屏東縣南州鄉大埔社區「犁牛情」、台南市下營區大屯社區「鬥牛

陣」、雲林縣西螺鎮安定社區的「步馬陣」、彰化縣田尾鄉新生社區「內山姑娘要出嫁」……等，除了傳承傳統文化，有些社區選擇創新活動，如「超級變裝秀」、「稻草人說故事」、「西瓜蓮霧藝陣」、「戲劇團」……等，激發青年參與的熱情與活力。

　　工業化、都市化為發展導向，造成社區居民價值觀念的改變，導致社區原有的空間型態、景觀元素、設施建築設計、環境生態的尊重與關懷等特質衝擊，衍生生活、生產、生態各面向的環境問題，因此如何加強社區人力素質提升，為推動社區永續與多元發展的關鍵。創新社區的人文發展，並積極推動激發在地居民對社區人文的熱忱、關心及創意投入，是整體與長期發展的基礎工作。

貳、經濟生產建設

　　從總體來看，現代社區具有經濟、社會和生態三大功能。經濟功能實質上是社區的產業功能，而社會與生態功能，為社區提供的公益功能。現代社區是集生產和生態建設於一體，承載生物技術、工程技術和資訊技術。它充分利用和依託運用現代生產方式和條件，對環境資源和社會文化資源進行綜合開發利用，發展高效、集約的商品，並致力於延伸產業鏈，尋求產業化架構中的一、二、三級產業融合，目標是引導和滿足多元化、多層次的消費，促進經濟增長，達到生態環境保護與產業開發的和諧發展，實現經濟、社會、生態的可持續發展。

表 10-3　經濟生產建設的功能

功能	內涵
經濟功能	主要是指提供優質、衛生、無公害的產品以滿足消費需求,透過提高經濟效益,精緻產業結構,增加就業機會,提高收入,使社區創造經濟的新增長。
社會功能	主要是指為居民提供接觸自然、體驗觀光、休閒的場所與機會,從而促進人類的可持續發展,達到改善和提高整個社會的福利水準。
生態功能	主要是營造優美宜人的生態景觀,改善自然環境,維護生態平衡,提高生活環境品質,防治城市環境汙染,以保持清新、寧靜的生活環境。

（資料來源：作者整理）

　　發展現代社區的現實意義,有利於經濟結構;改善生態環境;有利於居民的生活品質上得到保證;有利於資源的綜合利用,從而對族群社會工作具有重大的意義。現代社區於經濟建設上強調運用「創新經濟」,創新經濟的想法源於創意產業。創意產業不僅僅是創意產品,還要創意文化活動、創意產業形態。創意產業的特色和優勢就在於透過創意把文化藝術活動、產業技術、產品和產業活動、市場需求有機連接起來,形成多層次的產業鏈,讓人們充分享受產業價值創新的成果。創新產業是指那些從個人的創造力、技能和天分中獲取發展動力的企業、以及那些通過對知識產權的開發可創造潛在財富和就業機會的活動。創意產業定義為:源自於創意與產業累積,透過智慧財產的生成與運用,有潛力創造財富予就業機會,並促進整體生活環境提升的活動。而其核心概念在於創意的生成（creative production）,其發展的關鍵在於具有國際競爭力的創造性與文化特殊性。對於創新產業的概念主要集中在以下幾種:

表 10-4　創新經濟作為簡表

項目	內涵
突出創新作為	創意產業是指對生產經營的過程、形式、工具、方法、產品進行創意和設計,從而創造財富和增加就業機會的活動的總稱。將創意產業的定義,結合社區自身的特點給出的。創意產業可以提供附加價值予內容本身,並引發個人與社會不同價值觀念的形成;創意產業是創造工作機會、財富、藝術文化,以及提供創造力的原始素材。

建立「三生」作為	利用社區的「三創作為——創意生產、創意生態、創意生活」，發揮創意、創新構思，研發設計出具有獨特性的創意產品或活動，以提升現代產業的價值與產值，創造出新的、優質的產品和消費市場與旅遊市場，達到「六美」即美色、美形、美味、美質、美感、美境的目的，以實現資源優化配置，產生更高附加價值，建設現代社區的一種新型生產方式。
以市場為導向	以生產為依託，以創意為核心，以知識產權為基礎，充分應用美學、藝術學、生態學、農學、養生學、景觀學、智慧財產、休閒學、環境學、經濟學、園藝學、行銷學以及旅遊學的基本原理和方法，指導人們將產業的產前、產中和產後諸環節連結為完整的產業鏈條，將產品與文化、藝術創意結合的新型產品。

（資料來源：作者整理）

在隨著現代化的發展趨勢下，人們的物質生活相對於過去台灣早期農村社會愈不虞匱乏，正如 Maslow「需要層級理論」所指出的，當人們對於下層需求愈獲得滿足，相對的對於追求更高層次的需求將變得重要，因此當國人在物質生活已獲得滿足的情況下，對於更高層次的需求如文化精神的需求將逐漸的獲得重視。諸如：旅遊觀光農業園區經營主要集中在果樹、蔬菜、苗木、花卉種植，設施農業、特色養殖等和旅遊觀光設施相配套。主要類型有：農業觀光型、農園觀賞採摘型、畜牧養殖觀賞型和綜合觀光型等。這些各具特色的旅遊觀光農業園區，有力地拓展了農業的文化傳承、生態保護、觀光休閒等多種功能，從各個方面展現了創新農業產業化的發展水準，成為都市居民休閒觀光的理想場所，旅遊觀光農業園區每年定期舉辦的桐花節、米粉節、櫻花祭、神轎繞境等節慶活動吸引了眾多公民的眼光。

創意產業的內涵就是將科技、文化、知識產權、人的創造力等各項資源通過創意的手法變成生產要素，提高產業附加值，創造財富。具體說，創意產業是以市場為導向，以農業生產為依託，以創意為核心，將農業生產和藝術創意相結合，生產創意農產品和設計創意農業活動，以提升產業附加值、實現資源優化配置的一種新型的農業發展模式。積極挖掘和開拓文化生產力在產業發展中的巨大潛力和價值空間，文化和科技的有機融合

將產生巨大的引導作用，推動社區建設的發展。因此，現在許多社區以本身所具備的特點，結合當地文化創作和商業機制來作為行銷的工具，其不僅有助於社區文化之保留，亦有助於促進社區之永續發展。藉由結合藝術創作和商業機制，以創造具本土文化特色之產品，藉以增強社區的文化認同與增加產業的附加價值。

參、基礎工程建設

　　社區公共設施改善，以「社區改造運動」之精神推動，且須符合「居民需要、專業參與、民主決定、全民監工、永續經營」的原則，由下而上引導社區居民參與公共空間及視覺景觀的整體改善，使社區之公共設施改善確為地方居民所需，並達成環境之永續經營管理。主要辦理社區排、汙水處理設施；閒置空地及廢棄房舍、建物拆除之綠美化；環境保護、自然保育、網路及資訊之基礎建設；垃圾清理或資源回收設施；運動、休閒及文化設施；廣場、公園綠地之興闢與植栽；廟宇及社區活動中心之修繕；人行空間、巷道、社區道路之改善；簡易平面停車場等多項改善建設項目之先期整體規劃、細部設計、工程建設等。由社區居民、生產團體發揮自主、自律精神，與地方行政單位及民間團體，共同根據社區實際情形，重視社區居民意願，擬訂該地區產業行銷及生活發展計畫，以發展產業及繁榮社區。建立社區資源資料庫，普查既有相關人文、自然、產業及文化資源。培育當地建設種子人員及自發性組織，協助調查既有之社區組織資源，以活絡當地經濟與文化活動。辦理以社區整理及維護為主軸的社區更新規劃建設，補助產業生產環境與生活環境實質更新改善工程。輔導社區居民成立社區發展協會，共同維護管理社區更新硬體建設成果，並辦理住宅輔建，推動產業發展與環境綠美化，以維護社區建築景觀。

　　有鑑於現代社會，是一個借重網路資訊為人際溝通方式，而長久以來，內部扎根依賴行動者四處奔走串連，費時費力；外部傳播仰賴大眾媒體垂憐報導，罕見績效。現在，網路科技普及，眾多簡單而強大的網路工具開

放公眾免費使用（如 Blogger 等部落格平台、Flickr 等網路相簿、YouTube 等影音交流平台、HEMiDEMi 等共享書籤、Wikia 等 wiki 系統，以及 Google 的網上論壇、地圖、行事曆）。同時，如 Treveillion（1997）所指出：網絡的建構係將當代社會工作者所著重的「夥伴」、「增能」以及「社區」做直接的連結，其將網絡的建立界定為「使得個別的個人、團體或組織，能在社群網絡中彼此連結，以促進溝通和積極的合作，以開創給參與者之選擇和充權的機會。」由此可見，族群社會工作於社會福利網絡的建構對協助服務對象解決問題或滿足其需求是不可或缺的。社會工作者可以運用這些工具打造自己的媒體、交流彼此的訊息、串連各自的力量，對內增進溝通聯繫的效率和品質，對外形成一股新的傳播力量，補充、監督大眾媒體。因此，在基礎工程建設上宜包括網路資訊工程。

近幾年，社會運用網路工具從事的工作可以粗略分為六種：

第一，是建立官方網站，作為對內溝通、對外宣傳的重要基地；

第二，是開闢網路論壇，即時交流訊息、研商對策、協調行動；

第三，是建構參與平台，讓支持者共同貢獻訊息、觀點、資源；

第四，是擴大展開一連串聯繫行動，如網友聯合提供服務資訊；

第五，是進行知識管理，如有系統儲存、分享、更新行動知識；

第六，是創辦專屬媒體，以期能對於社會發聲、擴大其影響力。

如同美籍學者佛里曼（Thomas Friedman）於《世界是平的》所述一般，網路資訊引為族群社會工作的特點。要促進傳播力量，需要鼓勵和培訓更多新住民參與，最直接的方式就是舉辦網路工作坊。培訓對象既可以是新住民、社區成員，也可以是青年（高中生、大學生），讓青年學生能藉由網站了解新住民文化、探討新住民議題，進而支持、參與服務工作。知識平台，主要是記錄新住民經驗、書寫多元文化。在即時論壇方面，可用 Google 網上論壇建立即時聯繫群組，在這個群組上隨時交換訊息和觀點，協調和整合行動，如此運用社群本身的人力與社會資源來解決問題，使社群發展工作能更落實推行。其內涵為：

表 10-5　運用網路工具從事的族群社會工作簡表

項目	內涵
鼓勵參與	在參與平台方面，可先從建立群組書籤開始，讓族群社會工作者在群組書籤上推薦好文、交換意見，也讓更多網友藉由這個群組認識族群議題，進而支持、參與。這些官網、平台、媒體展現族群議題的多元面貌，讓公眾看到大眾媒體所忽略、掩蓋的草根訊息；並鼓勵更多新住民上網發聲。
聯繫分享	運用網站，書寫自己的理念、記錄自己的行動，也進行經驗分享。運用網路，以網路聯繫加強實體行動的力量；若能加強網路聯繫，可望發展成行動聯盟；塑造出一個互信的全球社群，在既有的報導之外，加入部落格訊息的綜合導覽，成為資訊的交流平台。匯集行動方面，應先加強網路的相互認識，再逐步從認識、交流、走向增能行動。
學習平台	運用網路，尤其是易學易用的部落格等工具，不會增加太多工作時間，甚至可以減少許多聯繫、實體開會的時間；族群社會工作者藉由官方網站、網路論壇、參與平台、串連行動、知識管理、創辦媒體進行內部聯繫和對外傳播，可望逐步凝聚成一個行動聯盟、發展出一個媒體平台。
傳播訊息	社區發展工作已經由過去政府主導、主辦的角色，轉型為社區民眾自治、自覺的投入，公部門成為扮演輔導、共創資源、社會總體經營的角色，社區及民間的社團參與規劃，承辦經營和依本身需求設計的多元化社區方案，從而共同營造精緻、永續、高度滿足地區性需要的社區軟、硬體建設。

（資料來源：作者整理）

「只要有寬頻，只要有雄心，不管你在哪裡，都不會被邊緣化。因為，競爭的立足點變平等了，小蝦米和大鯨魚可以平起平坐了。拜科技之賜，團體與個人之間的互動聯繫可以更靈活、更細膩。」（T. Friedman）從這個角度看，族群工作者在建立官網、知識管理、創辦媒體三個面向上可以著力。因為，抹平的世界，也是無限機會的世界。爰此，族群社會工作將更為著重新住民及服務團體的互動聯繫，考量其功能上網發聲，不一定要用文字，以系列照片或簡易影音來記錄社會行動，有了行動聯盟和媒體平台，分散各地的新住民將能匯集力量、聯合行動，並且更快速而廣泛地向社會傳播訊息和觀點，以此爭取更多公眾支持和參與，達到傳播效果。藉由網路密集溝通聯繫，可以代表分散各地的社群，不斷對有關議題發表意見，彙整、導讀各個部落格的訊息和觀點，讓公眾能掌握各地的多元聲音。

肆、福利服務建設

福利服務是族群社會工作的重要內容，「福利社區化」則是具體地將社會福利體系建構在社區服務基礎上，針對社區中有需求的對象或弱勢的族群，給予周全福利服務之必要性，並有效維護民眾基本福利權。將福利服務體系或機構建構在社區基礎，與社區充分結合，規劃出社區服務體系，不僅可凸顯社區發展的專業性，亦可整合社區資源，提升福利服務績效，而接受福利服務之對象亦能維持其家庭和社區生活，增加福利服務品質和效率。「福利社區化」可說是社會整體福利服務網絡的社區基層組織，所有活動，都應以社群成員對社區的歸屬感與參與度和不斷強化及其主觀能動性的發揮為基準。族群社會工作是建立在社群服務的基礎上，運用「助人網絡」，透過多個作為：1.個人網絡 2.志工連結 3.互助網絡 4.鄰里協助 5.社區資源，以達成「福利社區化」的目標。

一、家政教育

台灣的發展歷程是開發中國家的典範，其成功原因除了有勤奮的民眾、一流的技術、適當的政策導引外，教育是社會興起的重要內容，族群社會工作者應該致力於發掘當地人的能力和資源，推動另類教育項目。借鑑早期農村環境與生活品質未盡理想，婦女地位普遍不高，接受教育機會不多，透過台灣各級農會輔導成立家政班，培訓班幹部與班員，希望藉由健全的組織與家政教育，加速環境改善及提升農家婦女人力素質。家政推廣教育工作從早期民國五〇年代初期以食物與健康、家庭改善及簡易縫紉為重點，傳播生產改善、家庭生活及環境改善新知為主軸，至六〇年代增加家庭害蟲防治、兒童保育、美化家庭環境與副業技能訓練，近年更因應社會經濟環境變遷，著重終身學習與預防醫學，推動在地老化與健康老化，以及開創新收入來源與增進高齡者福祉工作，加強婦女經濟事業發展與高齡者健康照護工作，如輔導婦女開創副業計畫、田媽媽輔導經營計畫，創造婦女就業機會；改善高齡者生活，建立照護網路，並開創居家照顧服務

及訓練,再期進一步培育婦女取得專業技能證照,創造婦女就業機會,使婦女成為改善社區生活與經濟的重要支柱,也大大提升婦女的社經地位。家政推廣教育即為社區建設重要的一環,是提升社區婦女知能、改善生活的關鍵性工作,也是安定社會的重要力量。隨著社會環境的變遷,推動新住民家政教育大致可分為幾個階段:

表 10-6　新住民家政教育推動簡表

項目	內涵
吸收班員	組織家事改進班,按期召開班會,並安排教學指導課程,傳授衣食住行的基本家政知識及持家技能。
社區建設	加強家庭生活品質的改善及環境美化等工作,包含居家改善、環境綠化及美化工作,並重視環境淨化工作與衛生保健等方面,此外並提供副業技能訓練,提升經營能力。
生活品質	鑑於社區注意營養保健,家政推廣則以生活改善、開創居家服務,同時開發婦女潛在生產力,以及利用自然資源發展地方料理、開發產品及地方伴手禮等,讓居民活得健康、有尊嚴,並創造婦女就業機會,改善經濟。

(資料來源:作者整理)

由新住民家政推廣之發展來看,有幾個重要之發展趨勢與議題:

(一) 由以「婦女」為主要對象,擴及關注「新住民的家人」。應用人力推動社區發展,婦女為家庭及社區之核心,婦女輔導已為社區人力發展奠定基石,未來持續開發婦女人力及潛在生產力,激發婦女社區認同,配合自然環境條件,從產業出發推動地區發展。

(二) 隨社會環境變遷,早期著重家庭之「物質」及「環境」改善;近年來則以「健康生活」為主要關注議題。整合形成在地區域性產業供銷鏈,實質增加家庭收入,活化在地產業組織,建構推動體系,形成地方產業聯盟,以奠定地區的發展基礎,改善生活。

(三) 因應整體環境的影響,家政教育亦致力於協助家庭生計,包括:提升婦女能力,輔導婦女經營副業,開創新的收入來源等,在現有基礎上持續輔導並擴大婦女創業及副業經營,除改善農業經

營，並輔導轉型發展具地方特色料理之餐飲業與休閒旅遊之服務
事業。

(四) 以教育策略培育、發展婦女提升其生活品質，而達成「自助」
之餘，近年來亦倡導「助人」，鼓勵婦女投入志願服務行列回饋
鄉里。

(五) 隨社會之變遷，社區面臨之問題亦趨向多元、複雜，家政推廣策
略除以「教育」協助其預防問題，透過「諮詢」、「資訊提供」
或「資源連結」亦是協助面對問題之重要策略。

新住民家政教育的未來展望，將強調：

表 10-7　新住民家政教育推動的未來展望

項目	內涵
安定社會生活	新住民因文化及生活差異，造成地區社會潛在不安定性，近年積極輔導新住民，透過生活文化教育、鄉土地方認同、家人與人際關係建立等研習，讓新住民認識及融入台灣之文化、社會與生活中，安定社會生活，進而輔導專長訓練及協助就業，除改善農家經濟外，更成為台灣發展不可或缺的成員。
擴大婦女創業	促進經濟活絡與創造就業機會外，積極發展地區特產品及其加工品，促使產品多樣化、精緻化，增進收益，加速轉型升級，同時結合媒體活動力與傳播力，加強宣導「時令」美味農漁畜產材料，帶動地方特色料理及特產加工品發展。
提升文化意識	為了讓民眾尋回自己的價值和能力，建立自信心，透過地方誌計畫和居民的互動，可以重新發掘和保護居民社會及其文化。地方誌計畫工作創發出不同類型的社區發展行動，轉化社區生活內涵，使社區歷史的探索成為建立社區文化生活的契機。
增進婦女能力	為降低知識落差，推動終身學習，以家政班為輔導對象，辦理活絡家政班組織，強化家政班教育功能，提供農家及偏遠地區婦女包括外籍配偶學習機會與建構人際網絡，減少弱勢婦女之知識落差，同時提升生活經營能力，促進農家之健全發展。
增進照護能力	隨著人口逐年老化，為了不讓慢性疾病成為家庭的負擔，建構居家健康生活亦納入家政教育之重點工作，培養婦女正確的營養保健觀念，改善高齡者生活品質，開創居家照顧服務，建立照護服務網絡；課程包括營養保健、健康老化、在地老化與尊嚴老化、關心外籍及大陸配偶家庭、如何侍親、照顧經驗及開源節流等，輔導婦女，提升生活經營能力，降低城鄉知識落差。

（資料來源：作者整理）

家政教育需要政府、各級學校及各層面熱心人士共同推動與參與，更需要志工的投入，持續以現代化的創新觀念，推動符合婦女與高齡者的家政工作，培育更多的優秀婦女，讓他們在社會及經濟有更大的揮灑空間，也讓高齡者在地過著快樂的銀髮生活，打造更具和諧、安定的社區。

二、社會救助

儘管從工業化後期以來，各國紛紛建立了社會保險和其他社會保障制度，但社會救助仍然是各國社會保障制度中最為穩定的基本制度之一。在當代社會，各國都根據自身的條件而建立了適合本國國情的社會救助制度。我國早在計畫經濟時代就建立起了國家負責與依託經濟相結合的社會救助制度。以社會救助法為針對特殊困難者的救濟制度，以及由國家承擔責任的災害救濟制度。這套制度的特點是，由國家負責的社會救助體系。族群社會工作宜扮演重要的角色，包括資源的支持者、服務的提供者、需求的發掘者、人力的動員者與資源的整合者，藉以增加社群的活力並提升社群居民的生活品質。

族群社會工作係立基於社群居民因著自身的需求與自身的問題，應用社區內外在資源，必要時並配合政府協助及專家學者之指導，最終目的則以提高社群居民生活品質、改善社區問題為目標。但社區最寶貴的資產，莫過於社區裡的人，人無法完全抽離所生活的環境，社區的人際網絡正是社區照顧的重要關鍵。族群社會工作於社會救助上，一方面統整公部門資源，由政府提供經費，一般需求者不需直接付費，像是福利社區化中，社政單位、衛政單位、民政單位、警政單位、及公立學校所提供的服務都屬於公部門資源。例如：社區發展協會、財團法人、福利基金會、社團法人、協會及社區的教會廟宇等提供實際的服務，來照顧家中失能老人或身心障礙者或幼小兒童、病患，礙於現實面以至家庭的功能及支持網絡已逐漸減弱，因此要讓受照顧者持續在家中得到照顧，盡可能維持基本生活能力，讓主要照顧者能獲得支持，由在地人服務在地人，促進強化健康有活力的社區。

三、醫療衛生

　　一般發展組織僅是資助蓋醫院、培訓衛生保健人員，在優勢視角指導下，許多 NGO 在社區推動另類衛生項目，他們發現，相較於西方醫學，社區保存民間傳統醫療智慧，同時強化環境衛生及預防醫學將是社會工作於社區推動醫療衛生的重點。社會工作強調，營養保健及預防醫學概念之學習應由居民教育著手，使家庭了解營養保健及預防醫學之重要性，由飲食、生活習慣來帶動全家之健康維護。因此輔導強調營養保健概念外，由年輕時即建立及維持家庭良好的飲食習慣，以維繫家人健康及減少失能之發生。進一步更積極推動輔導生活改善，組成自主性之自助與互助組織，提供營養保健、休閒育樂、生活調適與經驗傳承課程，並協調衛生、醫療單位等在地資源，辦理健康檢查以評估健康狀況，據以提供醫療保健與居家生活照顧服務。藉由生活改善班之推動，學習並提升自我健康管理能力，提升生活品質。

四、關懷中心

　　族群社會工作藉由在地資源，不論受照顧者是否有問題存在，親朋好友原本與受照顧者就存有某種關係，這種關係可能是基於親戚或地緣的鄰居關係，或情感的朋友，或是其他對照顧者服務所參與的團體，如寺廟、教會……等，非正式資源就發揮了不少功能。誠如美國學者 John Mcknight 所言，社區是一種親戚、朋友、鄰居、鄰里社團、俱樂部、公民團體、地方上的企業、教堂、廟宇、種族團體、工會、政府及傳播媒體，具有共同使用的社會性地域（social place）。有效發揮志工力量，志工所提供的不計物質及金錢的服務，志工與受照顧者由陌生人的關係，建立起對照顧者問題的解決，而志工所提供的服務一旦滿足了受照顧者後，這種關係就可能宣告結束，但後續可再做不定期的關懷訪視。目前在志工方面有設置志願服務人力銀行，總之社會結構必須建立互助的功能。貫徹落實福利社區化，推行成功社區服務模式，擴大社會各界的參與，共同構建美好和諧社會。

結語

　　社區發展是一種多目標、長遠性、綜合性的社會福利事業，旨在透過社會運動方式與教育過程來培養社區意識，啟發社區民眾發揮自動自發、自助及人助的精神，貢獻人力、物力、財力，配合政府行政支援、技術指導，以改善社區居民之經濟、社會、文化等環境，提升其生活品質。族群社會工作，和所有社會運動一樣，若要產生效益就得做好內部扎根、外部傳播工作。內部扎根是要有一群人長期努力，釐清問題、研擬策略、組織夥伴、交流知識、聯合行動；外部傳播是要將訊息和觀點快速而廣泛傳送出去，促使公眾注意、討論和支持，進而召喚更多志工和專業工作者的加入，來壯大力量，加速解決問題、推動革新。

　　以社會福利為主軸的族群社會工作服務，如要體現與達到預期目標，就必須將「以人為本」的原則貫穿於服務活動之中。這不僅表現在應以最大限度地滿足社群成員日益增長的物質、文化需求為立足點，以完善地強化人的整體素質，促進人的全面發展為根本目的，並注意從最低層次地滿足其生存需求即滿足其日常生活需求的照顧與生活服務著手，進而滿足其社會參與、社會交往、文化娛樂、醫療保健、心態調適等發展需求，使之逐步過渡到滿足其完善自身素質、發掘自身潛能，以為社會多作奉獻等高層次需求之上，使社群服務進一步朝著為居民創造一個安全、健康、舒適、方便、優雅的發展空間來建置社會。倡導、培育社群成員社會責任意識與社會發展觀念，發揚社會參與自助互助精神，從而提高其人文素養與程度，努力發揮自身優質潛能，建構優質的生活環境。

第十一章　全球化與多元族群

前言

　　隨著全球化的開展，縮短了國與國之間的距離，而台灣近幾年來也隨著全球化的影響，對外政策大幅度開放，「全球化」現象正逐漸的滲透進入我們的日常生活之中。起床刷牙用的是 Colgat 牙膏，早餐吃的 McDonald 漢堡，喝的是 Starbucks 咖啡，到了辦公室先打開電腦上網，看新聞、回 e-mail，這種生活情境的描述，我們應該頗為熟悉。

　　「全球化」的概念自一九九〇年代以來沿用迄今，已逐漸成為社會科學中的顯學，全球互賴關係是包括經濟、政治、文化與生態各個層面，這就是全球化觀點。和諧社會是一個發展目標，是針對社會不和諧現象較多、較嚴重而言的，如社會緊張、貧富差距大、弱勢群體缺乏社會支持、社會犯罪率高、非穩定性因素多等等。社會福利的提升是一國社會發展的重要目標，也是經濟持續發展的重要條件。一方面，社會福利的水準狀況有賴於經濟發展的水準；另一方面，社會福利所體現社會平等又可為經濟的持續發展創造有利的社會環境。

壹、全球化與風險社會

　　全球化（Globalization）是指人類社會在政治、經濟、文化諸方面彼此緊密聯繫、融會、整合和一直趨同的社會大變動的過程。按照社會學家吉登斯的說法，全球化就是流動的現代性，流動的是物質產品、人口、標誌、符號以及訊息的跨時間和空間流動。全球化一詞是由泰爾多爾‧萊維

（Theodre Levitt）於一九八五年在《哈佛商報》上發表〈談市場的全球化〉一文中，用來形容此前二十年間國際經濟發生的巨大變化，即「商品、服務、資本和技術在世界性生產、消費和投資領域中的擴散」。冷戰結束後，經濟全球化的趨勢迅速地加強，貨物、人員、資金和資訊，穿透國家的界線和地理的分隔，沿著各種通路跨國流動，一直擴張到全球性的規模。全球化就是時空壓縮，它使人類社會成為一個即時互動的社會。（吉登斯，1998）全球化使得全球範圍內福利資源的流動和整合的可能性大大加強，也給各民族國家帶來了新的社會問題和改革社會福利制度的要求。全球化現象可以歸納如下（Beck, 1999）：

一、國際間所發生的任何事件都會直接地影響每個國家。

二、為因應國際間的事務，需要強化不同社會間的聯繫。

三、跨國公司的運作及權力不斷的擴張影響到各國運作。

四、經濟成長伴隨著國家間不平等，產生貧富差距增加。

五、資本和財富在這國際世界上型塑了一種嶄新的文化。

六、消費者文化逐步的形成，闊國公司的消費型態增加。

七、國際人口遷移數量上升，電子通訊速度越來越即時。

八、政府與非政府的組織增加，已對國際事務產生影響。

全球化背景與各國的社會福利制度和社會政策密切相關。首先福利制度的改革和社會政策的制定除了要考慮本土化特點外，還需要考慮全球化的背景和趨勢。其次，全球化帶來了全球共同遇到的福利問題，同時也使各國在解決全球共同的福利問題時參與到國際範圍的福利活動中。再次，各國社會福利制度和社會政策面臨著全球化和本土化的兩難選擇。目前，所謂全球共同福利有以下幾方面的內容（劉繼同，2004）：

表 11-1　全球化內涵簡表

項目	內涵
趨同思維	維持世界和平安全與國際秩序，以免人類再遭戰禍的侵害，這是全球共同福利的基礎部分。維護國際和平與安全是根本宗旨，戰爭破壞了正常的生活秩序，更直接威脅人類的生命。沒有和平就沒有經濟發展，社會福利也無法得到保證和持續發展。
核心價值	勞動就業和社會安全保障是全球共同福利的核心部分，政府和勞工組織扮演著核心角色。勞動就業既是經濟全球化的又是福利全球化的重要層面，也是經濟政策與社會政策的共同主題。
安全保障	作為促進就業、個人和公共健康、勞動安全以及促進母親和兒童福利等方面的社會保障，是各國福利制度的主體性部分。在經濟全球化處境下，國際勞工標準與民族國家的關係已經成為敏感與核心議題。
基本保障	維護基本人權、消除歧視與對易受傷害群體實施社會保護。基本人權指的是人類社會成員享有的基本自由和天賦人權。人類的基本人權在確保所有人享有公民、政治、經濟、社會和文化權利。基本人權狀況反映了各國人民的生活狀況與社會發展程度，也反映了其福利制度和社會政策的狀況。
國際合作	在推動全球教育發展、科學研究和文化保護工作方面，教育、科學、文化活動既是全球共同福利的內容，又是實現全球共同福利的基本手段，最高目標是世界和平、人類共同福利、國際了解和尊重人權。
共同需求	在全球疾病預防、基本衛生保健、提供基本醫療服務和足夠數量與質量的醫療設施等方面，世界發展經驗說明：投資健康對改善人類福利、促進經濟發展和減輕貧困發揮著舉足輕重的作用。
重視民生	人道主義服務，是涉及國際組織、民族國家和個人行動的多樣化服務領域。這類活動的基本特徵是透過社會發展提高人類福祉，透過人道主義援助和緊急服務滿足那些最迫切、最基本的人類需要。
國際援助	國際援助和社會發展項目對發展中國家人民生活狀況的改善，促進世界的和平和全人類福祉的狀況的提高，均發揮著極其重要的作用。

（資料來源：作者整理）

　　全球化經由加大勞動市場的彈性、後福特主義的勞動方式與分散化的集體協商，產生薪資與工作狀況的不平等。藉由社會保障與社會支出的減少，以達成降低政府赤字、負債與稅率的優先目標。全球化對社會政策造成的影響，社會政策學者密敘拉（Mishra, 1999）歸納，認為有以下多個重點：

表 11-2　全球化對社會政策的影響簡表

項目	內涵
新自由主義的興起	全球化使立於凱恩斯理論所追求的充分就業與經濟成長的能力受挫，它反對公部門在公共支出、借貸、稅收及公共服務擴張，並宣揚私部門比公部門供給更有效率服務的主張，它強調個人責任，而非社會權利，並辯稱集體滿足需求會對社會造成傷害。
勞動市場的彈性化	全球化的競爭與資本流動產生「社會傾倒」（social dumping）及薪資與工作條件不斷下降。所謂的「社會傾倒」係指社會福利制度大幅倒退，預算減少，給付降低，弱勢階層的保障不足的現象。
社會保障相對減少	全球化使許多國家所得稅減少，其原因為：第一，高收入、高技術性的人力為了避免要繳高額的稅金，他們可能會想移民到其他地方工作，而損害到國家的經濟。第二，減稅可吸引國際性、機動性的商業投資，藉此增加國家經濟競爭力。
弱化社會保障意識	全球經濟的改變是非常重要的，在民主制度之下，促成社會與經濟的轉型，產生對福利國家的壓力，具體而言，可稱為「三方轉型」（trip transformation），包括從製造業到服務業緩慢成長、政府承諾的減少與老年人口的增加。
弱化社會夥伴基礎	全球化弱化了社會夥伴的基礎與勞方、資方及國家三者平衡的三方主義（tripartism）。普遍的情形就是，增加非正式勞動市場當中許多部分工時的就業者、減少許多政府的雇用人員、鼓勵鄉村人口外移都市，而其家庭功能卻逐漸式微，大量的失業人口產生經濟生活的危機。
強調競爭性的國家	全球化的邏輯與國家社群與民主政治的邏輯相衝突，全球化對福利國家最大的衝擊是，在競爭的情勢之下產生一個新的優先次序。面對國際間更多經濟的相互依賴後，經濟及社會政策必須建立一個新的關係，福利國家要被「競爭國家」所取代。

（資料來源：作者整理）

　　全球化對社會安全體系有負面影響，但另一方面卻增加了許多弱勢的民眾，在新自由主義思潮之下，對擴張的社會安全制度又具有負向效應。這隱含著福利減少的因素（經濟成長緩慢、政府承諾減少），也隱含著福利無可逃脫的責任（族群流動人口增加）。至於何者的影響力較大，每一個國家必須視其情況加以調整。社會政策成為全球資本主義與民主國家之間主要的議題。在全球競爭的世界裡，為了提高競爭力，必須限制追求其他的

目標。在經濟尚未全球化，競爭力不是那麼重要的時代，勞工權利及其他非薪水階級的勞工成本，並不會影響國家的競爭力。許多機構或國家，一如跨國公司與新自由主義一般，大量的限制社會安全制度的保障，使開發中國家的人口受到社會保障的比例，依然非常的低。全球化弱化了社會保障的意識型態，特別是對最低生活標準的保障。

貳、全球化的族群福利

新移民子女係指：「子女出生時，其父或母一方為居住台灣地區設有戶籍國民，另一方為非居住台灣地區設有戶籍國民。」在族群的移動中，兩岸婚姻促成境外配偶的主要形式，媒介的方式主要有下列幾種形式（陳淑芬，2003）：

1. 親友介紹：本人或在台出生外省籍子女隨長輩返鄉探親，經親友介紹進而論及婚嫁。
2. 兩岸往來：赴大陸經商或旅遊中因緣分認識大陸配偶而成婚。
3. 海外認識：男女雙方於海外留學期間認識進而結婚。
4. 婚姻仲介：透過婚姻仲介者居間媒合而成婚。

對於新移民應尊重，沒有理由歧視。因為受到全球化個人或群體跨國流動所形成的生活共同體（community），全球化趨勢就是民族壁壘的超越和人類生活的趨同，就像是一種民族生命的交融，即是流動後的新族群從人權（the human right）到公民資格（citizenship）的訴求。若欠缺適當輔導與教育的資源，外配的子女將失去公平機會，進而衍生社會問題。民國九十一年所召開的「全國社會福利會議」中即有「針對多元文化家庭，如原住民家庭、大陸新娘、外籍新娘及雇用外籍保母家庭建立輔導機制」的議題，並以「整合公、私立部門資源，以建構家庭福利服務輸送系統」為要項。以新興的全球化的諸多定義的內容來看，大致可以把所有有關概念概括為五類：

表 11-3　全球化學說簡表

類別	內容
本質擴張說	全球化是某種本質因素向全球範圍的延伸或擴張。這裡的本質因素包括：資本、訊息、資源、分工、生產、市場、現代性等。全面的全球化，包括政治、經濟、文化、軍事、技術、能源等本質因素擴張。
時空壓縮說	全球化就是超越民族國家的疆界，消除各種壁壘限制的過程。人類不斷跨越空間障礙和制度文化等社會障礙，在全球範圍內實現充分溝通。
依賴加強說	全球化趨勢下，組成地球的各部分之間的關聯性加強了，全球化就是趨同化、同質化、就是人類的一種「大同」境界。
強權干預說	雖然全球化具有共同性、普遍性的特徵，然而由於各國發展的不平衡性，民族國家仍然是全球化的最重要的主體力量。而且，主權國家對全球化進程的控制，為發達國家逼迫發展中國家開放市場和政治上干預內政提供理論根據。
全球意識說	全球化就是一種自覺超越狹隘階級、民族、國家界限的意識。應該從全人類和全球的角度出發考慮問題，在充分尊重差異的同時，努力形成人類共同的認識、共同的價值和共同的實踐。

（資料來源：作者整理）

　　羅德力克（Rodrik, 1997）認為，國家需要對全球化之下受到剝削的人口，給予補償的措施，以降低對就業與國內社會穩定所造成的威脅。而且國家要增進其競爭能力，也需要一個改善社會保障制度、建立積極的教育制度與勞動市場政策。「全球意識」側重於全球化趨勢下人類的交往實踐，關注的是全球化的影響而非全球化本身。台灣在工業化、都市化和國際化的發展脈絡，留在鄉下的男性青年不相對的不易有婚姻對象，出生在農村的未婚女性擇有機會隨著社會的移動，選擇更為多元的婚嫁對象，而非如同傳統留在農村社區。相較下，農家青年無法覓得自己中意的伴侶，只好尋求特殊管道進行婚配，外籍婚配於焉形成。通常從國際通婚的理由來看女性願意接受國際通婚的原因，則又以經濟因素為主要考量，台灣與東南亞各國間經貿往來頻繁，促成台灣的「外籍新娘」與東南亞間「婚配供需」形成依附關係。跨國婚姻不只是在婚約下之個體及家庭的適應，也包括現階段的家庭與未來新生代家庭成員，在自我文化認同及家庭撫育與傳承上的挑戰。

外籍婚姻的形成要先就國際通婚形成發展來探討，同樣的情境移植在台灣的「商品化的外籍配偶」，是一種外籍女性的特殊移民形式。其形成可分為幾個階段：

表 11-4　外籍配偶發展階段簡表

時期	年代	特色
萌芽期	一九四〇	最早的婚姻介紹所在英國成立，服務對象僅限本國人，經過二十年的歷程，才漸漸具有國際通婚雛形。
形成期	一九六〇	國際婚姻仲介業出現以電腦擇友為通婚管道方式。
發展期	一九七〇	由不同文化媒介，如介紹波蘭、俄羅斯或亞洲女性給西方男性。
擴充期	一九七五年代後	以亞洲女性和西方男性為市場的郵購新娘（mail-order bride）介紹所迅速增加。

（資料來源：作者整理）

當全球共同福利與民族福利的內容和取向一致時，各民族國家在實現自己的福利目標時也就實現了全球共同福利；但當兩者不一致時，全球化就使民族國家在社會福利發展中處於兩難的境地。如吉登斯所說，相對於全球化來說，現代民族國家相對生活中的大問題而言太小了，而相對生活中的小問題而言太大了。（Pinker, 1999）這些兩難選擇既關係所在國人民的現實福利，又影響著全人類的現實福利。許多國家都至少面臨著兩難選擇：

一、全球範圍內跨國公司的經營政策目標及經濟效率最大化與民族國家範圍內社會政策目標及社會福利最大化之間的矛盾衝突。一方面，在經濟全球化處境下，跨國公司的基本目標是在全球範圍內以最低成本效益尋求最大化的經濟效率。另一方面，民族國家內機會均等和福利最大化是社會政策的最高目標。在經濟全球化處境下，民族國家福利決策者面臨經濟政策目標與社會政策目標、全球範圍的經濟效率與民族國家範圍的社會公平目標之間的重大抉擇。

二、福利制度是以滿足全人類共同需要為核心，還是以滿足民族國家人民的地方性需要為核心。福利制度的基本功能是滿足人類基本需要，而基本需要具有客觀性與普及性，不以人的意志為轉移和普遍適用於整個人類社會的特徵。全球人類共同需要與民族國家人民的地方性需要有時會有矛盾和衝突。

三、福利對象選擇是以民族國家的公民權、需要、能力、優點、業績和普及性原則為標準，還是以聯合國的國際標準和跨國公司的標準為主。一般情況下，聯合國和跨國公司的標準通常不會與民族國家的標準完全一致，世界貿易組織的國民待遇、自由貿易、公平競爭原則也與民族國家的公民權原則相互牴觸。

四、福利服務對象是以全人類為主，還是以民族國家所有居民為主。在經濟全球化處境下，公司、銀行和勞動市場是無國界的。但是在民族國家福利政策議程中，決策者面對的基礎議題是：哪些人是福利對象？國家依據什麼標準確定福利對象？

五、福利資源分配原則是以全球化市場為主，還是以民族國家為主。有學者發現，國際政治經濟變化越來越破壞民族國家的環境。（Pierson, 1991）

六、福利性社會服務的提供者是以國際組織和跨國公司為主，還是以民族國家為主。在民族國家的福利制度框架中，福利責任的主體已經由宗教慈善機構團體轉為國家。

這種狀況在經濟全球化處境之下發生了重大變化：一方面，民族國家對資源調配的能力大大下降；另一方面，民族國家的福利責任顯著增強。（Vogel, 1991）這種尷尬局面將民族國家推到進退維谷的兩難處境，意味著民族國家的福利決策者要重新考慮社會福利責任的畫分與責任承擔問題。

參、全球化與社會包容

隨著全球化（Globalization）及知識經濟（Knowledge-based Economy）時代來臨，全球化使國與國間產品、資本與人員流動障礙逐漸降低，當全球共同福利與民族福利的內容和取向一致時，各民族國家在實現自己的福利目標時也就實現了全球共同福利。黃政傑（民 82）認為：多元文化教育的發展是從民族和種族爭平等開始，而延伸至其他社會不利族群爭取平等；其中不只是消極的排除歧視和偏見，還要積極的讓教育課程反映各族群的需求、歷史、文化和觀點，進而改革整體的教育系統。因為文化融合要求少數族群放棄自身的傳統，而融入主流社會和文化之中；這種多元文化的教育觀主要是建立在差異政治上，承認人與人之間、群體與群體之間、文化與文化之間的差異，而這些差異都應該獲得肯定與尊重。韓愈的〈原人篇〉指出對待世人一視同仁的理念，外籍配偶所需教育的過程中，以不平等的眼光對待外籍配偶，是引發外籍配偶問題的最大關鍵；如今想要設計外籍配偶的教育，那麼族群包容的理論，正好提供給我們一個最佳的視窗。

在現代社會中，跨文化婚姻的大量出現是有其社會脈絡可尋，而非歷史隨意發生的突現；有的是自由戀愛的結合；但是，目前我們社會大部分都是透過商業化的「仲介」媒合。跨文化婚姻中的配偶以仲介媒合居於多數，許多人都是第一次見面或根本沒見過面就已決定結婚。因此，對於彼此背景能清楚認識者仍相當有限。在有效提出外籍配偶家庭政策規劃前，實有必要針對外籍配偶家庭的需求進一步的了解。社會包容論是民生生活的重要內涵，我們的文化會因此更為繁複豐饒；族群社會工作要求強勢族群或主流社會對弱勢者要給予更多的尊重與愛護。

幾年來，經由跨文化婚姻而形成的家庭越來越多，這些婚姻除了面對一般婚姻所遇到的問題外，還必須面對其他的考驗。最廣為人知的是溝通上的問題、文化社會價值的落差、社會適應與偏見等問題。雖然不同的外籍配偶家庭可能有其特殊福利需求，但是，仍有其共同性。對於跨國婚姻，

不少夫家抱持娶外籍媳婦是為了生養後代、照顧老弱傷殘、家務管理或增加家庭勞動力，明顯扭曲婚姻價值。而外籍配偶遠嫁來台，有些原本就打算要改善其原生家庭的經濟生活，或是從事其他活動目的。於是，入境台灣後有不告而別，有短期內多次結婚的狀況，致使夫妻、人與人之間的互信、互愛、互賴與互重的社會資源難以建立。

表 11-5　外籍配偶家庭政策

問題		需求		政策	
生活適應	語言障礙將影響個人人格傾向自卑或內向，甚至引發婚姻崩解或社會問題。	就業機會	大多數外籍女性配偶所嫁家庭係屬低社經地位家庭，往往需要她們工作養家，甚或寄錢回東南亞娘家。因此，外籍女性配偶普遍希望是就業服務，這些包括職業訓練、職業介紹與就業輔導等。	就業協助	落實就業服務法第 51 條已規定外籍女性配偶獲准居留者可逕向主管機關申請工作許可，並保障其權益。
文化差異	婚姻觀念、夫妻關係、婆媳相處模式與子女教養方式等文化差異也會影響外籍配偶家庭的生活適應。	文化融入	增加外籍女性配偶的語言與文字學習與使用，藉以了解台灣社會文化，這對縮短文化差距有正面的意義。	支持網絡	對於許多外籍女性配偶而言，家庭場域就是她們的社會範圍。因此，當她們發生婚姻不順、生活適應不良，以及子女教養等困難時，也難以獲得及時的與適切的協助。應積極協助外籍配建立支持網絡，並提供順暢的與可近的諮詢與輔導管道。
價值差別	因男女雙方缺乏了解與信任，因而造成外籍女性配偶被夫家孤立、受到社會歧視，進而產生許多家庭生活適應困難。	生活營造	除了參與社區活動外，希望能有適當的休閒活動，以及參與支持性與成長性的學習團體。	基本保障	現在，外籍配偶結婚後即可獲得在台居留，四年後可取得國民身分證。未來政府政策應有積極作為，兼顧外籍女性配偶基本人權，避免受到社會歧視。

溝通障礙	語言不通勢將影響遷移者的人格，造成人際互動的侷限。連帶地，有關小孩的教養問題也可能出現問題。	語言學習	外籍女性配偶期望能為她們開設華語班、學習中國文字。有些男性配偶也建議開設閩南語班，才能順利的與夫家親人互動與溝通。	生活培訓	政府訂頒「外籍新娘生活適應輔導實施計畫」，積極規劃辦理外籍配偶生活適應輔導、強化語文訓練、居留與定居輔導、生育與優生保健輔導，並介紹地方風土人情，藉以提升外籍配偶在台灣的生活環境適應能力。
親職教育	無論是擔任父職或母職角色，由於夫妻雙方可能社經地位較低或身心障礙困難，加上外籍女性配偶的教育水準或語言能力不足，因此，對於其子女的教育問題與需求也同樣要關注。	子女教養	外籍女性配偶的子女教養需求是藉由家庭教育單位、心理輔導與諮商機構的援助，配合相關福利措施協助外籍女性配偶儘速適應婚姻與社會生活，使其在穩定與平衡的情緒下教養子女，減輕因家庭問題而造成對子女人格的不良影響。	親職教育	1.給予外籍配偶家庭「充權」（empowerment）的自我成長機會，了解親職教育需求；2.教育專業人員應加強理解外籍女性配偶教養子女的實際需求，主動提供訪視與服務機會；3.加強各社區資源的整合，避免不必要的重複或浪費；4.應鼓勵外籍配偶家庭，包括外籍女性配偶的先生參與親職教育的實施。
社會歧視	許多外籍女性配偶甚至在取得台灣公民身分後，依然覺得被台灣民眾看作外來者。其實，對於這群與我們共同生活在台灣的外籍女性配偶，社區居民的認識與了解只限於報章媒體的報導，或是社區居民間的口耳相傳，其間，不免充滿許多不實傳聞，甚至誤解。	社會參與	外籍女性配偶來台後，都希望能儘快融入台灣社會。因此，她們尤其期望政府與民間團體能多舉辦一些生活適應、認識台灣、親職資訊與飲食烹飪等活動。這是她們尋求社會支持網絡的管道，也是積極參與社區或社會活動的方式，更是融入台灣社會的具體表現。	消除歧視	正因為以市場為基礎的商品化婚姻是建立在薄弱的人際連帶上，使得婆家必須對「外籍新娘」進行嚴密的監控。政府政策也應該設法去除社會歧視外籍配偶家庭，亦即以合理的法規、平等的人權精神與尊重多元文化的心態來對待這些外籍配偶及其家庭，其文化差異性應該被社會理解且受到尊重，根除「商品化跨國婚姻」的現象。

| 家庭暴力 | 外籍配偶家庭暴力行為發生的主要原因是：婚姻情感薄弱、婆家親友環境不友善、與親人發生口角或衝突、家務無法達到要求、丈夫情緒不穩定，以及外籍女性配偶的居留與小孩教養等問題，都可能成為家庭暴力的原因。 | 安全保障 | 外籍女性配偶遭受家庭暴力，是由於其身分的特殊、處境的邊緣化，以及家庭支持系統的缺乏，不僅凸顯外籍配偶家庭暴力問題的迫切性與多元性，她們所遭受到的內外在壓力也更值得社會大眾關注。 | 管理機制 | 1. 建立婚姻仲介管理制度，輔導婚姻仲介業者。
2. 在外籍配偶原鄉國提供來台相關資訊，於外籍配偶來台前，應藉由台灣駐外單位提供跨文化訓練，協助其認識台灣的語言、生活狀況、風土人情、工作與居留權、家庭倫理與社會價值等。
3. 於各縣市區公所設置外籍人士服務處，以多種語言提供相關資訊。 |

（資料來源：作者整理）

經濟的全球化，加劇了國家以及個人、集體面臨的風險。任何一個社會裡，要完全消除風險是不可能的，真正能做到的是選擇風險、分擔以及規避和減少風險。從選擇風險來看，社會福利的功能在於在各種風險中選擇出該時期的重要風險，並使社會政策向消除此類風險傾斜。當論及外籍配偶的社會包容，必須重視文化認同，採取「多元文化認同取向」，提供給外籍配偶融入機會，以期順暢地融入社會生活當中，避免成為社會的邊緣人。從社會福利發展史來看，社會福利制度和政策基本上是圍繞著應對各種風險而展開的。社會福利正是在應對風險的層面上發揮功能的，人為風險是以一種組織起來的行動以積極面對的風險，是由不斷發展的知識對這個世界的影響所產生的風險。針對風險社會的解釋，有貝克（U. Beck）和吉登斯（A. Giddens）的觀點。

表 11-5 針對風險社會的理論性分析

學者	觀點	內涵
貝克 （U. Beck）	風險社會是現代性階段的特徵，對工業化道路上所產生的威脅。	1. 現代制度與自然資源和文化資源之間的緊張關係。 2. 人們對生活安全和存續威脅的認識與理解的變化。 3. 團體和社會意義之源（階級意識、進步信念）的弱化。
吉登斯（A. Giddens）	分析了風險社會對人類生活的影響。生活在高度現代性的世界，便是生活在一種機遇與風險的世界。	1. 人類風險意識的提高，在風險面前會更加主動地採取自我保護的措施。 2. 風險社會作為一個概念不是某個具體社會和國家發展的歷史階段，而是對目前人類所處時代特徵的形象描述。 3. 後工業社會的人們面臨著人為風險，這種風險難以預料，無法用傳統的方法加以解決。

（資料來源：作者整理）

　　財富分配和不平等的風險（例如：金融風暴）可以改善，但人類出現的技術風險（例如：核能安全）卻無法把握。從全球化的角度看，全球化的發展使風險社會的出現成為可能，因為風險的後果在全球化的支持下跨越了國界，出現了全球風險。風險社會的出現，使得如何規避風險、減少以及分擔風險成為個人、組織、國家以及社會存續發展必須解決的首要問題。

　　在傳統的工業社會，人們面對的風險大都是可預見的，風險的出現具有一定的時間規律特徵，如生育、養老。還有一種風險是自然發生的概率性事件，如職災、失業等。這兩種風險都是外部的，一般都能以社會保險的方法加以解決。全球化與風險社會的關係主要體現在三個方面：第一，全球化大大增加了風險的來源並放大了風險的影響和潛在後果。全球化導致原來限於一個國家或一個地區的風險和影響擴散到更多國家和地區。第二，全球風險推動了不同文化和社會之間風險共識的形成，產生了全球風險意識和文化。第三，全球化呼喚並推動著風險治理機制的變革。

　　「社會包容」（social inclusion），強調的是接納、與社會人士融合、建構支持網絡、充分發揮社會角色、參與社區活動等。對於外籍與大陸配偶，我們不宜因種族、文化差異、價值觀念不同及語言隔閡而予以歧視對待，國家應積極介入預防與消除他們可能遭受之歧視以及不正義，提出「包容弱勢國民」、「支持多元家庭」，承認新住民是社會的一分子，並以尊重、接納的態度，透過多元化的照顧輔導措施，協助其與社會人士融合，建構社會支援網絡，來支援外籍與大陸配偶在社區內自在的生活，期使台灣社會能邁向一個包容的社會，一個理想平等、多元化及和諧融洽的社會。完善的社會福利制度和社會工作是和諧社會的基礎和重要組成部分。概而言之，族群社會工作於落實社會包容功能主要有以下幾個方面：

表 11-6　社會包容功能簡表

類別	內容
保護基本權利	社會包容有助於保護社會弱勢群體基本權利，實現社會的和諧發展。社會福利的保障功能已被世界各國的經驗證明是有效的，是促進社會和諧與可持續發展的重要途徑。
實現社會公平	社會包容有利於實現社會公平和效率的均衡。社會公平和效率的適度均衡是實現社會和諧發展的核心內容之一，社會的和諧發展需要在效率與公平的均衡中實現。
有利資源分配	社會包容有利於社會的分配結構，實現社會階層之間的和諧。社會包容制度本身客觀上就要求任何社會成員只要符合法律條件，都應當被納入社會福利範圍，並具有法律強制性，由此保障社會成員或市場主體「橫向公平」和「起點公平」。
維護社會穩定	社會包容是維護社會穩定和國家安定的穩定器、安全閥。政府必須兼顧由於各種原因造成的弱勢群體階層和群體，以保證其基本的社會權利。
解除後顧之憂	透過提供基本生活保障和解除後顧之憂，幫助社會成員參與社會的公平競爭，並消除發展過程中因意外風險、競爭失敗及疾病等因素導致的不公平，實現社會成員參與社會活動的「過程公平」。

（資料來源：作者整理）

　　一般來說，實行社會包容的國家，在社會保險基金的籌集過程，要求高收入者多繳費，低收入者少繳費。這種透過「收」和「支」的調整，客觀上可以起到縮小貧富差距的作用，降低「縱向不公」，縮小社會成員在社會發展過程中的「結果不公」。

肆、全球化與社會福利

　　社會福利的發展歷史揭示，現代社會福利制度正是在應對外部風險的過程中發展起來的保險體系。二十世紀七〇年代以來，由石油危機引發的經濟危機導致世界出現了發展遲滯局面，使失業增長、財政赤字上升，福利國家陷入了困境，出現了被稱為「福利病」的現象。吉登斯（A. Giddens）認為，福利國家之所以陷入危機，很大程度上是一場風險管理的危機。因為建立福利國家的目的，在於防止弱勢者的疾病、傷殘、失業和終老這些災難的。當人類還處在外部風險占主導地位的時代，這些福利制度能夠給人們提供保障。但是，當人類進入人為風險或者製造出來的風險占主導地位的時代後，建立在外部風險基礎上的福利制度就開始瓦解。社會福利的提升是一國社會發展的重要目標，也是經濟持續發展的重要條件。一方面，社會福利的水準狀況有賴於經濟發展的水準；另一方面，社會福利所體現社會平等又可為經濟的持續發展創造有利的社會環境。完善的社會福利制度和社會政策，有助於保護社會弱勢族群基本權利，實現社會公平和效率的均衡，是和諧社會的基礎和重要組成部分。吉登斯提出「積極福利」的主張，其內涵是主張風險要由各種組織分擔，避免人為建構的龐大社會福利制度所產生的重大缺陷。按照自由主義觀點，人的理性是有限的。而吉登斯認為，把風險再分配的責任從人為建構的社會福利制度分擔給各種自生自發的組織，將是有效治理「福利缺失」的方法。

　　全球化使得全球範圍內福利資源的流動和整合的可能性大大加強，也給各民族國家帶來了新的社會問題和改革社會福利制度的要求。全球化是多種結合與聯繫，超越民族國家（nation-states）並創造出現代的世界系統，

也就是說，在世界的某一部分所下的決定、策略或行動，對地球另一端的個人及社群具有明顯的重要影響特徵；連帶地，商品、資本、人群、知識、影像、訊息、犯罪、文化、汙染物、藥物、時尚及信仰，很容易地跨越領土界線的地理藩籬，甚至於從抽象的學術研究到具體的兩性關係，都被跨國傳播網絡、社會運動、人際和層級關係所影響，因此，「相互依賴」（interconnections）、「社會網絡」（social networks）以及「相互交流」（interflows），成為描述、解讀全球化的關鍵詞彙（key words）。而全球貿易、金融與生產系統，正以一種相當複雜的方式與全球的家庭、社群和國家的繁榮、命運聯繫在一起。（McGrew, 1992）全球化的通路帶來了龐大的利益，對於所有的國家也隱含著巨大的風險，並帶來了嚴苛的挑戰。來自開發中國家等區域，更為低廉而充沛的勞動力，取代了原有的競爭優勢，面臨產業外移、勞工失業的窘境。今天，不管是在東半球或西半球，全球化經濟所帶來的挑戰都不可避免。「族群社會工作」關係到社會型態改變的端倪；從外籍配偶、新台灣之子、新移民、新住民等的社會包容與族群融合。因為：

表 11-7　社會包容與族群融合簡表

類別	內容
移入者	是關注到這些移民者進入台灣後，所產生的各種身分、就業、居住、健康、教育、福利等需求。
對家庭	是外籍配偶因婚姻關係而大量移入的外來人口，跨國婚姻的本質、性別權力結構、育兒教養、家庭分工、生活和文化的適應等問題。
對政府	是所謂的「移民政策」問題，對境外人員該不該開放、怎樣開放？該不該管理、怎樣管理？各種隨之而生的現象，衝擊社會並進而彙整成政策思考。
對社會	是一個牽涉到階級、種族與文化認同的族群議題；代表的是其數量的增加以及社會地位、階層的改變。

（資料來源：作者整理）

人際互動中的相互尊重、相互承認，也就是以社會包容來看待彼此差異，對於多元族群的尊重，具體而言，就是由國家建立社會政策以保障少

數族群的權利（minority rights），特別是透過公共領域的制度設計，來表達公平的承認、或是公平的整合條件。（Kymlicka, 2001）跨文化婚姻的雙方來自不同的文化，在差異文化社會化的建構影響下，自然發展出不同的文化信念與價值。這些文化信念與價值的差異除了造成適應上的困難外，更是衝突與對立形成的結構因素。

　　全球化在新自由主義意識型態的主導之下，社會安全制度首當其衝，其重要的策略包括：1.緊縮請領資格；2.擴大資產調查的範圍；3.減少所得替代率；4.財務移轉的責任由雇主轉到個人與國家；5.以更積極的勞動政策取代單純的失業給付。從年金制度的改革來看，延長年金給付的繳費期間，降低給付金額，由確定給付制（Defined benefit）改為確定提撥制（Defined contribution），鼓勵個人年金；在失業給付方面，縮小給付資格、減少所得替代率、失業給付課稅及延長等待天數。因此，縮減給付，限制請領資格，幾乎是歐洲國家共同的做法。不過，歐洲國家的社會安全體系也正面臨許多的挑戰，包括：人口老化、獨居老人增加、經濟發展緩慢、新移民移居和高失業率等現象，這些現象仍須社會福利介入，使歐洲很多國家在一九八〇年和一九九〇年間因福利需求增加，導致現金給付支出膨脹。社會福利有利於深化社會的分配結構，實現多元族群之間的和諧互動。社會福利是維護社會穩定和國家安定的穩定器、安全閥。政府必須兼顧由於各種原因造成的弱勢階層和族群，以保證其基本的社會權利。

結語

　　全球化對社會構成諸如政治、經濟、文化、價值體系等要素在不同的社會型態之間發生的質變或量變過程。促使社會制度包括社會管理體制、社會福利體制、各類社會組織以及相應的文化轉型的過程。使得全世界的政治、經濟、文化必須重新訂定遊戲規則，直接衝擊的是人們的日常生活的

各個領域。反全球化運動隨之聲名日盛，認為全球化帶來的負面作用：本地政府權利的削弱、使發達國家居民喪失工作機會同時奴役發展中國家居民，擔心是全球化帶來了移民潮，湧入發達國家的移民從事低收入沒有健康保險的工作，承受剝削。全球社會政策必須更強調全球互助的精神，縮短貧富國家的差距，並且提供全球資本主義的安全網，國家不只需要發展經濟，也需要提供社會福利，兩者相輔相成，才能建構一個穩固的全球社會。

第十二章　全球化下的社會政策

前言

　　全球化帶來了巨大的改變，對於世界上所有的工業國家隱含著更大的風險。以金融危機及所衍生的經濟衝擊，所帶來的為全球性影響，不只威脅到如美國、英國的工業先進國家，甚至對台灣，乃至傳統稱為東亞四小龍的工業後進國家，也帶來了嚴峻的挑戰。二十世紀八〇年代，全球性的移民市場出現，目前全世界約有一億的國際移民，占全世界總人口的 2%，這些國際移民中多為低技術勞動人口。（曾嬿芬，1997）伴隨跨國移動的趨勢，包括台灣出現了「跨國婚姻」現象，加上商業仲介業者的大量促銷與觀念傳散，跨國婚姻逐漸俗民化與大眾化，許多東南亞與大陸的女性嫁至台灣。

　　在面對全球化跨國人口流動的發展趨勢，台灣必須重新檢視這些社會現象，所建構的移民政策的適切性。這些不僅衝擊台灣長期以來的多元族群的思維，也揭示台灣在全球化下進入移民與多元文化社會的作為。因此，必須發展出一套明確的族群政策，同時輔以有效的配套措施，才能讓台灣成為一個名副其實的現代化社會。

壹、全球化的興起與影響

　　現代化與全球化除了使文化接觸機會增加外，更是跨文化婚姻大量發展的基礎。因為人們的全球移動與社會遷移變得更加輕易，相對的，也使得文化間的接觸與交流機會大為增加。因此，全球化下的國際社會間的接

觸與交流，便形成跨文化婚姻的堅實基礎。台灣是一個墾殖社會，在漢人墾殖者還未到來之前，已經有原住民族（indigenous peoples）在此生活。一九九〇年來，已經有不少來自東南亞、以及中國的「婚姻移民」（marriage migrant）歸化，這些新移民為台灣的族群結構添加了一個社群。全球交往手段迅速加速，各社會日益面臨多文化和多種族問題，因性別、性和民族與種族的考慮而變得複雜化的個人觀念。國籍的不同再加上當地所使用的語言、文字生活習慣與本國相差甚遠時，對於生活適應與社會融入難免會遇到困難。在多元的社會中一定會有各種不同的族群存在，多元文化應該承認、接納多元文化和傳統的重要性。

對歐美國家而言，「移民」（immigration）是一項普遍的社會事實；對亞洲國家而言，跨國人口流動一直都不是社會常態。是以，亞洲國家的人口組成同質性相當高，日本人口中約有 99%是由大和民族組成，在香港人口中約有 98%是漢人，而漢人在大陸的比例為 93%。（Castles & Davidson, 2000）全球化是資本主義發展的必然結果，藉著資本規模的擴張，小國家小區域的經濟交易必然擴展成全球性的經濟交易規模，並且在萬事萬物皆有其「價格」的交易思維中，全球經濟一體化於焉展開。首先是貨物全球流動，接著是資本全球流動、勞工全球流動。在第一波的跨國移民現象，移民主體主要是第三世界國家中具有技術或工作能力的男性，所以是一種因工作而產生的移民行為；而第二波的跨國移民現象，移民主體也是來自第三世界國家，是以女性為主，而且移民行為是建立在婚姻而產生的移民。（Castles & Davidson, 2000）二十世紀七〇年代，以亞洲女性和西方男性為市場的「郵購配偶」（MOB, mail-order bride）介紹所迅速增加，而此類型的介紹所最早成立於美國、德國與菲律賓，後來，澳洲與英國跟進。現今，MOB 的使用已含有種族和社會的意義，表示女性來自低開發的國家和男性來自較先進的國家，MOB 婚姻介紹的興盛並不是一種孤立的發展，而是和全球社經與政治發展有著一致性的謀合，發展至今形成跨國婚姻。跨國婚姻的一些結構性問題隱然浮現，「商業化」造成跨文化婚姻的迅速增加。

表 12-1　跨國婚姻的發展簡表

時期	年代	內涵
萌芽期	一九六〇年代以前	大部分婚姻介紹所原本是為了某些種族而設立，例如移民弱勢團體，最明顯的是美國婚姻介紹所的起源，是為了服務義大利、愛爾蘭、波蘭、猶太人、德國等失婚者而設立，仲介型態類似婚姻交友介紹中心，出現於西方社會，此時，已隱然有國際通婚的雛形。
形成期	一九六〇到一九七〇年代	國際婚姻仲介的出現是受到快速工業化、都市化結果和國際生育率改善的影響，開始有國際婚姻仲介業的出現，社會與人口變遷等因素導致對媒介服務的需求的增加，通婚管道更多元化，媒介生意也益加蓬勃發展。
發展期	一九七〇年代以後	媒介機構如婚姻介紹所和交友俱樂部開始發展出不同的方式和服務。它們將女性鎖定為亞洲或較貧窮的歐洲國家的女性，並以男性顧客的喜好為主，服務也以供需為前提。

（資料來源：作者整理）

　　全球化除了形成跨國婚姻也促成跨國勞動現象，較富有國家或地區的家庭，便可以透過經濟交易手段，要求較貧窮國家或地區的人民，從事家務勞動工作。這種因國際政治經濟結構變遷所產生的「婚姻移民」（marriage immigration）現象，稱之為「商品化的跨國婚姻」。跨國婚姻解決農村地區勞力不足的問題，同時也確保了農工階級的再生產（reproduction）機制。（Cheng & Bonacich, 1984）這不同於十七、十八世紀白人採取武力手段強迫黑人、黃人為其奴工，只是這回採取經濟手段，讓富有國家的人民誤以為幫助貧窮國家的人民獲得營生的機會。

　　全球化風潮，跨國移民現象中族群交織而成的社會不平等現象，婚姻移民在移居國由於語言隔閡及文化疏離，自然而然形成的社會隔離現象，往往讓這群婚姻移民成為福利國家的次等公民。「族群社會工作」強調全球化的社會是「抹平的世界」，使競爭的立足點平等的世界。對於少數族群而言，有關公民權的論述是必須要思索，因為族群間的社會隔離與文化因素相互連結，全球化形成的跨國人口移動，所帶來的多元文化與多元種族的實況。是以，公民權為福利國家建構一套清楚的福利制度的架構藍圖，著

重於關照族群與福利國家之間的互動關係。在多元文化主義的精神下，在教育的過程中，能更積極強調文化的主體性、相對性與互補性，使全球思維的教育，能掌握正義與公平，促使不同種族、階層、性別、宗教的相互尊重，都能公義的接受社會資源，能發揮所長，並相互欣賞、包容、學習與豐富彼此。在族群社會工作的發展中，能培養學生更為開闊、寬容的心胸，具有多元族群的素養及參與社會的能力。

　　世界各民族融合成多元社會的變遷過程，並以多種核心思維與價值來影響不同的地方、國家乃至個人的過程。例如：歐盟國家不只著眼於打開國境、自由貿易和共同貨幣，還要讓歐洲每個公民在歐盟任何一個國家，均能來去自如的學習。全球變遷蘊含體系觀點與生態觀點，不僅關注世界成為一個體系及其關聯的問題，也涉及人類社會活動與地球支持生命存活的關係。全球化的四個參照點成為不可抗拒的形式；民族國家社會、一般意義上的個人、單一的國際社會、單一但不能統一的人類概念。無疑的，全球化發展趨勢會對既有體制造成衝擊，其中，又以國家的形式、權限、自主性與權威的正當性等方面特別引起注意。公民權成為一個全球性問題；國際體系更加不確定──兩極體系終結；對作為一個物種的人類的關注大大增加；全球傳媒體系更加鞏固，包括這方面的對立加劇。羅蘭‧羅伯森（Roland Robertson）認為全球化不是新近的事，從民族國家、國際關係、個人觀念和人類意識四個維度，把全球化劃分為五個階段：

表 12-2　全球化發展階段簡表

階段	時間	特色
萌芽階段	十五世紀初期到十八世紀中期	發生在歐洲，民族國家共同體形成；中世紀「跨民族」體系作用開始降低；天主教會範圍擴大；個人觀念和人道思想受到強調；世界日心說和近代地理學開始出現。
開始階段	十八世紀中葉到十九世紀七○年代	向同一化、單一性的國家觀念迅速轉變；規範化的國際關係概念；國際和跨國調節與交往有關的法律公約和機構迅速增加；民族主義、國際主義問題成為討論主題。

起飛階段	十九世紀七〇年代到二十世紀二〇年代	民族國家和個人認同的思想成為主題，國際間的形式化和人道思想的實施，全球化交往形式的數量迅速擴大；宗教世俗運動興起，全球性競賽（如奧林匹克運動會和諾貝爾獎）形成。
爭霸階段	二十世紀二〇年代到六〇年代	出現全球化過程的脆弱條件展開的爭論；國際聯盟，以及後來聯合國的確立，隨後冷戰持續；因原子彈的使用而使人們強烈關注人類的本性與前景，第三世界的成型。
不確定階段	六〇年代到九〇年代初期	六〇年代後期全球意識增強；人類登上月球；重視「後物質主義價值」冷戰的終結，擁有核武和熱核武器的權利問題凸顯出來。全球性機構和運動量大大增加。伊斯蘭成為一種逆全球化、再全球化運動。

（資料來源：作者整理）

全球化是超越民族國家（nation-states）並創造出現代的世界系統，是多種結合與聯繫。亦即，在世界的某一部分所下的決定、策略或行動，對地球另一端的個人及社群具有明顯的重要影響特徵；連帶地，思維、資本、族群、訊息、文化及信仰，很容易地跨越領土界線的地理藩籬。因此，「相互依存」（interconnections）、「社會網絡」（social networks），成為族群互動的現象。全球化是一種連結，圖像、思想、旅行者、移民、價值觀、時尚和音樂等都不斷沿著全球化的道路流動著。全球系統，正以一種相當複雜的方式與全球的社群和國家的發展聯繫在一起。由於教育影響人力素質和國家競爭力至深且鉅，教育國際化已是任何追求成為現代社會所無法迴避的問題。以助於對這些新生的價值、思維、符號、意涵、資訊所需要的一種認知，才能避免錯誤的詮釋，產生新的文化隔閡。「移動式教育」（educational mobility），顯示教育全球化已是未來社會發展的趨勢。

貳、全球化的內涵與面向

美國《新聞週刊》（Newsweek）在二〇〇四年一月的專題即討論「移民工作者對經濟的影響」，當大批移民進入移居國時，一方面提供人力幫助當地的發展，又能以收入匯回故鄉幫助家人。但對移居國來說，則將降低當

地人的競爭力，又使當地人的出生比例下降，「本地人的子女」（native sons and daughters）將減少。各社會日益面臨多文化和多種族問題，公民權成為一個全球性問題。對於少數族群來說，不承認（non-recognition）代表的就是排除在外（exclusion），社會分歧並不會因此降低；相對地，對於族群認同，是有助於民族認同的凝聚，也就是說，唯有「同中存異」，才有可能「異中求同」。（Patten, 2000）

近年來，父母均為台灣人的新生兒下降就是事實，相對的，跨境通婚的下一代則明顯增加。全球化使國與國間產品、資本與人員流動障礙逐漸降低，使本國企業及人員必須面對全世界的激烈競爭；而知識經濟社會來臨後，掌握知識與資訊的人，競爭力大增，無法跟上時代腳步的人只有被社會所淘汰。全球化雖為人類帶來更多的便捷，但也形成更多的困擾，自從經濟全球化緩解貧富差距的天使形象被無情的事實擊潰以後，經濟全球化似乎一夜之間成為了惡魔。許多經濟學家和政府官員開始指責經濟全球化導致了貧富懸殊。這一行為導致了全球化收益在不同主體之間的分配出現較大的偏差，即所謂的貧富差距擴大。聯合國的報告就指出了全球化的收益絕大部分都流入了發達國家富裕階層的口袋。另外一方面，全球化的金融流動不僅使得銀行和跨國公司從開放的部門中獲利，也使跨國犯罪機會大增。伴隨它們的「反全球化」公眾抗議令世人注目、震驚、沮喪與反思。從德國學者哈伯瑪斯（J. Habermas）對於全球化面向的討論中，可以了解全球化的內涵：

表 12-3　全球化的面向

現象	情境	影響
意識	民主觀點與資本主義是最寬廣的意識，道德則是成為相對性角色。	由於全球化改變並深切影響社群的生活，其內涵係以政治、經濟、社會、文化、族群為主軸，
族群	群體跨國流動下的共同體（community）的新族群從人權（the human right）到公民資格（citizenship）的訴求日益彰顯。	全球化是一種連結，圖像、思想、旅行者、移民、價值觀、時尚和音樂等都不斷沿著全球化的道路流動著。因此建置了「世界一家」。

教育	人口的自由移動不只是族群認同的問題，尚且包含了人力資本（human capital）流動以及資訊網絡的運用。	由於教育影響人力素質和國家競爭力至深且鉅，教育國際化已是任何追求成為現代社會所無法迴避的問題。以助於對這些新生的價值、思維、符號、意涵、資訊所需要的一種認知，才能避免錯誤的詮釋，產生新的文化隔閡。
資源	全球資本流通已經超越了國家強制掌控的能力，專業經理人的興起以及資本於國際間快速流動。	在過去相對封閉的社會，人們可以憑藉自身勞力，辛勤工作，一步一步靠著經驗及年資而提升所得，但是在全球化及知識經濟時代已經不可能，只要擁有的知識過時、技術老舊，馬上就被下一波擁有新知識及技術的人所替代。
資訊	文化、商業與媒體的結合使得資訊可充分取得。	在傳統社會中，文化和知識主要是在家庭、學校和教堂或社區中獲得和成長的。現在的人們比以前的任何時候都能迅速獲得和接觸到不同來源的各種文化意義。

（資料來源：作者整理）

經濟全球化的趨勢迅速地加強，貨物、人員、資金和資訊，穿透國家的界線和地理的分隔，沿著各種通路跨國流動，一直擴張到全球性的規模，因此將原來社會環境中提煉出來的文化意義傳輸到其他社會中的可能性越來越大。英國社會學家吉登斯對於現代性以及現代社會討論是由制度性轉變與全球化方式加以闡述。吉登斯認為，全球化過程孕育著世界各地的文化交流，以前所未有的數量、速度和頻率增加。制度性轉變是由四個不同層面所構成的：

表 12-4 制度性轉變所構成的面向

項目	內涵
資本主義	是一個以商品生產為主導，資本主義便是在有競爭的勞工及產品市場上之資本累積。
工業主義	是指一種利用非生命性的物資力量去生產商品，並在生產過程中配合機械的生產方式去運作的形態。
監視能力	現代民族國家具有完善的行政管理系統，而此行政管理的集中化亦標誌著其強大的監視能力。監視能力是指對其管治範圍下的人口之活動的監察。
軍備力量	軍備力量之專利化下所容許的行使暴力的專利權。

（資料來源：作者整理）

軍備力量和工業發展所帶來的可怕後果是「戰爭工業化」，這四種制度化的層面不但把現代社會的性質及規模與傳統的分開，更由於其發展動力所催生而促成了「全球化」現象的出現。

參、族群認同的理論基礎

團體是一群人的集合體，「種族團體」在社會學上的定義為：具有明顯的社會特徵，並已經形成了它自己的次文化，以及懷有「自己人的共有感情」的團體。社會學家韋伯（Weber）強調種族團體是指：「人們把那些由於生理或風俗習慣上的相似性，或由於殖民開拓和移民的歷史的原因，持有一種主觀信仰的人類團體。並且，此種信仰在其團體形成的宣傳中，必須是絕對的」。文化人類學家認為要區分種族不是從其生物特徵面，而是從其文化面：這是由於人們根本無法研究純粹的種族類型，加上要區別後天學到的行為、先天遺傳的行為、以及測量智力和感情的特性有種種的困難。所以，人們很難確定種族之間的智力和感情特性間的差異。族群遷移後必須經過三個主要過程才算完成（廖正宏，1985）：

表 12-5　移民對社會所形成的影響

類別		內涵
過程	定居 （Settlement）	就外籍新娘而言，經由婚姻關係移民，必須住進夫家，在台灣長期定居的打算。
	適應 （Adaptation）	外籍新娘所須克服的適應問題相當多，首先必須克服語言溝通的障礙；其次，食物的適應；再者是社會生活方面，如娛樂、交友、人際關係等都是她們必須面臨的適應問題。
	同化（assimilation）	同化常是指兩種不同文化的融合。

影響	利益	1.有利於社會勞動力的充實。2.有助於家庭勞動人力補充。3.有利於國家人口自然成長。4.能夠引進必要的境外人才。5.平衡婚姻市場上失衡現象。6.促進社會文化的多元發展。
	負面	1. 移入者剛進入新社會中，不可能與母社會完全切斷關係，故通常會保持中立，因此帶來認同上的混淆。 2. 容易造成族群間的衝突，與移入社會之間形成疏離。 3. 若移入者多為低社經地位，將造成人口品質的衝擊。

（資料來源：作者整理）

　　族群認同涉及種族的概念，所謂的種族團體（racial group），依據社會達爾文主義的意涵：將人類當一種物種，而不同的種族群體（譬如以膚色分黑白黃褐等）就是此一物種的分支，並認為這是種族適應環境。種族（race）是一種將人分類的模式，以生理特徵（例如膚色、面貌特徵）為基礎來區分人類，而這些生理特徵被假定是來自基因遺傳。種族主義（racism）在意識形態與制度下的意涵是指實施種族主義（種族隔離或差別待遇）的國家內，主流支配下形成的人群分類等級。族群或族群團體隱含族群具有兩個重要的特質：

　　第一個特質：為族群團體內的成員因持有共同的文化，並透過與其他族群團體的互動，產生一種社區式的自我群體認同的感覺，此種「我群」的自我認同是產生族群中心主義（ethnocentrism）的重要基礎。

　　第二個特質：是族群團體在其所生存的社會中，會因所擁有的資源多寡而占有或被賦予某一特定的社會地位，此一社會地位的排序構成「族群階層」，族群階層阻礙族群的社會流動與資源分享，造成族群間更不公平的資源分配，導致社會長期的衝突裂痕。在特定社會的族群關係中，這兩種特質所造成族群間的緊張與衝突是一種惡性循環。

　　為能說明族群關係，針對族群（ethnicity）、種族（race）、民族（nation）的關係加以說明，三個詞彙早期意義相通，都是指一群血緣、語言、文化等相同特質的「自然」形成的「他者」。但晚近研究主張，這些人群類型並非自然形成，而有其特殊的歷史形塑過程。不同過程中所關聯的不同類型

他者，使得這三個字詞的意義有所差別。族群和歐美國境內不同移民團體的形成，以及和文化多元主義、族群自我意識有關，族這個字原來是指擁有標誌的狩獵或武力集團。古代多用以指氏族、鄰近部族為核心的有旗幟標示的武力政治集合；逐漸演變為指家族或宗族領域，進而指特定親屬關係，例如九族、三族等親等的禮儀界定。種族和歐洲擴張、殖民主義、種族歧視，以及黑人民權運動有關。民族則和近代主權國家形成、國族建構及二十世紀殖民地獨立運動有關，當代我們使用民族、國族與種族等概念則是十九世紀從西方和日本習得的。三者相互影響但並不等同。客觀的生理與文化特質如膚色、語言、宗教等，固然是構成族群的必要條件，然而這些生理與文化的共同特質與差異，必須被族群內部成員與其他群體成員認知，並逐漸由對共同特質的認知形成自我認同進而產生「我群」的意識，在與其他群體接觸與互動時，會排除非我群成員參與群體目標的建構與資源及榮譽的共享。

　　社會學在詮釋族群意識時，常引用「符號互動理論」（symbolic interactionism）中有關「自我概念」（self-conception）。符號互動論的學者米德（Mead）認為象徵符號是社會生活的基礎。人們透過語言、文字、手勢、表情等象徵符號進行交流，達到共同理解。在這方面，他反對那種只觀注表面可觀察的行為，而強調內隱的行為方面，尤其是心智能力應該得到重視。米德認為，自我是一種行動的有機體，而非被動的刺激反應物。他將自我分為主體我和客體我。主體我是本性的、自然的我；客體我則是個人經社會情境後的反應。客體我可以指導人的社會行為，而主體我則有創新的能力。自我可由「自我互動」的運作而引導自己的行為。兒童的自我意識，來自於他對語言等符號的學習，理解他人扮演的角色並獲得社會反饋。米德把這一過程分為模仿、遊戲和競賽三個階段。另一位學者顧里（Cooley）使用「鏡中的我」（looking glass of self）來詮釋族群意識的塑造過程。當我們與他人互動時，我們可以從他人所表達的符號（包括語言、姿態、行為等）中觀察到自我的倒影。因此，他人對我的觀點或評價就好像一面鏡子，成為我們建構自我概念的要素。由於我們一直持續與他人互動，不斷的詮

釋他人的姿態，以便調整自己的行為，使得互動關係得以持續進行。共同
的文化象徵意涵，是讓互動的雙方可以知道他人的期待，以及他人可能的
行動。因此，共同的社會與文化條件，也成為個人型塑自我概念過程中不
可或缺的重要條件。

　　針對族群議題，德國社會學家阿多諾（Theodor Wiesengrund Adorno,
1903-1969）出版了《權威人格》（The Authoritarian Personality, 1950），其中
包括對種族偏見、民族主義和權威主義的研究。認為：族群有人為建構性，
是社會分類的一種，但並不代表可以任由個人意志操弄，族群建構必是個
社會集體行動、集體意識逐漸建構、複製的過程。族群的知識架構一旦開
始支配社會組織運作，族群身分經常對於個人形成如同與生俱來不可改變
的意義（強調連續性和自然形成），個人也被社會的族群分類所歸類定位，
形成強大的約束力。但是當歷史發生巨變，族群認同也會隨之發生危機和
轉變，族群認同危機特別容易發生於受支配的少數族群身上，因其面對優
勢文化的壓抑，被迫服從和遺忘自己的文化和過去。

肆、全球化下的族群政策

　　縱使對全球化的看法有許多的不同，從一些全球化的過程中，確實為
今日的世界帶來了不少嶄新的事物，像是國際化或現代化等。全球化對於
工業先進國家與開發中國家所造成的影響不大相同，喬治與懷定（George &
Wilding, 2002）在其《全球化與人群福利》一書中，做了相當詳盡的分析。
「全球化以工業先進國家發端，挾其優勢的政治、經濟、文化與科技力量，
攻城掠地，似乎是無堅不摧，許多開發中國家往往未蒙其利，先受其害，
例如麥當勞食品對傳統飲食業的衝擊，與工業國家將汙染嚴重的產業移轉
到落後國家，造成環境汙染等等。不過，全球化對工業國家是否都是好處，
也不盡然，全球化顯然也帶來許多社會問題的惡化，例如犯罪、失業、健
康、環境及社會秩序等，均須透過國家的政策加以適當的處理。」

全球互賴關係是最近社會變遷理論的新方向，討論主題則包括經濟、政治、文化與生態各個層面，這就是所謂的全球變遷（global change）的觀點。其中，全球化對勞工與失業之衝擊有以下諸多方面：

表 12-6　全球化對勞動者的影響

衝擊	內涵
勞資雙方的平衡力量的衝擊	在所有工業國家勞資雙方的談判過程中顯示，勞方的籌碼減弱，而資本家的自由權利日增，如跨國公司；全球化發展的結果削減了勞工組織的力量，如美國一九七〇～一九九〇間之工會會員由三千五百萬降至一千五百萬；另外資本快速流動亦是勞工力量減弱因素之一。
全球化使社會夥伴關係瓦解	以往勞資雙方建立的勞動契約，雖是衝突但也是互補的關係。但由於勞工力量的式微、資本快速流動所造成的國際競爭壓力之下，使歷史的夥伴關係逐漸瓦解，新的經濟與社會夥伴關係必須重建，羅德（Rhodes, 1997）稱之為「社會契約」（social pacts），強調的重點就是改善生產力與競爭力，並且以「競爭式組合主義」（competitive corporatism），取代傳統組合主義。
全球化帶來工作關係的惡化	勞動市場普遍存在短期、臨時、部分工時的工作環境，甚至需要常更換工作，另外，薪資收入也逐漸減少。
對就業的衝擊	技術發展意味機器取代人力，在歷史上，無技術性之工作最後都被機器取代，全球化促使技術快速革新，提升競爭力，造成失業問題日益嚴重。
貧富差距懸殊	全球化造成所得與財富分配上的不平等，以英國為例，一九七〇年代，最富有的前 5%人口的所得是最貧窮 5%人口的十倍，到了一九九〇年擴大成為十五倍。薪資收入惡化的原因是，無一技之長的低度勞動者，其工作機會被開發中國家的勞動力取而代之。

（資料來源：作者整理）

隨著全球化的拓展，使風險社會的出現成為可能，因為風險的後果在全球化的支持下跨越了國界，出現了全球風險。新自由主義反對政府增稅，並明顯的影響政府的政策，以利於民間活力的發揮，這些觀點影響廣泛。「在地國際化」的意涵是指從多元文化主義（multiculturalism）的角度來面對與解決外國人定居後在工作、教育、文化、社會參與等各方面的需求。（王明輝，2003）這需要「移入社會」（host society）能以宏觀的視野與接納的態

度與移入者建立互動關係，協助移入者的社會適應。國家於社會政策（social policies）建構時的相應因素：

表 12-7　全球化下社會政策的相應因素簡表

對應	內涵
意識型態 （Ideology）	新自由主義已經影響政府保證發放的實質福利。幾個重要的國際組織，例如：國際貨幣基金會、世界貿易組織及世界銀行，也都倡議限制削減社會支出，限制社會福利的發展。
資源 （Resources）	在工業先進國家中，傳統上均以增加稅收支付福利支出，但現在這個角色大受限制，而影響到社會政策的發展。例如：德國將社會安全的花費由雇主轉成員工。它對國家施加壓力，強調特定的、競爭的與市場取向的活動模式，它的價值及運用技術廣泛的影響社會福利各個領域，成為新的全球管理典範。
管理 （Management）	新公共管理是全球化的產物，它與傳統官僚式管理是全然不同的，強調私部門的管理能力及技巧，藉由效率而提升競爭力。員工都是因為具備某項技能而被短期雇用，公部門則需要與私人或志願服務組織競爭。新公共管理是全球化的一個運動，它代表全球化的一個意識型態。

（資料來源：作者整理）

在二十世紀末全球化過程加速發展，許多開發中國家（IDCs）被迫併入全球經濟、政治與文化的體系中，然而，全球化在這些開發中國家間呈現不同的現象，有些國家全球化程度高，其他國家則低，之間的其異性頗大。全球化與風險社會的關係主要體現在三個方面：

第一，全球化增加了風險的來源，並擴大了社會風險的影響和潛在後果。

第二，全球風險形成了不同族群之間風險的形成，產生了社會風險意識。

第三，全球化必須推動風險治理機制的變革和社會安全制度建構的對應。

但是，全球化對這些國家到底產生哪些影響？與工業先進國所面對的問題究竟有何差異？可以從社會安全制度面向加以了解。

表 12-8　全球化對社會安全制度的影響

對應	內涵
社會援助	全球化導致原來限於一個國家或一個地區的風險和影響擴散到更多國家和地區。是以,由對窮人、鰥、寡、孤獨、廢疾等不幸的人的救助,擴大到對一般人的福利。以前的慈善事業工作的對象是社會上不幸的少數,現在是出於責任觀點,工作對象不再拘限於少數,而是社會上任何有問題的人民。援助的理由可能出於人道主義的動機,也包含政治、社會、經濟和軍事等因素。
社會安全	在工業先進國家中,社會安全制度的現金給付主要提供給未得到薪資的勞動者,例如失業者、身心障礙者與退休人員;但是在開發中國家很少人可以得到給付,即使是年金給付,給付金額亦不高。
就業保障	關於就業及失業這個領域,會更加的積極介入,尤其是針對一些就業能力較微薄的群體,以及多元族群在勞動市場所發生的一些問題。由對窮人、貧苦等處在經濟、政治或社會不利的地位者的慈善及救濟觀念演變為一種「福利權利」,以前慈善事業出發點大多在個人的同情心或人道的觀點或者是宗教的信仰,他們大多把慈善事業看成一種施惠;現在則認為人人都有生存與工作的權利,對不幸者的服務是國家和社會站在保障個人尊嚴與生活的立場上應盡的義務,不是個人或社會的施恩。
多元服務	民營化是福利服務的發展趨勢,政府對於非營利或志願性的機構提供各種補助,以鼓勵民間機構參與福利事務。由個人及地方性的工作發展到全國及國際性組織。以前由家庭、親友、鄰居、宗教團體、慈善團體以私人名義舉辦,現在是由地方政府、中央政府及全民參加擴大到國際性合作。
職業福利	職業福利的角色與功能將與企業原有的人性管理結合一起,針對已享有福利的員工再提供給他們更好的福利,分擔內部的協調與溝通的角色。
社會參與	走向專業化以改善服務品質,以前的慈善事業的基本概念出於個人的志願施捨與自由服務,認為方法不必過於要求;現在為確保服務的功效,所以運用社會工作專業知識方法與技術。

(資料來源:作者整理)

　　社會福利服務的充分支持網絡也存在一些負向作用,例如,養成依賴、降低工作動機;也有人認為,從中受惠最大的並非最弱勢族群,但嚴格說來援助無法消弭貧窮或提升經濟發展,誠如世界銀行所言:援助與消弭貧窮之間效果難以評估。若干改善的作為有:「機構間的合作」(interagency cooperation)以提高社會服務機構的效率,並非為整體社會福利組織的政策轉化。另外,運用專業知識於機構管理上;協調公私立社會福利機構的聯

繫，隨時交換資訊以免各自為政以提高效率。加強福利資金的統籌，分別業務的輕重緩急，以免重複。此外，重視與健康促進相關的作為：在衛生方面，營養不良，造成兒童死亡率偏高；人民無法使用公衛設備與安全用水，產生嚴重的傳染病；由於衛生經費不足，醫療資源的分配無法配合醫療照顧的需求；AIDS、SARS 或其他傳染病藉由全球化的途徑，四處蔓延；尋求對健康保健的積極性，以降低對醫療資源的依賴。

　　面對全球化對社會安全政策所帶來的衝擊，Bernheimer & Keogh（1995）提出生態文化取徑（ecocultural approach）的觀點，強調在社會政策規劃中宜重視社會環境對人類發展的影響，家庭是一個與個人關係最密切的核心系統（microsystem），環繞擴散出去的外在環境系統（external systems）。認為社會政策規劃可從家庭的日常生活型態（daily routine）來了解不同族群的價值信仰與環境中的資源與限制。因為日常生活常規運作反映了家庭的文化價值、教養的信念以及所遭遇的壓力、限制及所擁有的資源等。台灣在邁向多元文化社會的發展過程中，這些探討對於社會福利、教育陶養與衛生醫療等對外籍配偶家庭的了解、支持、輔導與政策制定上均是發展的方向。

結語

　　在現代化社會中，公民身分的界定關係著政治權與社會權，政治權是每個國民都享有的基本權力，社會權則是所維繫的生存權利，政治權與社會權兩者之間具有互動的關係。公民身分不只影響政治權，也關係著社會權的實踐，當然更關係著多元族群在台灣的生活品質。移入新社會的外籍配偶，大多面臨本身的文化認同與移入社會的文化差異，尤其是新住民家庭的成員在價值理念與生活習俗上的不同而產生的學習與適應，是成為新

住民必須面對的功課。全球化可以被理解為社會轉型，這些轉變因素包括了：

第一，「天涯若比鄰」：受到電子媒體所推動的時空壓縮為人們帶來嶄新的生活體驗，人們對時空概念出現了變化。經由科技傳播使人類社會成為地球村，二十世紀末網路生活化之後，虛擬的網路世界更擔負電子政府、電子銀行以及電子購物等人們各項生活事務之重任。

第二，「遠親不如近鄰」：出現不斷增長的網絡組織以及來往各地的跨國行動者。全球化帶來了移民潮，湧入發達國家的移民從事低收入沒有健康保險的工作，承受剝削。

第三，「社會快速變動」：未來，擁有國際化的知識、能力及所擁有的資源將是主宰個人生存競爭的重要因素，擁有者將會攫取社會絕大部分資源，而未擁有者僅能分配殘餘部分，造成富者愈富、貧者愈貧，也就是日本大前研一教授所提出的 M 型社會的到來。

第四，「社會規範重組」：面對全球化及知識經濟時代，現代人所面對的國際競爭壓力愈來愈大，而有了周延態度及作為去面對及因應時代的轉變。工業先進國家與開發中國家均受到全球化的影響，不過，相對比較起來，工業先進國家依然是「影響者」，以其強勢的政治、經濟、文化的力量剝奪開發中國家，也造成世界各國貧富兩極的現象。全球化使得全世界的政治、經濟、文化必須重新訂定遊戲規則，直接衝擊的是人們的日常生活的各個領域。

在全球化的趨勢下，切實的思考什麼樣的多元族群社會政策內涵，才能確實的幫助移民者融入台灣主流社會，也幫助本地民眾發展出尊重多元文化差異與種族的胸懷，建構一個多元文化並存的社會，這將是社會工作於助人專業上所期待改善的努力方向。

第十三章　多元族群與公民社會

前言

　　兩岸婚姻，並非異國婚姻、也非族群通婚，然而兩岸地理位置的分隔、政經制度的不同及社會風俗的差異，不同的生活方式、價值觀念、思想取向、感情態度使得其在婚姻關係的建立和發展上不同於國內婚姻。而東南亞國家經由跨國婚姻形式移入台灣之女性移民，由於台灣對於東南亞的認識有限，加上對於東南亞外籍配偶有偏見，甚至汙名化的刻板印象，使得「外籍新娘」一詞已直接或間接地影響社會大眾對於這些女性的認知錯誤，造成歧視（discrimination）的現象。外籍配偶對現今台灣社會產生許多影響，如：紓解農村及非都會區失婚者之婚姻問題、均衡區域人口發展、促進台灣多元文化社會之發展等等；但相對的也衍生一些問題，如生育及優生保健問題、語言及文化差異問題、婚姻價值觀偏差等問題。

　　族群關係是在不同族群之間的相互關係，它包括彼此的溝通、互相尊重和互相學習等正面的關係，可是在現實社會中，卻常見歧視、排斥、鄙視和暴力相向等負面的關係。即使我們能克服自己對其他族群的偏見與歧視，但這個問題並沒有解決，因為它已超越個人能控制的範圍，這個問題是社會性的，且蘊藏在歷史與當代的脈絡之中。（Gollnick & Chinn, 1998）族群社會工作強調：所有的族群均應有平等權利，不因族群差異形成歧視行為，而彼此間應當相互敬重不同文化，應該相互了解，欣賞不同族群的語言、文化，建立人地相依的在地認同，營造永續發展的生活環境與國家。

壹、公民權的建立

公民權（Citizenship）的意義不只是在訴求政府應提供充足之社會資源，保障公民充分享有的權利，更進一步訴求公民在參與、支持和維護發展活動的責任。是以，面對多元族群的社會，族群社會工作強調應該調整過去主要基於血緣、族群、歷史、地域等的身分認同，形成族群融合的社會。不同族群與生活背景的公民，產生對彼此文化內涵及生活認知的落差。族群歧視及差別待遇自隨處可見的招牌、廣告跨國所取得婚姻關係現象可見端倪，除了「物化」外籍配偶之外，也強化了性別關係中不平等權力關係。台灣社會近年來跨國婚姻形成的原因，主要如下表：

表 13-1　台灣社會近年來跨國婚姻形成的原因

因素		內涵
婚姻市場的質變	傳宗接代	中國人特別重視子嗣繁衍的觀念，所以會透過婚姻的結合來達到目的。然而，隨著台灣社會的變遷與女性地位自主權的提高，許多女性考慮前往都市就業或念書，留在鄉村地區的年輕女性也就越來越少。隨著女性教育程度的提升，以及就業的普及，台灣女性的價值觀已超脫傳統，很多適婚女子抱定單身主義，使台灣男性要在國內擇偶相當地不容易。
	弱勢角色	處於台灣社會結構轉型下的男性，尤其是從事農漁業產業的男性，他們在婚姻的市場中難以尋找合適的結婚對象。因此在跨國婚姻的管道開放下，外籍配偶嫁至台灣的比例就急速的增加。
	產業因素	不少三十歲出頭、學歷大專以上的適婚男子也選擇外籍配偶。高科技工作人員工作時數較長，而且工作壓力加重，導致他們也漸漸地離適婚年齡愈遠，最後也得娶外籍配偶。
東南亞經濟壓力		跨國婚姻之所以能夠成立，除了兩方面同意結成夫妻外，還必須有一方同意移民，而移民方向是由窮國移往富國，自然也較為容易。東南亞跨國婚姻的原因，主要是考量經濟因素，由於原鄉的生活環境較差，希望能透過婚姻的管道，而使家庭的生活能獲得改善，藉此改善家庭的環境，因此成為婚姻市場的供應地。
地理位置的誘因		在全球的地理位置分布上，大陸、東南亞距離台灣的距離最為接近，也造成了台灣男性就近娶大陸、東南亞女子的原因。由於東南亞華人不但分布最多，而且在文化、生活層面與台灣較為相似。

南向政策的引導	在「南向政策」提出前，台灣已經透過東南亞華僑介紹，而有外籍配偶的出現。民國七十三年之前台灣資金外流至鄰近的東南亞國家，到了民國七十六年，政府解除各種外匯的管制，資金外流的情形更為顯著。
婚姻仲介的促成	台商前往東南亞投資的增加，也帶動跨國婚姻的形成。此時，跨國婚姻也由原本早期的當地華僑介紹形成，轉變成職業仲介，甚至轉換為由觀光旅行團到當地進行「相親」活動的形態。

（資料來源：作者整理）

　　全球化社會是一個人口、資訊、資源跨越藩籬快速移動的社會，擁有國際化的知識、能力及所擁有的資源將是影響個人生存、國家發展的重要因素，擁有者將會攫取社會絕大部分資源，而未擁有者僅能分配殘餘部分，造成貧富差距擴大的環境。面對全球化及知識經濟時代，現代人所面對的國際競爭壓力愈來愈大，除了有正確的價值觀外，社會對公民權的倡議及社會包容的作為，才能以正確的態度去面對及因應時代的轉變。在台灣複雜的族群與社會脈絡下，面對族群議題，其關鍵在於成熟社會的建立與公民意識的落實。在過去六十年來，無論是就社會政策或相關制度措施，很少論及如何建立多元族群的政策與制度等議題。然而，近幾年，婚姻移民在台灣的生活經驗凸顯出若干社會所關心的問題，這些問題與社會工作之間又有著相當的關聯。面對公民權的思維，社會工作實宜以社會福利觀點，積極建立以公民身分（citizenship）為基石，以促成尊重族群的社會。Marger（1994）則認為族群關係可分為：

表 13-2　族群關係區分

類別	內涵
同化（assimilation）	文化的同化（cultural assimilation）
	結構的同化（structural assimilation）
	生物的同化（biological assimilation）
	心理的同化（psychological assimilation）
文化多元（pluralism）	平等的文化多元（equalitarian pluralism）
	不平等的文化多元（inequalitarian pluralism）

（資料來源：作者整理）

　　全球變遷蘊含體系觀點與生態觀點，不僅關注世界成為一個體系及其關聯的問題，也涉及人類社會活動的關聯性。族群是一個文化與社會性的議題，也是一種認同性的課題。個人或群體跨國流動下的共同體（community），流動後的新族群從人權（the human right）到公民資格（citizenship）的訴求。族群的形成、劃分、矛盾、衝突、與融合之動態發展現象，不但適用於解釋任何一個國家內部的社會文化發展，同時也廣泛存在於跨國領域以及國際社會之間，其範圍充分顯現在全球化與地方化之間的互動之上。對所有現代社會而言，公民權的主張是建立在社會權的基礎，強調社會資產是共享的，所以每個人都應該擁有適度的經濟福利與安全，並能在一定水準條件中生活。（Marshall, 1964）族群「公民權」的倡議，主要關心三個訴求：每個公民的文化主張與生活方式必須被尊重；每個公民都應該分享與維護社會上的資源；同時，每個公民都有責任提升自己的公民素養。社會（福利）權的建構主要是建立在現代化國家中，政府如何思考透過國家的力量，來降低每個公民在日常生活中可能遭遇的風險如：貧窮、健康或社會排除（social exclusion）等。（Roche, 2002）「公民權」，型塑成熟健全的公民社會；以追求多元的文化力量，能跨越偏狹族群立場，成為凝聚公民認同的共識基礎。

　　英國社會學家 T. H. Marshall 所提出「公民權利與社會階層」（Citizenship and Social Class）的概念為主軸。關注外籍與大陸配偶的處境，明顯的「社會排除」（social exclusion）現象。由於受制於：不對等的婚姻基礎、生活適應困難、社會接納程度低、社會支持網絡薄弱等，形成，如：勞動市場的排除、參與團體及影響決策的排除、人際關係的孤立、空間的排除、文化的排除、制度性排除等。這些社會排除現象已經形成社會孤立及疏離，有待社會工作的積極介入處遇。全球互賴關係成為社會變遷的主要趨勢，討論主題則包括經濟、政治、文化與生態各個層面，這就是所謂的全球變遷（global change）或全球化（globalization）觀點。由於人們看待社會的觀點常源自於自己的生活經驗，因此公民社會的建立，有賴學校，惟其中宜注意因教師的經驗卻與多元族群學生並不全然相同，教育人員要了解存在

於社區中的各種微型文化，聽聽這些學生與社區的故事，並把這些故事統整在自己的教學之中。藉由將學習內容與學生的經驗連結，使自己的教學內容對學生更具意義，促使新住民學生其原生文化成為教育的內涵，以發展參與社群的能力。Hall（1976）認為文化差異會影響兒童的學習，族群差異對兒童的影響是擴及家庭與學校的各層面中。因此，教育人員著手於多元族群的教學時，應先行理解文化背景與自己不同的學生和族群，了解新住民的文化與生活經驗。當然，另，應透過教育或訓練之機制，培育第一線提供實務工作者對多元族群的敏感度與覺察力，建立一個符合多元族群差異需求的社會服務。

　　Gollnick 和 Chinn（1998）認為社會成員在多元族群方面所應具備的信念為：了解種族歧視問題所造成資源不均，對於不同族群能平等對待，了解不同文化背景成員的生活經驗與歷史，以利於和諧互助社會的建立。多元族群為人類探詢彼此了解與互動的途徑，這並不是建立在單一性，而是對差異的尊重。多元族群主義強調了各族群間的互動，以及他們對這個國家的貢獻。認定每個群體對整體社會都有所貢獻，經由交流互動，可以從其他群體學到成長的要素。借鑑法國在二○○七年興建「移民歷史博物館」，開設移民史博館，呈現數百萬移民對法國的貢獻。凸顯移民的起源文化，移民形象不應該停留在勞工、難民、尋求政治庇護等人。台灣的移民歷史博物館，陳列唐山過台灣的先住民、原住民、撤退來台的外省族群、到包括陸配、外配的新住民、新移民、外籍移工，對族群的凝聚一定會有正向的力量。推動多元族群社會最關鍵者是社會成員的信念，公民能否具備多元文化的信念，將直接影響多元族群的人際互動、同儕關係、群際關係等的落實，以積極體現族群與文化的多樣性。

　　當代的全球規模人口遷移，使得許多國家面臨了前所未有的族群多樣性。面對族群關係，最受重視的厥為「族群社會工作」。強調各族群與文化間的差異，並非來自體質與環境的優劣，而是族群文化不同的表現方式及內涵特徵，皆有存在的價值，因此強調「認知差異」、「尊重包容」、「欣賞

「悅納」，以作為族群相互對待的基本原則，落實邁向多元族群發展的公民社會。

貳、多元文化主義

多元文化主義（multiculturalism）認為，在一個社會之內維持文化多樣性，是一種良善的與可追求的目標。這個觀念與族群同化具有鮮明的差異，在同化觀點中，部分群體被期望要放棄自己的文化傳統，並且代之以主流社會的族群價值，多元族群鼓勵對各族群文化的尊重、接納與實踐。一個多元族群社會對其成員所進行的社會化，不僅是讓他們成為主流社會的成員，也成為整體社會的一分子。多元族群融合是二十世紀六〇年代民權運動的目標，和黑人民族主義（Black Nationalism）思潮更是對多元族群融合的興起有重要的關係，採用以種族為基礎的「群體意識」的方式來爭取「群體權利」，其為「群體訴求」、「群體權利」的核心思想。美國於一九六四～一九六八年通過的一系列聯邦法律為少數民族享受平等的政治和公民權利，掃清了法律上的障礙，為多元文化主義的興起奠定了政治基礎，使聯邦政府承擔起保障公民權利的責任，這一點對日後多元族群融合有重要的啟發。民權運動的另一項成果為一九六五年的移民法，更為現實和直接地推動了多元文化主義的興起，此法改正了長久以來對有色人種的歧視性移民政策，使大量來自拉丁美洲的移民得以遷入美國，這是多元族群融合和多元文化主義之間的聯結。多元族群融合爭取的不僅是對社會不同族群和族裔的文化和傳統的尊重，也要求了文化和民族傳統上對種族的尊重，要求將種族平等落實到具體的政治和經濟生活中，其包含的文化內容超越了傳統意義上的範圍。

多元族群反映了全球化人口遷移的事實，特別是從「發展中國家」遷移到「已開發」國家。是以，多元族群教育重要性日益增加，反映出多元文化的需求與趨勢。「種族偏見」混雜著對勞力工作的貶低，於是，「外勞」與「老外」在國人的語彙中代表不同階級。同樣是外籍人士，東南亞到台

灣出賣勞力的「外勞」，地位比白皮膚的「老外」矮一截。透過多元族群教育可讓所有的學生不但認識己族的文化、特質，更重要的是要讓學生了解他族的文化、特質與觀點，進而能夠使彼此之間相互了解，互相接納、尊重。多元族群的公民社會不能只是對文化族群的表面關注，多元族群社會不是品嘗民族食物、學習民族舞蹈，也不是只在辦理文化日活動而已。社會的責任是要讓每個族群了解各個民族對社會的貢獻，當成員存有不同價值、生活方式、宗教信仰、民族背景的差異時，這些差異不能被描述成缺陷，多元族群社會不宜被視為使其他的人變得更像支配團體的補償過程。使各族群文化的成員覺得自己的文化是社會中有價值的一部分，同時，讓其他的成員了解文化多樣性是有價值的。換言之，在未來一個多元族群的社會，族群社會工作是可以達成族群之相互尊重、欣賞的目標。

讓族群覺得在制度上有起碼的公平待遇，尤其是菁英之間，是防止族群衝突的重要原則，避免任何族群有「無立足之地」的認知。從多元族群的觀點，則反映在社會的互動，就不再以支配族群的觀點為中心，而強調多元族群的特色。一般而言，來自不同的政治、社會與文化背景的群體接觸的模式有下列四種：征服（conquest）、併吞（annexation）、自願移民（voluntary immigration）與非自願移民（involuntary immigration）。（Marger, 1997）歷史中許多邊陲部落國家，被以武力或和平的方式自願或非自願性的兼併成為強國的一部分，這些新加入的族群面對強勢的族群自然成為境內的弱勢族群。台灣的外籍配偶和大陸配偶的新生兒當中每七個就有一個為外籍配偶所生，這些「新台灣之子」占人口結構的比率日漸加重。但是，台灣作為「婚姻輸入國」，很多民眾儼然仍抱有優勢姿態，甚或產生歧視心理。借鑑美國於多元族群社會的建構中，以反映之多元族群的社會（譚光鼎，1997）：

一、擴大人類歷史的敘述，融入各地族群的文明。

二、鼓勵在教材中運用各民族的文學和藝術作品。

三、對於不同民族的貢獻，給予肯定並加以敘述。

四、強調應享有公民價值、民主行為和基本人權。

五、著重從社會統整的觀點來平衡多元族群主義。

用輕佻的語彙代表一整個族群，以前原住民不論住哪，全是「山胞」；到現在用「瑪麗亞」取代所有外傭，在一個多元族群的社會為什麼會產生族群階層呢？根據社會學者的觀察，所有社會中的族群階層均是不同族群團體接觸後的產物。換句話說，多元族群社會是由來自不同地域的群體，以不同的方式接觸並組合而成的族群社會。不同的接觸與組合模式決定了誰將掌握較多的資源，並占有較高的族群階層地位。近十餘年來，台灣廣泛接納東南亞外籍配偶、大陸配偶、外籍勞工的結果，開始呈現出「新移民社會」的面貌，由此衍生的社會議題日益增多。而大陸配偶受到兩岸人民關係條例的約束，待遇比外國人還不如甚多，既非外國配偶也非本國配偶；從結婚面談到身分取得，都備受差別待遇。這些都是在族群議題上需要認真看待的。

表 13-3　外籍與大陸配偶的照顧輔導措施

項目	事項	內涵
生活適應輔導	全面辦理生活狀況調查，建置基本資料	進行「外籍與大陸配偶生活狀況調查實施計畫」，以全面了解其在台生活狀況，建立基本資料、生活狀況及服務需求等資料，作為推展輔導措施之參據。
	辦理生活適應輔導班	推動「外籍配偶生活適應輔導實施計畫」，辦理「外籍配偶生活適應輔導班」，對外籍配偶施以語文訓練、居留與定居輔導、生活適應輔導、生育與優生保健輔導及地方風俗民情等課程。
	編印在台生活相關資訊簡冊，保障知的權利	編印《外籍配偶在台生活相關資訊簡冊》、《台灣外籍與大陸配偶社會福利資源手冊》、《大陸配偶在台生活相關資訊簡冊》、《大陸配偶申請工作許可手冊》、《外籍配偶在台工作手冊》等，內容包括簽證、入出國，停留、居留、永久居留，國籍、戶籍、社會福利與人身安全、衛生醫療、教育、生活、財稅等，並翻譯印製英文、越南文、印尼文、泰國文及柬埔寨文等五種語言，以協助解決外籍與大陸配偶在台生活適應相關問題。
	輔導取得駕駛執照，提供行的便利	開設「汽機車交通安全規則筆試之口試輔導班」及「普通重型機車路考輔導班」，舉辦「下鄉考驗普通重型機車考照」，交通部辦理「外籍與大陸配偶機車駕照考驗輔導班」。

醫療優生保健	加入全民健康保險，提供醫療保障	依全民健康保險法，在台灣地區領有居留證者，自在台居留滿四個月起即可加入全民健康保險。
	家庭計畫、優生保健及防疫措施	編印中、外語版（英、越、印語）之「生育調節宣導單張」、《外籍配偶生育保健手冊》（中越、中印、中泰、中英對照本），提供基層醫療院所、衛生所及外籍配偶使用；此外，還辦理外籍及大陸配偶之家庭計畫、產前產後、優生保健及防疫措施指導，對特殊需求個案，則予收案管理。
	產前遺傳診斷	針對高齡或有遺傳性疾病等高危險群孕婦之染色體檢查。
保障就業權益	放寬工作許可	修正公布就業服務法，放寬外籍與大陸配偶之工作許可，「外籍配偶與在中華民國境內設有戶籍之國民結婚，且獲准居留者，無須申請許可，即可在台灣地區工作。」，另大陸配偶取得居留資格或於停留期間符合低收入戶、身心障礙等特殊原因者，均可在台工作。
	提供就業諮詢服務，辦理就業推介與媒合	外籍與大陸配偶已取得居留資格者，或大陸配偶停留期間取得工作證者，皆可於各地公立就業服務機構辦理求職登記，協助其就業或安排參加職業訓練，以加強就業技能。
	就業促進津貼	如其符合「就業保險法」或「就業促進津貼實施辦法」之適用條件，經公立就業服務機構就業諮詢核發。
	提供職業訓練及訓練費用	已取得居留資格者，得比照一般國民待遇參加職業訓練，給予訓練費用補助，以協助其訓練就業，安定其生活。
	受暴者接受職業訓練或就業	經政府社工員評估其有工作需要者，得憑政府公文或證明，專案給予免費接受相關職業訓練或推介就業之服務。
提升教育文化	辦理成人基本教育研習班	辦理外籍與大陸配偶成人基本教育研習班，並結合民間團體製播成人基本教育電視節目，將教材上網資源分享，協助提升外籍與大陸配偶教養能力。
	辦理家庭教育事項	辦理「外籍配偶家庭教育學習團隊計畫」及外籍配偶家庭教育活動。
	外籍配偶就讀進修學校	加強輔導外籍與大陸配偶的學習、生活適應及親職教育。

	提供嬰幼兒健康保障	辦理外籍配偶子女加強辦理兒童發展篩檢，以期早期發現、早期治療。
協助子女教養	發展遲緩兒童早期療育	辦理托兒所對外籍與大陸配偶子女發展遲緩者之學習輔導，及轉介提供資源需求，並針對發展遲緩兒童，提供在宅療育或幼托融合教育及托育機構巡迴輔導服務。
	教育優先區計畫	補助偏遠地區國民小學增設幼稚園經費，讓外籍與大陸配偶所生子女提早進入學校教育系統，分擔外籍與大陸配偶教育子女的責任。
	編印多國語言之親職教養手冊	分送外籍配偶家庭，提升其正確育兒知識及灌輸早期療育觀念，以提升外籍配偶親職教養能力。
人身安全保護	編印人身安全宣導手冊	以淺顯易懂的文字說明家庭暴力及性侵害防治等人身安全相關的法律資訊及求助管道，包括法律訴訟、心理輔導、醫療補助、緊急生活扶助、庇護安置等。
	設置外籍配偶保護諮詢專線	建立單一通報窗口，提供家庭暴力、性侵害防治及兒童少年保護等相關資訊諮詢服務。

（資料來源：作者整理）

　　文化是具有民族性，一定形態的文化總是存在於一定的民族範圍並表現出各自不同的鮮明特徵。多元族群社會能提供社會成員各種機會以了解各種不同族群文化內涵，培養接納與包容的積極態度欣賞其他族群文化，避免種族的衝突與對立的互動關係。

參、多元文化主義派別

　　全球化的發展，使得社會的生活更具活力、多樣、豐富，一方面可能產生更多的偏見、誤解與衝突；族際間的關係不完全是衝突的，合作（cooperation）與適應（accomodation）也是另一種族群關係特質的表現。我們應了解族群關係的樣態是多元的，可以是合諧的，多元族群社會成為增進社群進步與幸福的美法良方。台灣有這麼多來自不同國家的人，這些人都將成為台灣新的視野與資產，震盪出新的文化內容。因應特定文化而建構整體人際關係，及生命經驗的統合，呈現不同的族群社會，形成多元

文化。多元文化主義（Multiculturalism）是二十世紀九〇年代國際社會一種極為引人注目的議題。作為一種意識形態，多元文化主義對傳統的思想和價值體系提出了嚴肅的挑戰，促使人們重新檢視社會的歷史與人類的未來，促成政府通過的相關政策，改正了歷史上對少數民族和體制性歧視，使多元化（Diversity）成為當代生活中的一個不可忽視的現實。多元文化主義大致可分為五派：

表 13-4　多元文化主義派別

項目	內涵
保守主義	認為多元文化是非白人在挑戰傳統的歐洲文化與教育，所以有「西方文化經典」對抗多元文化的論戰，保守派者認為要努力「同化」弱勢族群的孩童，讓他們能融入主流文化，才是教育應該致力的重要任務。
自由主義	認為每個人不論其種族、性別、階級、背景為何，應都是生而平等，主張以相互尊重與容忍的態度來面對不同性別、種族、階級、宗教、地區因素所造成的差異，自由主義者尊重不同族群、性別等，不認為這些差異會為個人的成就帶來不同的影響。
複合理論	複合理論多元主義非常強調「差異性」，主張要鼓勵學生多元學習，放棄偏見，學習來自各相異族群階層的知識與價值。
本質理論	本質理論（essentialist）認為有一種本質不會隨時空而改變，凌駕於歷史、社會背景及權力的影響，其預設「只有真正被支配者才能有道德立場（moral agency）發動批判與抗爭」。
批判理論	源於德國法蘭克福批判理論，鼓勵要「去中心化」，挑戰與破除中產階級為主，異性戀與城市中心等主流預設，重新思考建構知識與思想，以追求社會正義而抗爭努力。

（資料來源：洪泉湖，2005）

　　文化相對論（cultural relativism）與種族中心主義相對，指一種強調每一不同文化都有其獨特價值標準的觀點和理論。它認為每一種社會的文化都是該社會與其特定的環境相調適的產物，只有理解了這一特定的環境，才能理解和評價該文化的結構和內容；要判別某一文化特質的優劣，也沒有一個統一的標準，必須視這一文化特質在整個文化體系中的作用而定，必須將其放在特定的環境中評述。在某一文化中被認為是好的，而在另一

個文化中並不如是，反之亦然。比如，愛斯基摩人將喪失勞動力的老人遺棄的做法，對於其他民族來說是殘酷的行為，但愛斯基摩人卻認為是必要的、恰當的。當代的社會大多數均由多元族群所組成，不同的傳統與文化特質仍然是造成社會區隔的主要因素，雖然多元主義或尊重多元文化的觀念已漸漸普及，但是長久以來已形成主流價值或習以為常的社會制度，往往隱藏著對社會弱勢族群的歧視與不公，為建構更和諧的族群關係需要：教育上必須讓人有相互尊重的起碼認識，社會上要有包容多元文化的價值，政治上要有起碼的公平參與機會及管道，如此，才有可能進一步談族群和諧上的建構。在教育新移民的同時，教育國人對新住民的尊重態度也同等重要。應擴大家庭教育方案，針對外籍配偶家人設計多元活潑課程，鼓勵外籍配偶先生、公婆、子女共同參與，加強其人際、家庭溝通的觀念與能力，以增進家庭成員間的互信、互諒、互動與關懷。善意要奠基彼此理解，真正認識另一族群的文化、價值，才有更精準的相待。

　　文化相對論最早見於美國歷史學派代表博雅斯（Boas）等人的著作中。他們都認為，一切道德評價都是相對的，各種文化都有它相對的價值，不應該以自己的文化標準來評價別的民族文化的價值。只有深入研究各民族文化的思想，並把它們的文化價值列入總的客觀研究範圍，才能建立嚴格的科學。這種思想到二十世紀四、五十年代發展成為一種相對主義的文化理論，認為，判斷是以經驗為基礎的，而對經驗的感受則是視人所受的文化的教化而定的；每一種文化都具有獨特的性質和價值，不能以強勢文化的價值觀來評定其他民族文化的內涵。文化相對論是對於文化不同所持的尊重態度，一個文化特質的意義和功能，端賴其在該文化系統中的運作狀況，文化本身無高低、進步或落後之別，我們不能以自身文化作為標準來評斷其他文化，而是應該去理解他人文化的行為和思想，歧視不是天生的，那是從孩童時期開始學習得來，若從小持續教育，一定較能去接受不同的人。在兒童社會化的過程中，兒童需要正向的典範角色，以發展其自信心，若屬於他們族群的人物被省略，就會教導學生認為他們的族群是較不重要的，而支配族群的成員是重要的認知。新住民需要的是，誠實的相遇，而

不是一廂情願的「同情」。社會教育作為社會化和主流文化傳遞的中介，目的在於促成社會的整合。在同化的族群關係中，強調支配族群為中心，目的在消除弱勢或少數族群的文化差異，以同化或融合於支配文化之中。在多元論的族群關係中，則強調社會關係中，融入不同族群的文化與價值，達成尊重多元的課程目標。

肆、族群的互動與融合

當法國人民選出匈牙利移民後裔的沙科吉（Nicolas Sarkozy）為二〇〇七年新任總統之時，不知在台灣的人們感想如何？我們社會能否脫離「統獨爭議」、「本土意識 vs.黨國復僻」的窠臼，反應的是現今社會的族群議題。族群關係所探討的重點是，為何不同族群間的互動會產生問題，以及如何面對與解決世界各地的族群問題。所謂「族群（ethnic group）」根據學者王志弘的說法為：「最早是指共同祖先或血緣，既非基督徒亦非猶太教的異教徒，或羅馬帝國時代認定的外國人。或泛指相對於自身的通常地位較差的其他人群。而是指共同組成一個大社會裡的群體，主張或相信自己有某種血緣、體質、文化、意識、宗教、語言、風俗等共同特性，足以在和其他人群之間建構有意義的區分。晚近和多元文化主義有關的族群分類方式，藉此進行我群和他人差異的識別，以便對社會資源與權力，進行有代表性的分配。」族群關係是一個複雜的議題，對事實真相的認知與相互尊重，是解決族群問題最重要的步驟。不同的社會如何面對族群的差異與維繫，以及共同生存在一個社會中，並以此背景為基礎，對族群關係的發展作一客觀的分析，進一步從多元文化的觀點，思考族群關係發展的願景。

「同化」（assimilation）是指不同文化中的個人或團體融合成一個同質文化的過程，亦即衝突的一方放棄自己的團體特質與價值規範，進而接受另一團體的價值規範。就種族與民族的關係模式而言，同化係指少數團體放棄自己的文化特質而接受多數團體的文化。社會學者將同化過程分成三個階段：第一，爭取立足點；第二，開始學習優勢團體的文化；第三，完

全同化。同化是社會調適的進一步發展。同化和調適的區別在於：同化的行為模式全部改變了，其改變過程也是長期緩慢的，並且是在不知不覺中進行的。而調適的行為模式的改變是部分的，並且是有意識的、自覺的。引起同化的社會原因有四個方面：

表 13-5　族群同化的原因

項目	內涵
通婚	不同民族、種族的人通婚組成家庭，這個家庭處在本地民族文化的包圍之中，新進入這個家庭的外族成員就必須順從當地的生活習慣，開始也許是有意識的、勉強的，久而久之則習以為常了。
移居	一家人或一批人移居到一個新的地方，在那裡定居，年深日久也會被當地民族的文化所同化。
入侵	外族入侵帶來異族文化，異族文化與當地文化發生矛盾和衝突，在衝突過程中淘汰劣等文化因素，保持優良文化傳統，融合成一種嶄新民族文化。
傳播	每個國家、地區、民族的人不斷地接觸到外來文化，長期的接觸必然會和本民族的文化相互融合。

（資料來源：作者整理）

現代社會國際交流頻繁，大眾傳播媒體先進，世界各國各民族間互相溝通的範圍不斷擴大，由於我們社會中的跨文化婚姻所產生的相關問題有其社會文化結構背景，所以，若要有效的解決問題，就不能忽略結構性成因的解決，以作為族群的互動與融合的政策思考方向。

表 13-6　政策思考的方向

項目	政策方向
消除社會刻板印象	刻板印象的產生並非個人隨意的建構，而是受到社會文化系統性的建構影響。事實上，文化建構的是一種類化，我們必須祛除不當的刻板印象，以避免產生系統性的偏見、差別對待，甚或導致這些新成員因這些刻板印象形成的負面標籤。
強化兩性平等觀念	跨文化的性別失衡現象，潛藏著兩性權力角色的差異與衝突的可能，祛除異文化配偶的身體商品化標籤就等同於去除其先天的原罪，因為她們可能藉由自己的身體自主權交換其他家人的幸福。既然婚姻強調兩性平等，就應該落實兩性平等。

祛除商品化的標籤	跨文化婚姻的性別失衡與身體的商品化，導致外籍配偶處於相當不利的社會地位，使得新成員的地位矮化與去主權化。事實上，可以透過對欲迎娶外籍配偶的男方及其家人，給予相關的課程教育訓練，以了解其文化背景與需要的協助，幫助新成員適應新環境與解決家庭衝突方式。
融入體會幫助調適	對於特殊身分成員，通常採取監控方式。監控的一方擁有權力，被監控者只能接受安排。若能以融入代替監控、體會幫助調適，進而產生認同感，才是真正解決與防杜問題的根本方法。
落實保護輔導機制	這些配偶在社會上是「弱勢中的弱勢」，其基本權力是受到忽略的。導致無法形成支持性的團體，協助其度過難關。因此，在保護與輔導的需要上，她們比誰都需要這樣的機制。

（資料來源：作者整理）

　　美國前總統柯林頓二〇〇七年七月在哈佛大學畢業典禮的演講提到「根據人類的基因排序，在三十億個人類基因庫中，類似性超過百分之九十九點九。驚人的是，我們每天還花百分之九十的時間，去想我們之間小於〇點一的差異。」有權力者刻意操作人與人之間的些微差異，而忽略「生而為人」超越百分之九十九點九的共同性，及其所衍生的共同需求與平等權利。如果只要是「人」，不論種族、膚色、地域，基因排序的差異都不超過千分之一，那麼政治人物行為中卻仍不斷刻意擴大、凸顯這先天極其微小的差異，而忘卻那「生而為人」的共通性。為了長期的壟斷社會資源，支配族群除了必然會設置各種制度保障該族群成員的利益，並阻止其他弱勢族群接近各種資源外，也會在社會上針對特定弱勢族群散布一種觀念及信仰，指稱該族群因天生的缺陷不配與支配族群共享資源。這種針對特定族群團體所散布的負面觀念與信仰，用以貶抑弱勢族群並強化支配族群的優越性即是偏見。支配族群為維持其在族群階層的優越性，會利用其掌握的各種社會化工具，例如學校教育以及各種大眾傳播媒體，散布及強化這種觀點，以便形成一種普遍性的信仰，賦予支配族群拒絕分享資源的正當性，並保護支配族群的優勢地位不受弱勢族群的挑戰。因此，同樣是「人」，所期待的共同需求及權利，硬要操作成不相同；甚至人的生命亦被人為操作成不等值。種族偏見是人們根據舊框框或概括對人、物或形勢的一種判

斷；當事實證明它是不真實時，他仍抱著事先形成的判斷不放，於是偏見便形成了問題。與其他觀點和態度一樣，這種先入為主的判斷也是透過社會化學到的。從人際互動來看，當帶有偏見的態度轉化，轉化為對人或團體的不公正的或不公平的待遇時，歧視就發生了。偏見和歧視未必要同時發生，但在通常情況下兩者是互為補充的。歧視可以合法地、正式地被建立在社會體系中，而且它甚至還可以存在於日常生活的非正式模式中。

族群中心主義以及各族群間不平均的權力分配，使得特定的族群團體具強烈意圖並獲得足夠的力量，依其主觀意願建構族群階層體系，將其他族群團體安置在族群階層底層，並持續從族群階層的排序中獲得利益。針對此種現象耶魯大學彼得‧蓋伊（Peter Gay）指出：利用歷史當政治工具，製造敵對，採取「煽情式的民主」（erotic democracy），在歷史裡找仇恨，容易讓群眾的侵略本能獲得鼓勵，而藉著煽動言辭，在仇恨中形成對立！檢視大部分的多元族群社會，很容易發現不同的族群被安置在不同的族群階層排序中，而各族群在特定社會的族群階層中的排序，以及各族群所享有的社會資源與影響力，長期以來均呈現相當緊張的狀態。偏見與歧視就成為支配族群用來排擠弱勢族群分享資源，維繫支配族群特權的主要工具。

一個多族群移墾的社會，縱使該社會確實能夠提供諸多族群間協力合作的社會條件，各族群間可能因為原鄉地習俗的互異，以及經濟利益的衝突難免有所齟齬不合。這時，如果有第三者的介入，很容易釀成族群間大規模的衝突，進而進行「族群重組」。該社會的社會問題終將變成是個「族群問題」。對弱勢族群的歧視可分為兩個類型，第一類稱為個人性的歧視，第二類稱為結構性的歧視。所謂個人性的歧視，是指個人或小團體在日常的互動場合，拒絕給予弱勢族群成員公平的機會或應該享有的利益，以致對其造成利益上的傷害。結構性的歧視指的是，對於弱勢族群成員給予不公平待遇的安排，已經明訂在法律中或已成為習俗的一部分，且被社會成員認為是理所當然的行為。由於這類的歧視活動已行之有年，而且通常是在無意識下進行，要完全根除這類的歧視有賴於有識之士更多的努力。同時，如能採取文化相對論的觀點將有助於以包容的心態面對族群的差別。

結語

　　我們每天都生活在團體之中，家庭是一個團體，學校是一個團體，族群也是一個團體。人類社會的政治、經濟、社會、宗教與文化等活動，均以團體組織的型態出現。譬如說，家庭、鄰里、學校、社區、政黨、教會、公司、學校與族群等，都是為了達到特定目標而發展出來的團體組織。這是因為人無法遺世獨立，幾乎不可能離群索居，所以必須和群體共存；這是何以我們從出生以來就不斷的參加或接觸許多不同的團體組織，它們皆提供我們物質與精神的需要，團體都對我們的觀念和行為產生影響。團體各具有不同的功能與特色，團體內外成員的互動關係有時是既競爭又合作的，結社的目標則是為團體成員謀取最大福祉。

　　長期以來我們社會是一個以漢族為中心的社會，因此社會規範及關係互動，是以漢族中心的價值作為標準，在關注原住民、新移民、客家等族群的文化仍相當不足。近期的多元文化主義的倡導，主張各族群保有自己的文化獨特性，在和諧及相互尊重的狀態下共存。我國憲法增修條文中明定「國家肯定多元文化」，多元文化政策更加具體和落實執行，又受到開放政策的影響，大陸、東南亞人口移民或以其他方式進入台灣，使台灣更具文化多樣性。政府為因應多元化族群的加入台灣社會，尊重、理解，知道為什麼我們有這樣的思維和行為，讓尊重取代歧視是一種共識，讓同理心是一種學習，更明確落實多元文化政策。

第十四章 族群社會工作的實踐
－新移民家庭健康照護及輔導學習計畫－

前言

　　台灣是一個多元的移民社會，最早的居民在十七世紀以前就定居於此，稱為「原住民」，包括：賽夏、泰雅、布農、鄒族、阿美、魯凱、卑南、排灣、雅美、邵族、達悟等各種不同族群。在十七世紀以後，台灣先後歷經西班牙、荷蘭、鄭成功、清朝、日本的統治，在此期間，由福建省與廣東省渡海前來的閩粵移民，形成後來的「福佬人」與「客家人」族裔；其後是隨著國共內戰從中國大陸撤退到台灣約二百餘萬的民眾，是「外省人」，形成多元族群社會。台灣的行政體制中已經為客家族群與原住民族群分別設立客委會與原民會，如今外籍與大陸配偶已經超過四十七萬人，其人數不斷增加中，加上家人與新生的台灣之子，人數只會快速增長，實有必要。隨著勞動與婚姻移民者移入數量的成長，台灣不但在人文與社會環境上變得更形豐富多樣，其在台灣社會人口組成、家庭結構與勞動經濟等方面的影響也正在快速發酵，並產生了結構性的牽動力量。辦理外籍配偶成人教育禮金，鼓勵民間團體參與外籍配偶教育的辦理：直接發送禮金券給外籍配偶，只要他們參與教育活動，主辦單位得收取禮金取代現金，事後再以禮金券向政府單位換取現金，如此一來外籍配偶有相當大的空間選擇自己需要的學習，各民間教育機構也可以盡力辦理適合外籍配偶的學習活動，以吸收他們手上的禮金券，另方面也是對政府專責機構的一種督促。

全球化（Globalization）是由泰爾多爾‧萊維（Theodre Levitt）於一九八五年提出，全球化為世界的壓縮和視全球為一個整體，貨物、人員、資金和資訊，穿透國家的界線和地理的分隔，沿著各種通路跨國流動，一直擴張到全球性的規模。兩岸與跨國婚姻並不是台灣獨有的現象，她們進入台灣之後，所形成的現象有擴大的趨勢，亟待我們全體人民給予關注，並採取適當的策略來對應。對於社會承受著不同文化的衝擊，個人、家庭甚至於社區也都必須經歷不同程度的適應歷程。全球化正在跨越各國疆界，是多種結合與聯繫，超越民族國家（nation-states）並創造出現代的世界系統；也就是說，在世界的某一部分所下的決定、策略或行動，對地球另一端的個人及社群具有明顯的重要影響特徵，使全球一體化，有些人稱此為「地球村」。全球化趨勢下，組成地球的各部分之間的關聯性加強了，全球化就是趨同化、同質化、就是人類的一種「大同」境界。

壹、緣起

根據統計，台灣外籍配偶主要來自越南、印尼、泰國、菲律賓、柬埔寨和大陸等地，結婚的新人中每四對新婚夫妻中有一位外籍新娘，這些數字代表著有更多外籍女子嫁到台灣、移民台灣，這些東南亞和大陸的新移民以女性居多，其中嫁到偏遠地區的比例更高，以農村、漁業區（澎湖、嘉義、台中等）的比例特別高，對傳統鄉村形成不同氣象。似乎看到經濟能力的限制和家族觀念的弱化後，婚姻可以跳脫對家族的責任、門當戶對的模式或是以感情為基礎的現代婚姻模式。二十世紀六〇年代後期全球意識增強，國際互動加速，各社會日益面臨多元文化和多種族群，因性別、性和民族與種族的考慮而變得複雜化的觀念。公民權成為一個全球性問題，維護基本人權、消除歧視與對易受傷害群體實施社會保護。基本人權指的是人類社會成員享有的基本自由和天賦人權。人類的基本人權主要體現在聯合國與其他國際組織通過的，旨在確保所有人享有公民、政治、經濟、社會和文化權利的一系列國際人權條約與各種權利宣言之中。基本人

權狀況反映了各國人民的生活狀況與社會發展程度，也反映了其福利制度和社會政策的狀況。

　　近三十餘年來，台灣廣泛接納外籍配偶、外籍勞工的結果，開始呈現「新移民社會」的面貌，由此衍生的社會議題日益增多。台灣的外籍配偶和大陸配偶已有近五十萬人之多，新生兒當中每七個就有一個為外籍配偶所生。這些「新台灣之子」占台灣人口結構的比率日漸加重，他們的母親更是台灣家庭照護和勞動市場中的重要貢獻者。外籍新娘嫁到台灣動機有許多差異，外籍新娘多是以經濟社會較落後的國家到經濟社會相對較強勢的國家，由環境較落後或發展中國家，向經濟發展較好的國家移動，是移民的趨勢。傳統華人社會婚姻被視為是利益群體之間的交易，不是個人的交易，婚姻是個人在家庭、親族中建立地位的定點，妻子的地位因丈夫而來（McGough, 1990）。由於本身來自相對落後的國家，在競爭能力上較弱，對婚姻的依賴程度也比較高，在缺乏親族支持下，個人原生文化的傳承不易，容易被要求同化成夫家的文化。不同於傳統婚姻模式，外籍新娘與中下階層男性的組合，形成非傳統的婚姻模式。移民的適應加上婚姻家庭的重大轉變，外籍新娘的調適也會影響婚姻家庭的穩定。台灣作為「婚姻輸入國」，民眾儼然仍抱有優勢姿態，甚或因過去新舊移民互動的不良經驗而產生歧視心理；外籍配偶在台灣成為弱勢族群。而大陸配偶受到兩岸人民關係條例的約束，待遇比外國人還不如甚多，既非外國配偶也非本國配偶；從結婚面談到身分取得，都備受差別待遇。這樣不友善的環境中，發生大陸配偶「離婚率偏高」和「對台灣認同度不高」的現象，這些都是在族群議題上需要認真看待的。當前台灣近幾年來的社會現象，也與這些面向息息相關。政府的職責是必須針對當前的社會問題，研擬具體的社會福利政策加以解決。

　　伴隨著國際化、全球化的腳步加速，以及兩岸之探親、文教、體育交流頻繁，我國國民與外籍及大陸人士通婚之情形日漸增加。目前台灣男性與東南亞地區婦女之婚姻關係，大部分係透過婚姻仲介媒合，「外配婚姻」，雙方感情基礎較為薄弱，娶外籍配偶的台灣男性大多分布在農業、工業縣

分，或大都會地區的邊陲地帶，他們多數為台灣社會階層中的底層，有很大比例是農工階級，多為經濟不富裕，或部分有外表或肢體殘障等缺陷，又部分國內男性以經濟優勢將這些婦女視為「傳宗接代」的工具及廉價勞力，因而成為不對等的婚姻基礎。而婚配的新娘普遍為經濟弱勢，經濟因素是她們願意接受跨國婚姻的主要原因，藉以改善娘家經濟狀況。她們在台灣地區的人際關係網絡係以夫家的人際關係為基礎，逐漸延伸至社區，她們的教育程度普遍偏低、結婚年齡趨於早婚，受制語言隔閡、文化的差異，不易在短期內適應在地的生活，加以離鄉背井，融入社會及社會接納程度較低，支持網絡薄弱，容易淪為社會的疏離者。

有感於教育職司社會發展的基石，部分學校與移民署共同建構合作夥伴關係，除共同推動「火炬計畫」外，透過不同管道認識跨國文化及新移民族群可能遇到的衝擊與生活適應議題。透過與移民署的策略聯盟及新住民家政教育中心的成立，共同來推動新住民家庭的照護工作，期望能找出所有在地的新住民，把技職的教育資源送到社區，達到真正培力新住民的目的；也期望在新住民二代將成為學生的主軸之前，與移民署合作讓學校能備妥更多元的樣貌，提供友善的學習環境，來迎接新生的降臨。

外籍配偶子女就讀國中小人數已增為十九萬二千人。觀照時代所帶來的衝擊形成的都市化，改變了以家庭為單位的基本功能，家庭的連結也就越來越鬆弛。建立家庭的要件──生育，已不被視為「天職」；工業革命之後，改變了人類的傳統經濟活動方式。同時女性就業機會增加，逐漸走出家庭投入就業市場；尤其在二次戰後，除了生產方式的改變影響了家庭的功能和社會的流動，使得婚姻的意義與內涵也都受到衝擊。台灣近來人口變遷主要因素在於人口老化與婚姻文化兩方面，前者主要是因為生育率的下降與壽命的延伸，後者其中人口結婚擇偶與生育的意願，有相互影響的交互作用，使得社會負擔不斷加重，女性新移民所面對的社會與家庭適應、調適問題，又遇到如果外籍配偶普遍教育水平差、語言能力不足，使在買賣基礎的婚姻情況下，尤其面臨教育下一代時必然會產生障礙。是以，成立「新住民家政教育中心」，搭配學年度課程進行，以課程搭配社區服務之

精神，培育學生進行親職教育之活動。結合社區資源帶領新移民家庭了解家庭健康照護及輔導之重要性，新移民家庭與本地家庭互動與融合的機會提升，使新移民家庭與本地家庭更具有友善的互動關係。考量新移民中的外籍配偶家庭的生育率將改變「台灣人」所有人口結構，倘若新台灣人所形成的文化背景認同不足，將來勢必形成社會融合的衝突和歧異。經由「新移民家庭健康照護及輔導學習計畫」並透過親職教育之涵意，針對新移民家庭及本地家庭親子間之互動，建構族群社會工作的開展。

筆者所服務的學校為發揮辦學理念「人文關懷、專業前瞻、國際視野」，透過不同管道認識跨國文化及新移民族群可能遇到的衝擊與生活適應議題，充分結合學校辦學特色——「健康促進，醫療照護」，以促成：

一、有鑑於外籍女性配偶進入台灣家庭中，便阻斷了原生國文化脈絡的生活型態，加上語言、生活技能的不足，使其基於疏離的處境，幫助度過文化衝擊的階段，才能做好教養子女的準備。建置新移民家庭健康照護及輔導學習的軟硬體環境，以利學生將來就業。

二、在課程設計上，應用各教學單位開設課程融入新移民家庭照護與輔導學習，以校內學生優先，再以推廣教育及社區資源結合方式，培養未來相關產業之人才。

三、透過各項活動的設計，增進學生多元文化的學習經驗及交流，參與新移民社區服務，並使新移民家庭能融入台灣的社會與家庭，提供在地化社區服務之活動。

四、培養學生面對未來產業生態改變之因應能力，以利職涯發展。

台灣地區整體的社會現象逐漸走向多元化與民主化。多元化的社會，其社會價值的評量準則顯現非單一性，對於社會成員的發展空間便相對的擴展；民主化的社會，其政治與社會資源的分配，便不得不考量各種族群的需求。然而社會現實卻告訴社會大眾，所謂的多元化與民主化社會，無非是社會主流強勢族群的觀點和權利，弱勢族群容易受到貶抑。以民主化社會的選舉制度而言，弱勢族群在社會上缺乏代言人，尤其在選票的考量下，弱勢族群的聲音往往抵不過主流族群的壓力。

　　從成人教育辦理的情形，也可以看出弱勢族群的處境。辦理成人教育的機構和個人，最常有的感嘆是：成人教育的參與者通常是中上階層民眾，而弱勢族群卻很少參與。譬如各校積極推動的社區家庭教育，參加父母效能訓練者，絕大多數是中等小康家庭，少有低收入家庭；各社區辦理的社區學苑、媽媽教室等活動，也少有弱勢族群參與。

貳、規劃

　　全球化所形成的國際移動，讓台灣成為跨國人口高度流動的區域；隨著這種跨國人口流動的發展趨勢所形成的多元文化與多元族群的問題，正挑戰我們的社會。社會宜啟動多元族權的關照輔導機制，包括政府跨部會的分工，以及公私部門的攜手合作，投入的資源、服務措施涵蓋的範圍與落實程度，應更為廣泛、更為深入。

　　由於全球化發展趨勢在各地區所形成的跨國人口流動現象，使政府與民間社團開始關注外籍勞工及婚姻移民相關權益等議題。過去我們總是習慣以種族國家（nation-state）的概念來論述移民現象，隨著全球化的國際移動頻繁，許多學者如：Castles & Davidson（2000）、Pateman（1994）和 Sassen（1991）等人，主張必須從多元文化的觀點（multiculturalism），來理解跨國移民現象，主要是環繞在公民身分（citizenship）的界定。家庭之間親子教育問題，外籍配偶普遍教育素養較為薄弱、語言能力不足，處於社會低社經地位，對下一代教育無形產生較大的阻力。尤其初為父母職的角色變換，不管是在心理上及生理的變化都是很大挑戰，如適時以順利度過角色的過度期，增強其中的心理支持及實際的文化生活教育，對外籍配偶是有助益。因此，「新移民家庭健康照護及輔導學習計畫」是自學校的辦學特色著眼，為增進教師與學生對新移民的認識與促進新移民的健康照顧，規劃理念有兩方面：

　　第一，增進教師與學生對新移民的認識：新移民已經是台灣社會重要組成的元素之一，而且也將在未來在台灣社會中扮演著重要的角色。然而，

對於多數的外籍新娘而言，社會的邊界就是家庭，所謂的社會生活幾乎等同於家庭。因此，應使師生對新移民的生活習慣、文化、態度有正確認識。近來衛生單位發現外籍新娘為優生保健的劣勢族群，本著「善種、善生、善養、善保、善教」的兒童福利觀點，及國家為其將來發展教養品質而言，應該以積極態度，強制優生保健的觀念，也配合家庭教育法的執行對跨國婚姻的夫妻作定期輔導和教育，為兒童生活及教育品質把關。本計畫可促進有效且正確的認識新移民，讓台灣社會朝向更健康的發展，使整個社會文化開展更多元更豐富。不同的社會，源自不同的歷史淵源與文化背景，而歷史與文化所遺留下來的傳統因素，具有強烈的韌性與連續性，並構成發展的條件與限制，不論是外籍新娘，抑或台灣人民，唯有理解這種文化承載的脈動，才能對別人，也對自己產生一種社會賴以維繫的信任、盼望以及承諾，進而提升台灣社會整體的文化素養，使每一個漂浮在社會角落的文化意識，都能獲致一份誠摯的對待。本計畫即是希望能從最基本的認識與了解做起，作為推動台灣社會對新移民認識的基石，使社會更能廣泛的接受新移民。

第二，促進新移民的健康照顧：普遍而言，婚姻移民女性的夫家大都是屬於較為傳統、保守的家庭類型，進入婚姻關係中透過「生育」達到「傳宗接代」的任務，往往成為婚姻關係中物質交換的籌碼，所以婚姻移民家庭之生育率普遍較高。根據內政部的統計數字，目前我國的出生率低於11‰，而外籍配偶所生的嬰兒卻占了該年出生人口的比例約 12.5%左右。換句話說，台灣每八位新生嬰兒中，就有一位新生嬰兒的母親是婚姻移民婦女；可以預見在本籍婦女普遍晚婚、不婚或不生的發展趨勢下，未來台灣的人口組成結構將會朝向多元族群與文化的發展趨勢。因此，藉由本校護理科、幼兒保育科、美容保健科以及牙體技術科的醫護專長的背景，辦理新移民以及其子女之健康照顧相關的活動，提供這群離鄉背井的新移民一個友善的空間，並讓新移民能更加感受到台灣社會的溫暖，進而與台灣人民相互支持與成長。

計畫一：新移民健康照護計畫

根據高雄長庚醫院的研究發現，婚姻移民婦女懷孕期間產檢次數約為8.3次，低於本籍婦女的10.7次；而婚姻移民婦女在懷孕期間流產、早產或生下低體重胎兒的比例比本籍婦女高。（楊詠梅，2003）爰此，本計畫以培養多元文化及尊重差異之價值觀為核心，建置多元學習管道，強化師生認識新移民家庭的現況，鼓勵護理科學生探索新移民文化之相關議題，接觸社會生活中不同的群體，了解他們的生活脈絡，意識到社會弱勢族群所面對的困境與壓迫，使學生體認主動、共享、關懷學習之重要，營造一個知性與感性兼具的學習情境，進而培育學生未來能處理新移民家庭的健康照護問題，計畫執行內容：

第一，建置及充實以照護新移民家庭為基礎之學習環境。

第二，培養正確新移民家庭健康照護之服務態度。

第三，藉由了解新住民社會文化醫療保健的現況，提升對新住民家庭健康照護的知能。

計畫二：新移民家庭親職教育活動學習計畫

婚姻移民女性在移居台灣半年到一年之間，懷孕的比例相當高，婚姻移民女性在短時間之內需要調適語言與生活適應上的問題，卻又要面對懷孕、生產與養育下一代的壓力，往往造成對下一代教養方面的問題。（楊詠梅，2003）本計畫為培養學生實際參與新移民家庭與本地家庭親職教育活動，透過親職教育及社區服務，協同世界和平會新移民家庭照顧服務資源，建立學習輔導活動。初為人父母因缺乏育兒經驗，藉由事前閱讀相關書籍、詢問專家或朋友的經驗等假想性的演練，並沒有辦法完全應付小孩出生後的真實情況，而語言隔閡造成無書可讀或是無人可問，假使家族成員不配合可供提問，更是教養的需求的最大牆阻。實務工作發現，當前教育環境相當重視家庭與學校的配合，雖然婚姻移民女性移居台灣多年之後，語言溝通將不會是日常生活的主要問題，可是受限於婚姻移民女性的閱讀與撰

寫能力，仍使得學校與家庭的溝通受到相當程度的限制。當然，隨著第二代年齡漸長而社會關係日益拓增，對婚姻移民女性的依賴也會逐漸減少，可是在兒童學習的關鍵期缺乏足夠的支持仍會對下一代新台灣之子的學習產生影響。「新移民家庭親職教育活動學習計畫」辦理幼保相關專業成長研習與競賽活動，提供多元且具創意與實用的活動課程，以增進學生第二專長之發展。因此，透過親職教育活動，鼓勵學生學習活動規劃之能力及實務操作之技能，協助新移民家庭互動式學習課程，亦能儲備學生未來職場競爭力之優勢。

計畫執行內容：

第一，透過活動設計帶動引領學生服務學習之精神。

第二，拓展新移民家庭與本地家庭創作能力的培養。

第三，協助新移民家庭與本地家庭親職教育知能的建立。

第四，透過手製襪偶研習活動增進新移民家庭與本地家庭互動學習的機會。

第五，經由本計畫活動的帶領，增進學生第二專長之實務操作之技能。

計畫三：新移民美容實務新知學習計畫

雖然「就業服務法」已放寬對東南亞籍婚姻移民的工作限制，不過對於外籍婚姻移民的工作權，仍是採取非常嚴格的高標準。另外對於東南亞籍婚姻移民婦女而言，因為語言溝通能力及識字力的限制，加上學歷認證操作的困難，仍讓許許多多東南亞籍婚姻移民婦女無法找到適當的工作，只能靠家務勞動、幫傭、擺地攤或自己開商店等方式，賺取金錢以貼補家用。這些婚姻移民婦女的婆家，大都是屬於經濟弱勢的家庭，配偶所從事的行業也都屬於非主流經濟範圍，多在家鄉中務農，工作的穩定性也不高，很容易落入經濟弱勢的族群。「新移民美容實務新知學習計畫」透過這次學習活動的辦理，除可充實參與人員的自我能力外，亦可讓本校學生畢業後，擔任教育新移民族群的講師及技術指導者，幫助新移民融入台灣社會，發

揮提升就業能力之功能，為台灣在地居民創造更多就業機會，也讓本地新
移民子女能融入台灣在地生活，讓新移民了解到政府對她們的用心與關懷。

計畫四：新移民家庭口腔衛生健康照護及輔導學習計畫

外籍配偶當中，以越南女性為最多，其次為印尼與泰國。台灣地區因
為男女可婚人口仍存在相當的落差，然因為台灣近十年以來開放外勞以及
外籍通婚，加上這段期間台灣經濟條件明顯優於許多東南亞國家與大陸，
所以造成和這些國家通婚的情形，普遍的造成一波女性新移民現況。

同時，我國娶東南亞外籍女性的男子，許多是處於社經地位較差的弱
勢，以及身心障礙同胞為多。他們因為不易在本地找到對象，透過仲介與
金錢交換方式來完成婚姻。事實上這些東南亞外籍女性也因家庭經濟差，
用犧牲態度才願意嫁到台灣，幫台灣男子生兒育女，也同時擔任外籍幫傭
的工作，照顧老公甚至服務全家人。在家庭的地位上是否會混淆妻子的角
色與外傭的職務，同時與其角色功能部分產生很大的衝擊。（王守仁，2001）

本計畫已建立新移民家庭口腔健康照護數位化小型訓練會議中心，而
能深耕師生於口腔衛生健康照護及輔導學習知能。同時也廣邀牙醫、藥廠、
牙材商等口腔衛生相關產業之有志之士齊來參與研討會，以促成整體口腔
衛生產業之合作網絡的建置，並籌劃未來再度服務於新移民家庭成員之事
宜。待該中心軟硬體設施更臻成熟之際，將繼續鼓勵新移民家庭成員來校
進行互動式學習。而其內容如下：

第一，建立新移民家庭口腔健康照護數位化小型訓練會議中心。

第二，邀請專家、學者與口腔衛生相關產業之有志之士，於此會議中
心舉辦「新移民家庭口腔衛生健康照護及輔導學習」研討會。

第三，促進整體口腔衛生產業（牙醫、藥廠、牙材商等）之合作網絡
的建置。

第四，繼續訓練及改良學生準備之衛教計畫，並多與指導教師進行演
練及討論。

第五，舉辦檢討會與成果發表會及籌劃未來之延伸計畫。

計畫五：新移民故鄉實地參訪

　　根據目前我國國籍法的規定，東南亞籍婚姻移民大約要三～五年才能拿到身分證，而大陸籍婚姻移民卻要八～十一年左右才能取得台灣的身分證。身分證往往關係著婚姻移民女性可否獨立為戶長，許多婚姻移民婦女在未取得身分證之前，如配偶過世，就必須依附在其他親人的戶籍之下。加上，各縣市負責辦理低收入戶補助之單位，對於家戶中工作人口的界定非常不一，使得許多婚姻移民婦女雖處於經濟弱勢，卻無法獲得政府所提供的補助。同時，跨國婚姻關係原本就是建立在以身體作為經濟交換的手段，所以感情基礎相當薄弱，加上婚姻移民婦女在台灣普遍缺乏社會支持系統，加上語言與文化隔閡，及對社會福利資源與相關權益的陌生，使得婚姻移民家庭容易淪為弱勢。在以「新移民家庭健康照護及輔導學習計畫」為主軸，統整不同新移民住所的相關資訊及透過舉辦新移民座談會，確認所共識之議題，透過移民署的推薦，參照資料統計選定部分國小、國中為單元，前往的新移民的住所，期能對於新住民有更多的認識有利於未來的輔導工作。

　　外籍配偶成為新一代台灣之子的母親，改變了以往唐山過台灣「有唐山公、無唐山婆」的現象。在大陸移民前來台灣開墾的時代裡，那些大陸羅漢腳單身到台灣來，就地娶當地平埔族女子為妻，成為今天的台灣人；現在卻是從東南亞進口外籍配偶，讓屬於中下階層的台灣男人得以一圓結婚生子的美夢。但是卻為台灣社會帶來新一波的社會問題，觸動台灣社會未來發展的神經。外籍配偶所組成的家庭，本來就屬於台灣社會弱勢的一群，他們所生的子女數目遠超過一般家庭，將成為未來台灣人口群的主流；這些未來台灣之子的母親無法使用台灣官方語言，對於地方語言的使用也有困難，她們想要在社會上與人溝通、適應台灣社會生活，無不充滿挑戰與挫折。更何況有不少外籍配偶的家人視她們為禁臠，因為是花錢買來的商品，且是花了他們家一大半的錢，深恐這些外籍配偶離家出走、被人拐走、了解實情反制家人等，因此對外籍配偶添加很多不合理的限制，連外

出與他人接觸都受到限制，更何況是參加教育的研習！然而教育是轉變外籍配偶處境的最佳手段，對於外籍配偶所需要的教育，必須先行建構一個有利於外籍配偶學習的社會環境，也就是先行克服參與學習的障礙。對待外籍配偶應和本國人民一視同仁，既已嫁給國人且住在國境內，就是準國民，宜享有同等公民權利受法律保障，而且初入國境在一定期限內，視同弱勢，給予生活、保健、工作等必要扶持為理所當然，以增進境外配偶在台生活之適應，共同建立和諧親屬關係與友善社區環境，才能營造一個多元民主的台灣社會。

參、實施

在傳統社會中，人際互動有其侷限性，只能遵循一定的傳輸進程，在制式的交流途徑下，僅可達到某種程度的效率。但全球化後，就時－空的伸延皆突破過往狹隘的限制，傳輸無遠弗屆，彷彿是消失距離的地球。例如：從郵件通信到電話電報，從計算機到互聯網絡，實體性的直接作用越來越為虛擬性的數位資訊所取代。由於世界文化流通的普及，各項資訊與資源是從相互作用的地域性的關聯，和從對時間和空間的無限的跨越，而被重新建構。

計畫一：新移民健康照護計畫

外籍女性配偶為了丈夫的子嗣問題，婚嫁來台後很快的懷孕生子，根據實證調查：外籍女性配偶生第一胎的時間約為十六個月，時間上比台灣婦女提早了一倍（台灣婦女的第一胎生育時間為三十個月）。（王宏仁，2001）急速的母職角色轉換及子女的教養問題，加上初為人母不熟悉母職，居住區域若又地處孤立，但孩子教育、學校課業協助等又將是另一難解的問題，常在孩子上幼兒園時，才發現其子女的發展問題，即使轉介就醫，往往過了治療最佳時機，而形成社會刺激不足而造成的發展遲緩與學習障礙。

　　護理科建置以照護新移民家庭為基礎之學習環境，採購社區健康照護活動所需之教學設備，包含：翻身擺位枕組、安全照護約束組、攜帶型血氧濃度計、受胎調節指導標本、中數位攝影機、數位相機、指末梢血氧顯示儀、全自動血球分析儀、腕式生理檢測儀脈波儀。活動舉辦增進教師們學習教材製作，應用於護理衛生教育教學上，藉由舉辦社區衛生教育活動，增加新移民學童健康知識，講座舉辦更增進師生多元文化學習的經驗，培養對於新住民社會文化的同理及尊重的態度。

　　新移民健康照護計畫希望達成的目標為：

　　第一，建置以照護新移民家庭為基礎之學習環境，包含社區健康照護活動所需之教學設備。

　　第二，充實以照護新移民家庭為基礎之學習環境，包含產婦及嬰幼兒照護之教學設備。

　　第三，增進學生多元文化的學習經驗及交流，參與新移民社區服務，增加學生與新移民互動之機會，進而建立和諧關係。

計畫二：新移民家庭親職教育活動學習計畫

　　「新台灣人」占有社會人口中之高成長現象，基於將來人口概況，及這群「新台灣之子」將來所帶來的社會現象，應以前瞻性的角度提早思維、規劃，尤其東南亞外籍女性是內含充斥商品化所成，情感基礎較為脆弱，加上文化背景的差異，所以，在當外籍女性配偶處在台灣家族體系最低層的媳婦地位，緊接在新婚之後的生活調適、擔任子女生育之責，是面對自我的角色轉變最大的挑戰。在文化差異與語言溝通障礙的情況下，如何面對子女教養的歷程，隨著孩子成長、對外接觸需求的增加更顯自己的不足，有時真正無法協助孩子，也很難建立良好的親子關係。而一個健康的家庭系統應包括五個要素，作為外籍女性配偶的家庭功能內外相關因素連結：一、共同了解，明確的權力結構；二、整合個人經驗並融合成家庭功能；三、具有協調及問題解決能力；四、自我肯定，追求個人自由；五、充分表達個人情感並同理他人情感。並接著在家庭生命週期中，不同階段、不

同家庭狀況的個體，都有其待解決、待完成的工作，稱為「家庭發展職責」（family development tasks）。是以，本計畫執行內容主要為：（一）透過活動設計帶動引領學生服務學習之精神。（二）拓展新移民家庭與本地家庭創作能力的培養。（三）協助新移民家庭與本地家庭親職教育知能的建立。（四）透過手製襪偶研習活動增進新移民家庭與本地家庭互動學習的機會。（五）經由本計畫活動的帶領，增進學生第二專長之實務操作之技能。透過手製襪偶教學活動及講師的帶領活動課程，使家長們與孩童們都很歡喜參與此課程，回饋問卷內容滿意度也都有相當高的成效，可見此活動帶領家長們及孩童們一同創作襪偶的過程是很棒的經驗，亦使親子互動更加綿密，符合本計畫之內涵。因此，透過手製襪偶創意活動課程，提供新移民家庭與本地家庭親職教育活動之互動學習，使學生實際參與新移民家庭與本地家庭親職教育活動，建構一連串的學習輔導活動亦對於多元文化之尊重與了解，進而培養本校幼兒保育科學生實務能力操作之優勢。

孩子的出生表面上看來只是單純地在家庭中新增一個成員，但就家庭系統理論來看，孩子的加入為家庭系統增添了親子次系統，也變更既有的夫妻次系統，當然為了尋求支援也會增進與親友次系統間的互動，甚至是與外界的外源系統產生新的連結。新移民家庭親職教育活動希望達成的目標為：

第一，透過研習活動帶領新移民家庭了解親職教育的重要性。

第二，拓展新移民家庭與本地家庭生活經驗與活動範圍。

第三，建立學生多元文化之學習經驗與服務社區價值觀之想法。

第四，培養學生面對未來產業生態改變之因應能力，以利職涯發展。

第五，鼓勵學生學習活動規劃之能力及實務操作之技能，儲備學生未來職場競爭力之優勢。

計畫三：新移民美容實務新知學習計畫

服飾造型為各民族的重要文化表徵，透過亞太特色服飾研習課程，可以了解亞太各地區不同的文化分野，分析各民族不同之裝扮、色彩等特

色元素，讓新移民和學校師生們可以透過服飾之解構分析，然後再度融合內化為全新的概念，以文化創意作品方式呈現出來，促進多元文化整合，讓參與者延伸無限可能之創意設計理念，進而提升新移民之就業發展能力。

活動希望達成的目標為：

第一，師生可透過不同國家之生活美容和特色服飾之文化交流，增進世界觀，更能理解包容文化之差異性。

第二，整合各國文化特點，輔以文化創意作品和服飾實作技能，展現師生之就業競爭力。

第三，協助新移民以學習到的實務技術，串連當地社區發展與人文環境等資源，整合而成符合市場需求之商業創造力，進而提升家庭經濟生活水平。

計畫四：新移民家庭口腔衛生健康照護及輔導學習計畫

新移民家庭口腔衛生健康照護及輔導學習計畫活動，兼具訓練、諮詢與舉辦研習會、研討會等用途。所添購之電腦主機、電子白板、A3雷射印表機、實物投影機與液晶螢幕電腦組等等，都將在提升師生於新移民家庭口腔健康照護之相關知能、規劃未來整體口腔衛生產業合作事宜及服務來校諮詢的新移民家庭成員時發揮極大的作用。並且在舉辦研討會、小型座談會或提供新移民家庭成員資訊時，藉助於購入之小螢幕或大螢幕資訊設備，能即時以互動方式進行交流；而雷射印表機亦能立即提供品質優異之紙本資料，以備不時之需，使新移民家庭倍覺溫馨，而更能多加應用所得資訊。另外，將來也期望能持續邀約關懷新移民家庭的社會團體、牙醫界、牙技界、牙材界、藥商等口腔醫療相關人士進行研討會、分享座談會，並籌劃未來能邀請新移民家庭成員來校舉辦座談會。而在諸先進聚首之際，亦能立即應用其他硬體設施，如筆記型電腦等多重組合應用，連線投影於電子白板，以便利討論之進行。

新移民家庭口腔衛生健康照護及輔導學習計畫活動希望達成的目標為：

第一，建立「新移民家庭口腔健康照護數位化小型訓練會議中心」並正常運作。

第二，深耕整體口腔衛生產業（牙醫、藥廠、牙材商等）之合作網絡。

第三，繼續提升本科師生口腔衛生衛教知能。

第四，繼續促進新移民家庭口腔健康自我照護能力。

第五，廣邀各界研討及重視新移民家庭口腔健康照護課題。

計畫五：新移民故鄉實地參訪

透過師生深入了解多元文化之精神，使師生實際參訪新移民原本所居住的家庭，透過了解當地的家庭親職教育活動，增加教師專業知能及學生專業技術以提升其就業機會。透過統計區域性新移民來自包括越南、大陸、印尼、菲律賓、泰國及其他地區。蒐集各不同新移民住所的相關資訊，並進行摘要及統整。舉辦新移民座談會，就所蒐集相關資訊的討論、進一步釐清並確認所共識之議題。選定擬前往的新移民的住所較為集中的社區、國中及國小、移民署第二服務站，及民間慈善團體包括牧德基金會及國泰慈善基金會，遴選擔任新住民同學的正副導師前往，期能對於新住民有更多的認識，有利於未來的輔導工作；探討之議題為新住民的子女教育問題及如何提供新住民子女的一技之長，有利於其未來就業。

實地參訪新移民的住所希望達成的目標為：

第一，統整不同新移民住所的相關資訊，選定擬前往的新移民的住所。

第二，舉辦新移民座談會，確認有共識的議題。

第三，帶領實地服務學習。

第四，師生分享參訪成果。

全球化意識是一種自覺超越狹隘階級、民族、國家界限的意識。應該從全人類和全球的角度出發考慮問題，在充分尊重差異的同時，努力形成人類共同的認識、共同的價值和共同的實踐。全球意識形成說側重於全球化趨勢下人類的交往實踐，關注的是全球化的影響而非全球化本身。

肆、成效

因應婚姻移民發展趨勢，建構一套有效社會福利服務體制。除著重於服務輸送與資源網絡的討論，並且強調實務工作者本身的文化敏感度的培育。外籍配偶家庭差異很大，匯集所蒐集的外籍配偶家庭歸納出以下特質：

1. 有買賣婚姻的意味，情感因素不是必然的前提。
2. 家庭功能差異大，傳宗接代是重要的家庭任務。
3. 面臨跨文化的衝擊，缺乏親人、朋友情感支持。
4. 因為身分取得和競爭能力較弱，比較依賴婚姻。
5. 身處較低的家庭地位，權力不平等的情形明顯。
6. 文字、資源、科技的能力較弱，影響人際互動。
7. 需要照顧小孩、病人、老人，是家務的提供者。

是以，除了目前積極推動的識字教育、生活教育、通譯人才培育及志工參與之外，應該進一步思考如何發揮社會工作所強調的倡導功能，建構一套真正符合多元族群所需要的社會福利制度與工作模式。結合學校資源舉辦活動，培養全校師生多元文化的態度，增進對新住民文化的認知。包含學生透過社區服務及講座，深入了解討論新移民生活經驗，培養正確新移民家庭健康照護之服務態度，並進行相關健康衛生教育，融入新住民生活中，並於未來在臨床或社區碰到新移民婦女家庭時，能提升對新移民家庭成員間的包容度，緩解新移民家庭面對生育及教養的壓力。實施「新移民家庭健康照護及輔導學習計畫」的成效為：

第一，結合學校現有的教學環境資源，建置教學軟硬體設施，提供更多具體之體驗項目，以更體貼之同理心，提供本校師生服務新移民家庭之機會。

第二，新移民家庭與本地家庭互動與融合的機會提升，使新移民家庭與本地家庭更具有友善的互動關係。

第三，透過學校專業教師與業界機構之專業人員辦理相關訓練課程，結合學校現有的教學環境資源，建置教學軟硬體設施，並配合辦理專題演

講與技術課程，為新移民注入健康保健的能力，培養擁有一技之長。使學校成為新移民家庭學習技能的最佳場所。

第四，透過專題演講、討論活動、視覺感受、深度體驗等多元的研習管道，強化師生對新移民家庭的健康照護能力，以提供具文化特殊性與適切性的公共衛生服務。

第五，學生透過研習及社區服務，深入了解討論新移民生活經驗，培養正確新移民家庭健康照護之服務態度，拓展新移民家庭與本地家庭生活經驗與活動範圍，增進其創意知識的累積。未來在臨床或社區碰到新移民婦女家庭時，能提升對新移民家庭成員間的包容度，緩解新移民家庭面對生育及教養的壓力。

第六，透過相關研究調查，協助教師提升知能，建立在地社區新移民人口學相關參考資料檔案，增進師生進行公共衛生教育之能力。

第七，協助新移民融入社區，學習更好的子女養育技巧，新移民家庭與本地家庭透過研習課程的機會，使其親子互動機會更為頻繁，以使社會未來的主人翁能有更健全的生長與發展。

第八，整合新移民家庭健康照護社區資源網絡、為新一代的移民人注入專業的概念，新移民家庭與本地家庭親職教育知能與實務技能增加，使其家庭功能運作更為順暢，培養她們擁有一技之長。串連新移民故鄉與本地文化之不同，整合出創新之力量，幫助新移民融入台灣就業市場，進而提升整體社區的文化融合。

按照社會學家吉登斯（A. Giddens）的說法，全球化就是流動的現代性，流動的是物質產品、人口、標誌、符號以及訊息的跨時間和空間流動。全球化就是時空壓縮，它使人類社會成為一個即時互動的社會。（吉登斯，1998）同時，隨著經濟自由化、政治民主化、社會多元化，政府施政與國人視界逐漸與世界接軌，促進我國與國際及大陸間經貿、文教、旅遊之交流廣泛。全球化就是超越民族國家的疆界，消除各種壁壘限制的過程。在這個過程中人類不斷跨越空間障礙和制度文化等社會障礙，在全球範圍內實現充分溝通。統計國內外籍配偶子女人數，顯示新住民呈遞增事實，透

過新移民座談會，確認共識之議題為新住民的子女教育問題及如何提供新住民子女的一技之長，有利於其未來之順利就業。調查外籍配偶多半為勞工階層，唯有透過教育才能有效改善其經濟弱勢。部分國中成立技藝班來增強新住民子女的一技之長，透過移民署的火炬計畫提供課輔活動，及民間慈善團體的支援，已有若干成果，證實只要給予機會都將成為可造之才。

隨著科技的日新月異，世界的發展一夕千里，不論是政治、經濟或文化等各方面的交流均日益頻繁，地球村的社會儼然成形。隨著全球化的風起雲湧，包括經濟的國際化、網路的國界化以及文化的跨國化，使得地域的區隔面臨重新的洗牌與調整，是以如何從國際化角度切入世界的核心，已成為各國面對的發展趨勢。全球化社會緊密生成，文化相互作用，新舊文化既是融合也是合併，不同文化相互激盪成新的跨越文化。全球化使我們具備著更為寬廣的視野，學習屬於現代社會應具備的素養，從容借鑑先進社會成功的事例，已成為社會發展的基石。

結語

全球化趨勢下，組成地球的各部分之間的關聯性加強了，全球化就是趨同化、同質化，是超越民族國家的疆界，消除各種壁壘限制的過程。在這個過程中人類不斷跨越空間障礙和制度文化等社會障礙，在全球範圍內實現充分溝通。「新移民家庭健康照護及輔導學習計畫」的實施有助於：

一、提供技專校有參訪國際活動的機會，增進國際視野。實地參訪新移民的住所，一則可以促進國際文化間之交流與融合，再者可以增廣師生技藝之實質交流。

二、共同親身實踐，創造師生更深刻之學習經驗，引發更多生活及生命的反省，使新移民家庭健康照護及輔導學習計畫更貼心可行。同時可結合社區的健康促進中心以作長期的衛生教育及優生保健

輔導，以配偶家族成員一起進行，分擔養育責任及預防角度，建
構初為父母職的該有知識及可需求教養的支持網絡。

三、透過師生深入了解多元文化之精神，使師生實際參訪新移民原本
所居住的家庭，因了解而能在課程設計有所創新。並結合社區托
育機構強化家庭的親職教育工作及文化落實；政府面對這些女性
新移民，成人教育與家庭輔導延至及親子教育措施加強協助其適
應成人文化教育及語言基本訓練，使其多元種族的包容概念，避
免自我認同意識的矛盾與衝突，並在下一代形成弱勢標籤。

四、實際參訪當地的家庭親職教育活動、美容實務新知學習、口腔衛
生健康照護及輔導學習及健康照護，因了解而能務實在現有課程
進行調整，增加教師專業知能及學生專業技術提升就業機會。

全球化發展趨勢形成的國際分工關係，使經濟弱勢的國家，透過勞動
力參與及婚姻關係，形成人口流向經濟較為優勢國家。當我們深入探究這
些現象的本質時，可以發現：跨國婚姻與台灣的社會文化結構之間有著密
切的相關，這些社會建構的刻板印象，長久處於這些系統性的偏見與差別
待遇，不僅對於跨族群婚姻來講是最嚴苛的考驗，同時也可能為我們社會
帶來衝擊。現行政策實施的主要仍是針對外來的「新台灣人」，多為語言教
育、文化教育與生活教育及輔導。事實上，這些「單向的」政策對於解決
個人適應方面的問題提供了部分性的協助，但是，卻遺漏了社會整體結構
對於全面作為的努力。全球化是人類社會在政治、經濟、文化諸方面彼此
緊密聯繫、融會、整合和一直趨同的社會大變動的過程，也是一種自覺超
越狹隘階級、民族、國家界限的意識。應該從全人類和全球的角度出發考
慮問題，在充分尊重差異的同時，努力形成人類共同的認識、共同的價值
和共同的實踐。

第十五章　邁向多元包容的社會

前言

　　從社會福利的發展趨勢看，社會福利的對象從弱勢群體向全體公民發展。市場經濟及其推動的工業化、都市化過程所引發的社會風險，是面向全體民眾的，即使是資本家也有面臨破產的風險。因此，社會成員普遍存在著社會福利的需求。但在一定的社會結構中，相對來說，社會的弱勢群體在這方面始終處於劣勢地位，其社會權利也是最薄弱的，其對社會福利的需求及其他滿足也始終是一個突出的社會問題。

　　對多元族群應本著社會工作的專業，避免因社工員本身的文化背景而有的「文化中心主義」（ethnocentrism），能以「公民權」的觀點接納進而給予支持。這些弱勢族群承受相當的壓力，社會工作就需要透過社會資源的提供使其有更多能量應對壓力。

壹、福利對象與福利需求

一、福利對象及其區分

　　社會福利對象是指在社會福利實施過程中社會福利的接受者。可以說，社會福利的實施過程，就是福利接受者和提供者的互動過程，即提供幫助和接受幫助的過程，社會福利對象是指獲得幫助的一方。社會政策對象的分類，在形式上將社會福利對象區分為一般性對象和專門性對象、普遍性對象和選擇性對象。

表 15-1　社會福利的對象區分

類別	要義	分類	
基本原則	社會福利要滿足廣大民眾的福利性需要，又要重點滿足社會中某些群體的需要。	**一般性** 指向的是社會中普通民眾提供社會福利。	**專門性** 是指社會中需要某些專門化福利服務的群體，例如老人、兒童、婦女、殘障者等特殊群體。
運作方式	從社會福利的運作方式區分。	**普遍性** 指不考慮個人需求的差異，向全社會或某一階層的所有成員提供的無差異服務。	**選擇性** 是指社會中需要某些專門化福利服務的群體，針對性地指向社會的某一群體或某些具有特殊困難的社會成員。
社會分層	以人們的利益獲得和利益受損狀況。	特殊利益團體、普通獲益者團體、利益相對受損團體和社會底層團體。	

（資料來源：作者整理）

二、社會福利需求

　　社會福利對象需求的滿足揭示著社會福利的實現。社會福利對象需要什麼幫助也表現為福利需求。

1.福利需求的涵義

　　需求不完全等同於需要。需要是人的欲望，需求則是在特定條件下人們實現的、有可能獲得滿足的需要。實際上，每個人都會有很多需要，但是只有那些有望在實現條件下得到滿足的需要才會對人的行為產生實質性的影響。

　　一般來說，滿足人的需求的途徑和方式是多種多樣的，但主要的途徑和方式是透過勞動來滿足自己的需要。但在市場經濟條件下，這種需求滿足的過程充滿了風險。雖然社會福利概念的內涵不斷擴大，社會福利已經成為一般公民的基本權利。但在實踐的層面，社會福利最主要的目的還是幫助那些市場競爭中的弱勢群體解決在工業化和市場化過程中發生的生活困難，幫助其擺脫經濟發展過程中面臨的資源匱乏困境。因此，那部分靠

自己無法抵禦風險的群體的需求滿足，需要政府的干預和幫助。這種干預和幫助，可以促使各種福利資源透過社會福利機構，免費或部分免費地提供給有需要而自己難以實現的個人或家庭。

福利需求只是一般需求的部分，是指那部分透過自己的勞動或市場的手段無法被滿足的需求。兩者是包含關係，不是排斥關係。一般需求和福利需求的區別，主要在於滿足需求的途徑和方式的差異。一般需求即可以透過自己的勞動或市場來滿足。福利需求的滿足，主要透過福利制度安排、國家的重分配政策和社會福利政策及各類社會服務來滿足需求，只要個人或團體的狀態未能達到規定的標準，便認定處於貧困線之下的人有特定的消除貧困的需要。

2.福利需求類型

與福利相關的需求分類，大體有兩種形式：第一種是採取社會行政的觀點，側重對需求狀態進行系統的分類，以協助社會決策過程與方案的執行。例如，根據迪姆斯（R. Titmuss）的論點，將需求分為短期需求和長期需求。第二種是將需求歸納後進行分類，以布萊德蕭（Jonathan Bradshaw）所提出的四種需求分類。布萊德蕭對現有的福利需求進行歸納以後，認為有四種類型：

表 15-2　需求的分類

項目	內涵
規範性需求	根據專業人員、行政人員和專家學者的專業知識和現有的規定，加以衡量和確定。適用於規範最低或基本的需求，將已建立的標準與實際的狀態進行比較。
感覺性需求	是個人根據感覺與經驗所反映出的個人盼望或想要的一種需求，可以使個人避免不知道如何申請福利服務，以及受限於規範標準等問題。
表達性需求	這是感覺到的需求轉化為實際行動的結果，即行動性需求。這種表達方式有溫和與激烈之分。
比較性需求	當一些人獲得的產品和服務少於同類其他人時，就會產生需求的感覺。這種需求是經過社會比較而產生的，由他人的需求被滿足而引發的。

（資料來源：作者整理）

布萊德蕭的需求類型帶有主觀的性質，如規範性需求則顯有以專業知識和社會共識為基礎的，是從對象之外對其需求進行的認定。其不足之處為：第一，是難以擺脫父權意識；第二，是不同的界定標準會影響對需求的界定；第三、是不能反映出個人之間的差異性。但其實質卻有社會的、文化的客觀基礎。

3.福利需求滿足的優先性

福利需求的滿足是需求者和供給者相互作用的實踐過程。但是，福利需求的滿足過程總是受到各種因素的影響和制約。其中，福利資源的約束是需求滿足過程中遇到普遍問題，並由此引發需求滿足的優先性問題。需求滿足的優先性涉及兩個層面：其一是人的層面，個人的哪些需求應該優先滿足；其二是社會的層面，即誰的需求應該優先滿足。

表 15-3　福利需求滿足的優先性分析

項目		內涵
需求	個人角度	在既定的時期內或條件下，即便需求各種各樣，但相對於有限的資源來說，必須排出優先順序。因此，就有一個優先滿足個人什麼需求的抉擇。在個人層面，需求滿足優先性歸根結底是個人選擇的結果，大多數情況下，個人依照對自己有利的原則進行理性選擇，認為應該優先滿足最基本的生活需求。在透過自己勞動或透過市場不能滿足自己的需求而需要外力的幫助時，國家和社會提供的福利首先是在滿足人們最基本的生活需求方面有所作為。
	社會角度	應該將有限的資源優先滿足誰的需求，是一個社會選擇的問題。在市場經濟的世界，需求的滿足必須遵循生產原則和「按勞分配」的原則。但這必然帶來收入的不平等和貧富的分化，需要社會福利發揮其調節社會貧富差異和社會對立的功能。而福利需求優先滿足的社會抉擇，往往受到社會福利制度和政策規劃者、立法者和有關介入力量價值抉擇的影響。社會選擇是按照一定的價值標準和原則進行的。
供給		1. 政府對於個人基本生活需求的滿足，優先於其他人自由權的保障。 2. 某個人的自由權優先於他自己基本生活需求的滿足。因為個人有權決定要不要申請福利服務。當然，如果個人的決定影響了家庭其他成員的基本需求或身心健康，則以上述第一條原則為準。 3. 政府在維護與保障某一群體的基本人權，優先於他人財產權的保障。但社會福利政策的任何一項決定，都要符合社會公義的原則。

| 實踐 | 成本效益原則 | 是使有限的資源發揮最大的效用，將資源分配給那些在市場競爭中無法獲得他們應得利益的那部分群體。 |
| | 社會效益原則 | 以平等對待為主的普遍原則，即只要是社會的一員，都應該給予平等對待，不應該對有特殊需求的成員給予「不平等」的對待（特殊照顧）。 |

（資料來源：作者整理）

　　社會抉擇或價值抉擇在福利需求滿足優先性上的具體實踐，即對社會福利優先給予最需要的人還是公眾普遍享有進行選擇，在具體選取福利對象的過程中，各國的社會福利模式並不是相同的，迪姆斯（R. Titmuss）認為，短期來看，成本效益原則可以發揮資源的有效性，但如果考慮在選取福利對象的過程中的行政成本和時間成本，就未必能達到資源利用的最大化。

貳、弱勢群體的福利需求

　　當今任何國家，弱勢群體是社會福利關注的重要對象。但是，弱勢群體福利需求的滿足卻因社會政策的不同而有不同的結果。因此，弱勢群體的福利訴求成為改變社會政策的重要動因。

一、弱勢群體及其生存狀態

　　弱勢群體是市場經濟條件下社會分化的必然結果。一般來說，弱勢群體總是與強勢群體相對應的概念。從經濟的角度看，弱勢群體是指經濟地位、經濟能力和經濟收入低下的貧困群體。從政治和法律的角度看，弱勢群體也是政治地位和政治影響力低下，需要用政策、法律來維護其正當權益的人群。從社會學的角度看，弱勢群體是指在經濟、文化、體能、智能、社會處境等方面處於相對不利地位的那部分社會群體或社會階層。他們的出現或存在，既源於社會結構的轉型和利益關係的失調，也源於成員自身的某些原因對社會造成的不適應。從社會福利角度看，弱勢群體是社會救

助或社會救濟的基本對象。弱勢群體、貧困群體概念的內涵是相互交叉的，有時可以相互替代，都屬於社會福利對象中的專門性對象或選擇性對象。

　　弱勢群體的存在是一種社會常態，因為市場競爭傾向於優勝汰劣，勞動市場和資本市場的發展在加速財富累積的同時，必然會造成貧富差距。弱勢群體是在經濟上、體能上、就業和教育機會上都處於劣勢的人群。弱勢群體是任何社會都難以避免的普遍現象；一部分則是在社會運作中受損所造成的弱勢群體；還有一部分是現代社會中由於體制不健全造成的弱勢群體。弱勢群體的概念具有相對性，例如，在整個社會系統中，都市居民屬於強勢群體，農民屬於弱勢群體。在職業系統中，又可分為官員、企業家、知識分子、白領人士等屬於強勢群體，而勞工群體的收入、社會聲望一般較是處於弱勢群體的層次。以族群為例，弱勢群體與強勢群體之間有一個相對明確的分界線。有關弱勢群體存在的原因有很多不同的解釋，就其對社會福利制度和政策的影響來看，有個人責任論和社會責任論之分。個人責任論者將弱勢群體的存在歸咎於弱勢群體自身的原因。言外之意，人們之所以會淪落到弱勢地位，是個人或家庭的責任。

　　在工業化早期，當乞討、貧困、失業等社會現象出現的時候，社會上層人士普遍持這種看法，所以社會福利制度對弱勢群體有強制就業等舉措。二十世紀中期開始，隨著福利國家的出現，社會責任論的聲音趨於強大，強調社會的責任。「社會責任論」認為，個人之所以淪為弱勢群體，是整個社會與經濟結構的結果。具體地說，是政府長期的政策偏向了強者而摒棄了後來成為弱者的人們。並且影響著弱勢群體福利需求的滿足程度。若將弱勢群體的弱勢看作是社會的責任，那麼政府就應無差別地對待各類群體，主動滿足弱勢群體的福利需求。這樣，弱勢群體在滿足需求時獲得的權利和義務是不對等的，其權利大於義務。其實，從個人的原因來看，弱勢群體也有兩種情況：一是他們「不能」，二是他們「不為」。「不能」的原因很多，如生理上的殘障、年老或由於疾病喪失勞動能力等等。「不為」則牽涉主觀問題，如懶惰、有能力卻不願就業等等。對「不能」者的福利需求，政府應義不容辭地給予社會救助；對「不為」者的福利需求，政府

應慎重，依法加強教育和再社會化。弱勢群體的普遍生存狀態都會表現為經濟狀況的貧困、生活質量的低層次性、承受風險的脆弱性及無權狀態。

表 15-4　弱勢群體的生存狀態

項目	內涵	
經濟貧困	這是弱勢群體在經濟上共同的特徵和根本屬性，其制約著弱勢群體的其他屬性。所謂貧困，即經濟、社會、文化落後的總稱，可分為絕對貧困和相對貧困。而在社會分層結構中，凡是收入水準低、生活水準低和生活處境難的貧困群體，都屬於弱勢群體。	絕對貧困是指低於最低物質生活水準的一種生活狀況。
		相對貧困是指低於其他群體或階層的經濟狀況和生活狀況。
生活欠缺	評價弱勢群體的總體狀況，除了貧困性之外，必須用生活質量這種集物質生活狀況和精神生活狀況於一體的綜合指標。各種貧困群體在生活品質上都具有低層次性，苦悶、焦慮、徬徨、悲觀是其精神生活的主要特點。	
高度風險	這是弱勢群體在承受力上的共同特徵。貧困是指這樣一種特殊的無權狀態，即在面臨來自社會各種有權勢的集團壓力時，無力控制自己所處的生活環境。弱勢群體恰恰是社會的各個中經濟承受力和心理承受力較弱的群體，成為社會結構的薄弱帶，影響其生存，社會風險將首先從這一脆弱的群體身上爆發。	
權力剝奪	在現實生活中，由於社會利益的分化和制度安排等原因，處於社會底層或社會邊緣的弱勢群體總是缺乏維權和實現自我利益主張的權利和能力。若要改變這種狀況，就必須要對權力進行再分配，走增權的途徑。	「無權」——完全沒有權力。
		「弱權」——有一部分權力，但不足以正常獲取或改善生活和環境的資源。
		「失權」——原來擁有部分權力，但由於種種原因被剝奪或失去了權力。

（資料來源：作者整理）

弱勢群體客觀上的無權狀況必然帶來其主觀上的無權感，無權感是個體或群體對自己無權、無能力的一種主觀感受，是無權事實在心理的內化過程。基費（C. H. Kieffer）認為，無權感的認知通常是「個人和其環境持續互動的建構，並結合了自我責備的態度、對社會不信任的感受、與人群疏離的感覺，以及個人在社會政治抗爭中的無權感受。」（Kieffer, 1984）

對弱勢群體來說，生活的困難、個人資源和社會資源的匱乏、被社會排斥和被邊緣化的客觀事實，導致其對自我、對群體的消極評價。這些負

面的自我概念或消極的自我評價,經常被內化並整合進其個人的發展經歷中、參和進其群體形象中,使其在現實生活中的無權狀態更趨惡化,或者說使得弱勢群體更沒有能力和資源去爭取自己的權利和利益。

二、弱勢群體的福利訴求

相對於強勢群體,弱勢群體的福利需求較大,了解弱勢群體的福利需求和訴求,是現代社會福利制度和社會政策實施的重要前提。一個國家或地區的弱勢群體規模大,相應地,福利需求也多。但是,福利訴求多不等於福利訴求能力強。弱勢群體的福利需求與滿足是一個國家社會福利體系的基礎部分。如今,大多數國家都有針對弱勢群體福利需求的社會救助制度,並把獲得社會救助看作是每個公民都擁有的一項權利。社會救助與弱勢群體的福利直接相關。在社會福利發展史上,最初的慈善形式就是發起於對貧困人群的救助,而美國實施的選擇性社會福利制度也是以救助弱勢群體為優先,歐洲實行普遍性社會福利制度的國家,也是對貧困群體的社會救助為基礎,將社會救助看成是社會的「安全保障網絡」。總體來看,弱勢群體的福利需求的求助狀態分析如下表:

表 15-5　弱勢群體的求助狀態

項目		內涵
福利需求	需求層次	弱勢群體的福利需求層次較低。其關乎處於生存危機的人是否可以滿足基本需求。社會救助的標準通常以維持弱勢群體成員的最低生活需求為標準,是整個社會保障體系中待遇最低的制度安排。
	福利提供	弱勢群體福利需求的滿足以國家和社會力量為主要的供給者。許多國家規定,當社會成員陷入生存危機或不能維持最低限度的生活水準時,國家應提供必要的救助。這時,對弱勢群體來說,獲得的社會救助是一種權利;對國家來說,向弱勢群體提供社會救助是法定的義務。
求助狀態	不求助	當生活發生困難時不求人或不求援,在遇到困難時不習慣向外界求援。
	不會求助	社會成員當生活發生困難時,不知道找什麼部門或人幫助。
	過度求助	誇大自己的困難,要求政府給自己提供超過基本需求的福利。

	乏認知	沒有感到自己有福利需求，甚至沒有表達自己利益和需求的社會意識。
	缺表達	雖有意識去表達自己的需求，但缺乏表達能力、組織和得以表達的管道。
	影響少	雖有表達自己福利需求的能力和管道，卻沒有影響政府和社會的語言權。
供需落差	權威資本不足	權威資本為「擁有控制他人行動的權利」。可見，權威是行動者對他人的影響力和控制力；權威主體是一定社會權威關係的基本方面，總是代表著一定社會的主導力量；權威更強調對權威主體自覺地接受和服從、自覺地被控制和被影響，而權威更強調強制力。從弱勢群體的角度看，缺乏社會資本尤其是權威資本，也是其訴求能力低下的原因，其難以擁有一定的權威資本，更多地只是被關注、被影響和被幫助。

（資料來源：作者整理）

　　福利訴求是福利需求的表現，弱勢群體在追求需求滿足的過程中，首先會進行福利訴求。換句話說，當人們一旦發生困難時，首先會發生求助行為，然後才有別人的幫助行為，求助是社會福利實施的起點，接受幫助是社會福利的落實。即使政府和社會不能解決弱勢群體所遇到的所有困難，弱勢群體也需要將福利需求表達出來，讓社會了解自己的需求和困難，以便影響社會福利政策。但在現實生活中，弱勢群體中經常出現不求助、不會求助和過度求助的現象。雖然不同階層的弱勢群體，其福利訴求能力有高低之分，但相對於其他群體，其在總體上的訴求能力還是比較低的。不同階層的弱勢群體福利訴求的內容以及訴求的能力也是很有差異的。相對而言，處於都會區的弱勢群體，由於容易接觸社區的救助機構或社會服務機構，也由於媒體或社區的宣傳使之知道自己的權利，故訴求能力較高，會有針對性地向政府提出自己的福利需求。當然，其對福利的期望也較高。至於農村中的弱勢群體，由於缺少資訊傳遞，較難以了解政府的政策和自己的權利，一般只會要求政府為其提供最基本的生活資料。弱勢群體之間的這些差異，與其原有的文化背景生存狀態以及所處社會環境的發展程度有著密切的關係。

　　弱勢群體的福利訴求能力之所以較弱，除了制度性原因一及其他階層對其的社會排斥外；從表象的角度，可以視為一種可行能力的被剝奪；其

本質是人的主體性的喪失。一個人的「可行能力」指的是人有可能實現的、各種可能的功能性活動組合。而「功能性活動」是一個人認為值得去做或達到的多種多樣的狀態。失去了可行能力的人不能進行正常活動，在一定意義上也就失去了人的「主體性」。主體性主要表現在人的福利方面與能動方面。主體性的福利方面關注的是「他或她的個人利益有關的成就和機會」。

三、弱勢群體的增權和福利保障

弱勢群體的福利訴求能力是普遍低下的，造成這種能力低下的原因，一、是制度、政策與社會環境等客觀因素；二、是弱勢群體的主體性因素和無權狀況。改變這兩個方面的狀況，是提高弱勢群體福利訴求能力、保障其福利權利的必要途徑。

弱勢群體的個體成員是社會工作潛在或現實的案主，個體增權著重的是個體自身的生活能力和影響社會環境能力的提高，注重個體主觀心理上的控制感、自我評價和滿足感的提升，以改善、改變環境和自我的行動。社會轉型期出現的弱勢群體，都缺乏關係型態的社會資本，主要表現為：人際關係網絡規模小，人際關係網絡的交往對象單一化，人際關係網絡的封閉性。社會關係網絡的闕失，使得弱勢群體缺少來自其他社會資源和社會網絡的支持，從而使弱勢群體的福利需求不能得到來自網絡外社會力量的滿足和提供，福利需求也難以藉助其他網絡向社會反映。不同的弱勢群體個體，其無權的表現不同，因而福利訴求缺乏的表現也不同。個體層面的增權，是指個體成員控制自身的生活能力以及對所處環境的融合與影響能力的提升，包括實際控制能力和心理控制能力兩個方面。實際控制能力與個體受教育水準、生活知識和技能、家庭經濟和社會背景以及人際互動能力等因素密切相關。從社會關係的層面看，人際關係可以影響弱勢群體福利訴求能力的大小。人際關係在實際運作過程中具有明顯的工具性和功利性。人際關係概念在靜態上指的是客觀存在的人與人之間的聯繫紐帶；在動態上指的是將這一聯繫的紐帶視為一種社會資源、社會資本，利用其可以達到工具性目的，能夠獲得更豐富的社會資源和社會資本。心理控制

能力則與一個人的心理素質相關，在現實生活中，無論是作為個體還是群體的弱者，離開了人與人之間的關係，既無法提升自己的權力和能力，也無法表現自身對他人或其他群體的控制力和影響力。個體增權目標的實現，需要透過各項培訓和自己的努力達成，人際關係在福利訴求和福利獲得中的功能：一方面，弱勢群體透過與他人的互動結成一定的社會關係網絡，從而獲得一定的社會資源或社會資本；另一方面，弱勢群體社會關係網絡的擴大，又可以使其在與其他群體互動的過程中提升自我形象，改變對自身群體不利評價，爭取公平、平等的社會環境，從而使其福利訴求更為有效。重新定義自己和代表自己行使有效行為的能力，是個體增權的基礎。（Staples, 1990）弱勢群體之所以缺乏這種關係型態上的社會資本，根本的原因在於：

表 15-6　弱勢群體缺乏社會資本的原因

項目	內涵
缺乏社會資源	由於經濟困難和社會地位低下，其幾乎沒有可資利用的稀缺資源或特殊等價物參與到廣泛的社會交換和社會交往之中，因而總是被排斥在主流的人際關係網絡之外，其人際交流和職業流動只能侷限在底層社會。
人際關係薄弱	弱勢群體內部的人際關係網絡同質性高，可資利用的資源匱乏，若要獲取可資利用的資源，需要向網絡外發展，與其他網絡進行交往。但交往是需要成本的，即使弱勢群體只支付與其他群體相等的交往成本，也會因為其資源總量少，占有的相對成本較大。
缺乏社會認同	在現實中，隨著社會競爭、流動和分化的加劇，弱勢群體與其他群體在社會地位、生活方式、知識水準，技術技能等方面的距離也越來越大，在很多方面難以被強勢群體所認同，客觀上形成嚴重的失落感、自卑感及被排斥感，甚至產生自我無能無用的負面評價和宿命論的價值觀念。

（資料來源：作者整理）

社會認同對弱勢群體的福利訴求和福利獲得有很大功能，可以幫助其在與其他群體互動的過程中增加自信，提升自我形象，從而改變對自身群體地不利評價。從社會參與的層面看，社會參與能幫助弱勢群體表達自己

的福利需求，從而提升福利獲取能力。弱勢群體的社會參與對社會政策的影響主要集中在：

第一，能表達福利需求和參與社會資源再分配，從而改善自己的困難處境。

第二，能爭取到與健康社會和進步文化相匹配的社會公正和社會平等待遇。

社會參與大多直接以群體的整體性活動出現，目標指向社會政策的影響。因此，拓寬弱勢群體的人際關係和社會資本網絡，既需要政府和媒體的宏觀指導，也離不開社會工作者的輔導和非政府組織、非營利組織的中介活動。

參、弱勢群體的福利服務

社會福利服務所關心的對象，以社會弱勢者為主，通常包括我們所熟知的兒童、少年、老人、身心障礙者、婦女、低收入戶、原住民、新住民、勞工與農民等等，他們所面臨問題的類型，往往有所差異，其所提供的服務亦不相同。在一個多元族群社會的族群互動過程中，個別族群會因成員身體以及文化的特質，與掌握社會資源的支配族群不同，而被排斥並給予不公平差別待遇的族群團體稱為弱勢族群。由於社會交往的成本相對較高，客觀上阻止了弱勢群體與其他社會群體的聯繫和溝通，並使得其社會資本更為短缺。任何社會轉型期出現的弱勢群體，都普遍缺乏社會參與的機會和能力，都有著被邊緣化和被社會排斥的被動特徵。「社會排斥」（social exclusion）這一概念是法國學者勒內‧雷諾瓦（Rene Lenoir）首先提出的。社會排斥是指某些個人、家庭或社群缺乏機會參與一些社會普遍認同的社會活動，被邊緣化或隔離的系統性過程，並表現為被排斥者在經濟、政治、社會、文化及心理方面的長期匱乏，日益成為孤獨、無援的群體。社會文化、社會結構、國家政策、現存的意識形態等多方面的因素製造了社會排斥，而社會流動率則反映社會排斥的程度。從這個意義上說，弱勢群體被

社會排斥，就意味著被邊緣化，意味著無法將自己的福利需求透過社會參與表達出來。另外，弱勢群體的非制度性社會權利的缺失也是阻礙其社會參與的重要因素。弱勢族群有時並非是數量上的少數，而是因該族群位於社會邊緣地位，且對於社會資源分配不公的狀況不具影響力。「社會權利」是馬歇爾（T. H. Marshall）討論社會福利的重要概念，認為公民權利有三大類：一是法律權；二是政治權；三是社會經濟權利。相對於弱勢群體來說，保障社會福利的社會權利是關鍵。因為參與是一種權利，權力是獲得機會的基礎。擁有了社會參與的權利，才有獲取利益訴求管道的機會。

社會學者 Melvin Tumin 將族群定義成：「族群是指在一個較大的文化與社會系統中，因其所展示的或被其他群體認定的組合特質，而占有或被賦予某一特殊地位的社會團體。」族群、種族與國族都是文化認同的形式，是論述與建構（discursive-performative）的過程。文化人類學家認為要區分種族不是從其生物特徵面，而是從其文化面。這是由於人們根本無法研究純粹的種族類型，加上要區別後天學到的行為、先天遺傳的行為、以及測量智力和感情的特性有種種的困難。所以，人們很難確定種族之間的智力和感情特性間的差異。族群、種族與國族是依時勢而定且不穩定的社群，藉由自身的認同。它們並非普遍或絕對的存在「事物」，而是經過規制的、談論我們自身的方式，這些認同並非任意而為，因為它們會暫時的被社會實踐所持恆作為，成為社會互動中的關鍵（nodal point）。（Barker, 2000）在族群認同的建構過程有部分外在的客觀條件，是來自群體成員共同的生存地理環境、血源關係、生活習慣以及歷史經驗。影響著種族與族群再現及論述的各種方式，包括：大眾媒體、影片、音樂、廣告、教科書，乃至於日常用品之中的議題。對於族群的成員形成一種外部的制約力量，使個人和自己族群過去的光榮或恥辱、族群的未來發展、族群的其他人形成一種「我群」的認知。（張茂桂，1999）種族歧視（racism）的態度涉及了相信生理特徵本身便可以證明其他特徵的歸屬，而這些其他特徵不僅是生理上的，還暗示了一組確定的能力、習性或行為形式的存在。各別族群對自己

族群均有較正面的自我認同,對於其他族群則採取比較保留的態度,而各族群用來顯示評價的正面與負面觀點,也相當程度的反映該族群持有的道德價值觀點。

在群體的表現上,如果一個族群在外來的壓力下,承認另一族群的優越性,進而放棄自己的文化認同,轉而接受並模仿對方的社會與經濟體系,這是一種族群的調適,指社會調適,即人與人、群體與群體、文化與文化之間互相配合、互相適應的過程。調適的具體方式主要有以下幾種:

表 15-7 弱勢群體調適的具體方式

項目	內涵
和解	即放棄衝突中形成的戰對態度,轉而建立相互容納接受的友好關係。
妥協	即社會互動各方經歷仍勢均力敵、不分勝負的一種暫時息爭。妥協的雙方既沒有改變敵對態度,也沒有達到各自的最終目的,所以妥協是一種暫時的調適,一旦均勢打破,衝突就會再起。
統治	衝突的結果,一方戰勝一方,一方成為勝利者,另一方為失敗者。勝利者成為統治者、主宰者,失敗者成為被統治者、被支配者。如果是被迫形式的統治與服從關係,族群調適未來的互動模式可能有兩個:一是待條件成熟後重新發起衝突,進行新的較量;二是處於服從地位的一方被奴化。
順應	是指由於衝突的一方無力改變自己的被動局面,不得不部分地改變自己的態度、觀點及行為方式,以適合對方而停息或避免衝突的行為模式。
同化	是指衝突的一方全部改變自己的態度、觀點及行為方式,完全變成另一單位——群體、種族或民族成員的行為模式,經過調適,產生彼此和諧的關係。

（資料來源：作者整理）

族群關係的發展,要立基於平等、尊重等原則,以建立彼此的互信,族群的隔閡將有助於緩解。英國的史賓賽（H. Spencer）說:「生活即是內在關係與外在關係的調適。」族群社會工作促進社會交流,將有助於族群關係的和緩。

新住民福利服務

隨著全球化的趨勢，婚姻移民亦快速增加。為建立新住民福利服務，參酌西方社會福利的建置，尤其是素有「民族熔爐」之稱的美國社會，以作為我國社會福利的借鑑。美國在社會福利制度活動的演進方面最有意義的一大步是起因於經濟大恐慌的覺醒，和在一九三五年通過的社會安全法案立法。羅斯福總統（Franklin Delano Roosevelt, 1882-1945）稱此法為「結構的基石已經被建立，但尚未完成。」一九三五年後美國社會福利的發展與改變比歷史上任何時期更迅速，社會安全是社會福利漸漸發展的成分。在美國社會安全制度泛指在社會安全制度下的整體範圍計畫，此法案提供六項廣泛的計畫：社會保險、公共救助、社會服務、老年與殘障者的健康保險、窮人醫療費用之給付、孕婦與殘障兒童的健康服務。社會福利工作不但確定為國家的責任同時也奠定了專業化的地位，成為國家設施的一種措施。

肆、福利服務的輸送體系

「社會福利服務」（Social Welfare Services）是「社會福利」（Social Welfare）與「服務」（Services）兩個概念的集合，是社會福利體系中所提供的服務措施；「社會福利」既可以是一個價值觀念，也可以指的是一套具體的社會福利制度，社會福利是透過社會裡一些集體行動或措施，使某些人的困難得到解決，或使他們的生活得到滿足和快樂。依據美國《社會工作辭典》（The Social Work Dictionary）對社會福利的定義為：「社會福利是一個國家對於福利方案、給付水準以及服務項目所設計的制度，目的在於盡可能去滿足心理、社會與經濟的需求，而這些需求的滿足是成就個人與社會福祉的根本。」台灣的《社會工作辭典》對社會福利的定義為：「社會福利是指協助個人與社會環境之相互適應，使獲得生活健康為目的之有組織的活動。通常是由公私立機構或團體，運用有目的的組織及有系統的方

法，提供有關公共福利之措施，包括提供各種慈幼、安老、救助、醫療照護與公共衛生。（詹火生，2000）

根據英國學者威廉斯基（H. L. Wilensky）所指福利服務分配體系（Allocation System），通常福利服務在選擇誰是受益者有兩種方式：選擇性福利（selective welfare）或普及性福利（universal welfare）。

一、選擇性福利

社會福利制度的產生只扮演著常態結構失靈時之後的補救措施，接受福利服務對象是經過某一標準篩選過的，其基本的原則就是成本效果（cost effectiveness）的考量，也就是將有限資源作最大效用的發揮，每一份資源都須分配給那些無法在市場競爭中得到他們應得的人。假設每個國民都有能力保障自身的福利，依據這個原則就必須制定一些區隔和選取的標準，以幫助選出那些真正需要的人，例如依賴人口、沒有工作能力的人等。詳言之，該模式只允許政府有限地介入福利分配，除了不能養活自己的人，才是社會照顧的對象。殘餘模式的社會福利最佳代表是美國，社會福利扣緊市場至上。

二、普及性福利

視福利服務為現代工業社會中扮演一個正式的與第一線的功能，強調個人的福利是社會集體的責任。接受福利服務對象是該國或該地區的所有民眾，其基本的原則就是社會效果（social effectiveness）的考量，只要是在社會中的一員，應該給予平等的對待，不應該對有特殊需要的成員，在行政手續的申請過程中給予不平等的對待，產生「標籤」（stigma）效應。模式主張「社會最低」（Social Minimum）原則，所有國民都被授權享有基本生存的權利，即馬歇爾所謂的「社會權」，這種權利是無條件的，不分貧富、性別、種族、有無工作等。例如台灣的全民健康保險，即是二千三百萬人一體納入，不得有歧視待遇。即它不認為市場可以扮演初級的福利分配功

能。反而，主要福利分配者應該是政府。制度模式以貝佛里奇模式為原型，而瑞典是最符合該制度福利的國家。

表 15-8　選擇性福利與普及性福利特性之比較

特性	選擇性福利	普及性福利
使用程度	使用程度不定	高使用率
政策目標	資源有效運用（針對特定對象）	資源較浪費（不需要者也可享有福利）
行政成本	高行政成本	低行政成本
公共支出	公共支出的壓力較低	相對較需要公共支出
社會成本	造成相當的烙印化	不會造成烙印化
社會效益	較具公正性但易發生社會分化	較具平等性但能促進社會整合

（資料來源：作者整理）

　　族群社會工作強調的是「社會融合」（social inclusion），減少「社會排拒」（social exclusion）。「融合」是一種動態的過程，而非僅是一種「安置的狀態」（placement），亦即，融合的理念，不是只要安置就好，每個個人的需求都應被顧及。在社會福利中除了選擇性與普及性兩種分類方式之外，也可以依據受服務者不同的條件，提供不同的服務。福利服務的分配原則與資源的充裕與否及民眾的基本需求有關，資源較為充裕，則傾向採取較為慷慨的普及性福利，否則就需要限定條件，將資源集中在最需要的人身上，而採取選擇性福利；另外，如果這個需求影響到人民的基本生存條件，就需要採取普及性福利。

　　在福利輸送的過程因機構的類型不一，會產生兩種不同模式的「輸送方式（Delivery System）」，即「集權模式」（Centralization model）與「分權模式」（Decentralization model）。

表 15-9　福利輸送的過程

項目	內涵
集權模式	1. 通常集中在一個處所，彼此協調較為方便，並有專業人員提供相關的服務。 2. 服務使用者有一部分的決定權力。 3. 最典型的代表就是地方政府的社會局（處）或所屬的家庭福利服務中心。
分權模式	1. 是提供單向服務為主，例如機構提供身心障礙兒童早期療育。 2. 機構較為分散，平常缺乏協調溝通。 3. 需要專家決策，是受服務者與機構訂定私人契約，作為提供服務的依據。

（資料來源：作者整理）

　　在福利的輸送方面，依據輸送的發動方向，這兩種輸送的方向往往相互交流，政府部門的服務輸送要考慮民眾接受服務的方便性，民眾也有表達異議的自由，作為輸送服務時的參考。不管是「由上而下」或「由下而上」都必須注意服務的可近性、可及性與可受性，才不會使受服務者花費許多時間或金錢的成本，仍然得不到方便的服務。

表 15-10　福利輸送的過程

項目	特點	內涵
由上而下	依循科層輸送帶 （Bureaucratic Lines）	是由政府依據政策的考量，將資源做有效配置，然後透過行政科層體系「由上而下」的輸送到受服務者手中。
由下而上	由服務使用者參與 （Freedom of Dissent）	是由受服務者的需求出發，表達其對服務的供給、分配等方式及服務品質的要求，希望服務輸送要符合可近性、可及性與可受性等條件，使服務能更貼近其需求的做法。

（資料來源：作者整理）

　　然而隨著福利服務的多元化，必須要尋找一個符合當地國情的組合模式，其先決要件就是民眾能得到適切的服務，否則一味依賴某一部門，但該部門的功能在式微當中仍不自知，民眾對服務的期待依然落空。即國家在福利服務供給上的角色，不再是唯一的供給者，而是可以由多重部門獲得：法定部門、志願部門、商業部門和非正式部門。福利服務的提供由中

央移至地方、鄰里或小型的社會服務團隊；而消費者與受雇者亦參與決策過程。

　　族群社會工作所強調的「社會融合」不僅是作為一種「照顧福利取向」（welfare-caring approach）的目標，使弱勢族群獲得一份工作，或參與社會日常生活的機會，更重要的是要讓弱勢族群完全的融合到社會，除了要免於依賴專業照顧者之外，還必須要認知到他們與社會一般人是相互依賴的夥伴，不論是教育、工作與生活，彼此不再被社會生活空間所「隔裂」。即在於創造「機會均等，全面參與」的社會，使得社會上的弱勢族群能有尊嚴的生存，以對抗社會的排拒。是以，在福利服務方面，要依據福利的資源與民眾的需求程度，決定採取選擇性或普及性的福利，如果採取選擇性福利，其選擇的標準必須具體明確，以免造成困擾。如果能夠將服務的供給、分配與輸送體系彼此緊密的相連，才能建構起一個「無縫隙」的服務體系，讓受服務者能夠得到周延、適切、有效率與有品質的服務。

結語

　　「福利國家」一詞最早出現於威廉・天普（William Temple）一九四一年所著《公民與教徒》一書中；隨後亦被引用於一九四二年《貝弗里奇報告書》「社會保險與相關的服務」（Social Insurance and Allied Services）為藍本所規劃的一套涵蓋全體國民的「社會安全網」。此後福利國家的理念廣為流傳。社會福利範圍可分為關懷性、預防性與發展性，各有其重要的功能，而福利服務往往貫穿其中，提供社會弱勢群體最即時、適切的服務。面對未來全球化趨勢嚴峻的考驗，必須設計一套從福利服務的供給、分配到輸送的完整體系，才能滿足服務人口群的需求，這也是社會工作人員無可推卸的責任。其意義即為「政府保障每一個國民的所得、營養、健康、住宅、

教育水平；對國民來說，這是一種政治權利，而非慈善」；因而，其一般的原則即「政府能夠且應該負起責任，以保障所有國民擁有一個過得去的最低生活標準」。

參考書目

王永慈（2001）。社會排除：貧窮概念的再詮釋。社區發展季刊，95，72-74。

王世英（2006）。我國新移民子女學習成就現況之研究。教育資料與研究，68。

王秀紅、楊詠梅（2002）。東南亞跨國婚姻婦女的健康。護理雜誌，49：35-41。

李萍、李瑞金（2004）。台北市外籍配偶社會適應之研究——以越南籍配偶為例。社教雙月刊，119，4-20。

李美玲（1997）。多元文化教育在班級中的落實。教師之友，38，3，45-48。

江雪齡（1997）。多元文化教育。台北：師大書苑。

江亮演（1996）。《社會安全制度》。台北：五南出版社。

伊慶春（2003）。《台灣民眾的社會意向》。台北：中研院。

洪旋德（1997）。《社會政策與立法》。台北：國立空中大學。

李欽湧（1999）。《社會政策分析》。台北：巨流出版社。

邱芳晞（2003）。東南亞外籍新娘家庭問題與協助需求之探討。社區發展季刊，101，176-181。

邱汝娜、林維言（2004）。邁向多元與包容的社會——談現階段外籍與大陸配偶的照顧與輔導措施。社區發展季刊，105，6-19。

林君諭（2004）。跨國婚姻移民的教育省思。成教簡訊，40。2005 年 6 月 25 日取自：http://adult.nknu.edu.tw/。

洪榮昌（2004）。外籍新娘教育班教學心得分享。成教簡訊，40。2005 年 6 月 25 日取自：http://adult.nknu.edu.tw/。

郭靜晃（1997）。社會問題與適應。台北：揚智出版社。

吳天泰（1993）。小學的多元文化教育。多元文化教育，中國教育協會主編。台北：台灣書店。

吳清山（2004）。外籍新娘子女教育問題及其因應策略。師友月刊，441，6-12。

吳雅玲（2004）。新台灣之子的學前教育契機。師友月刊，441，13-16。

吳雅惠（2000）。教師多元文化教學信念與其運作課程之個案研究。國立花蓮師範學院碩士論文。

蔡文輝（1995）。社會變遷。台北：三民出版社。

曾雪娥（2005）。多元文化教育的再一章——新移民及新台灣之子的家庭教育。教師天地，135，50-55。

陳建甫（2003）。邁向多元族裔社會的教育願景與情節分析：外籍新娘與其下一代所面臨的同化迷失。教育研究月刊，110，135-140。

陳雪玉（2005）。發展新移民文化談外籍配偶及其子女教育輔導措施。教師天地，135，35-42。

翁福元（2006）。外籍配偶子女教育的迷思與省思。研究資訊雙月刊，23（5），29-40。

翁毓秀（2004）。外籍配偶家庭服務。社區發展季刊，105，109-115。

溫明麗（2007）。我國外籍配偶子女現況分析與問題解決。新住民及其子女教育與輔導政策學術研討會，國立台北教育大學。

黃木蘭（2004）。為新弱勢族群散播希望的種子。師友月刊，441，20-25。

黃哲彬（2005）。析論外籍配偶子女教育。教育趨勢導報，17，15-22。

曾秀珠（2004）。外籍配偶教育課程規劃之芻議。社區發展季刊，105，227-234。

黃森泉、張雯雁（2003）。外籍新娘適應與子女教養問題之探討。社會科教育研究，8，135-169。

簡春安（2004）。外籍配偶的婚姻生活適應。社會福利論壇。取自：http://www.cares.org.tw/。

夏曉鵑（2002）。流離尋岸——資本國際化下的「外籍新娘」現象。台灣社會研究叢刊。

楊傳蓮（2000）。國小教師的多元文化教育素養指標初步建構之研究。花蓮師院學報，11，143-170。

楊國樞（1991）。台灣社會問題。台北：五南出版社。

葉至誠（2001）。當代社會問題。台北：揚智出版社。

詹火生（1986）。社會政策要論。台北：巨流出版社。

俞可平（2007）。全球化與國家主權。北京：社會科學文獻出版社。

潘憲榮（2008）。全球化新思維。台北：領航文化。

薛曉源（2007）。全球化與風險社會。北京：社會科學文獻出版社。

蔡文輝（1995）。社會變遷。台北：三民出版社。

魏鈺珊（2005）。論外籍配偶子女之教育問題與因應策略。網路社會學通訊期刊，47。取自：http//www.nhu.edu.tw/~society/e-j.htm。

謝慶皇（2004）。外籍配偶子女學業成就及其相關因素探討。台南師範學院教師在職進修特殊碩士學位班論文，未出版，台南縣。

Banks（Eds）. Multicultural education: Issues and perspectives（2nd）. Boston: Allyn and Bacon.

Bennett, C. I.（1999）. Multicultural education theory and practice. Boston: Allyn & Bacon.

Berry, J. W.（1992）. Cross-cultural psychology: Research and applications. In Poortinga, Y. H..

Ramsey, P. G.（1998）. Teaching and learning in a diverse world: Multicultural education for young children, New York: Teachers College, Columbia University.

Segall, M. H. & Dasen, P. R.（Eds）. Cross-cultural psychology: Research and applications. New York: Cambridge University Press.

Stark, Sandral（2006）. Cultual diversity and social work. Western Kentucky University. KT: Bowling Green, 31th Rural Community Organization and Building Conference.

實踐大學數位出版合作系列
社會科學類　AF0161

族群社會工作

作　　者 / 葉至誠
統籌策劃 / 葉立誠
文字編輯 / 王雯珊
封面設計 / 陳怡捷
責任編輯 / 蔡曉雯
圖文排版 / 連婕妘

發 行 人 / 宋政坤
法律顧問 / 毛國樑　律師
出版發行 / 秀威資訊科技股份有限公司
　　　　　114 台北市內湖區瑞光路 76 巷 65 號 1 樓
　　　　　電話：+886-2-2796-3638　傳真：+886-2-2796-1377
　　　　　http://www.showwe.com.tw
劃撥帳號 / 19563868　戶名：秀威資訊科技股份有限公司
　　　　　讀者服務信箱：service@showwe.com.tw
展售門市 / 國家書店（松江門市）
　　　　　104 台北市中山區松江路 209 號 1 樓
　　　　　電話：+886-2-2518-0207　傳真：+886-2-2518-0778
網路訂購 / 秀威網路書店：http://www.bodbooks.com.tw
　　　　　國家網路書店：http://www.govbooks.com.tw

2014 年 4 月　BOD 一版
定價：350 元

國家圖書館出版品預行編目

族群社會工作 / 葉至誠作. -- 一版. -- 臺北市：秀威資訊
科技, 2014. 04
    面 ；   公分. -- (實踐大學 ; AF0161)
    BOD 版
    ISBN 978-986-326-233-6 (平裝)

    1. 社會工作   2. 族群

547   103003101

讀者回函卡

感謝您購買本書，為提升服務品質，請填妥以下資料，將讀者回函卡直接寄回或傳真本公司，收到您的寶貴意見後，我們會收藏記錄及檢討，謝謝！如您需要了解本公司最新出版書目、購書優惠或企劃活動，歡迎您上網查詢或下載相關資料：http:// www.showwe.com.tw

您購買的書名：_____

出生日期：_____年_____月_____日

學歷：□高中 (含) 以下　　□大專　　□研究所 (含) 以上

職業：□製造業　□金融業　□資訊業　□軍警　□傳播業　□自由業
　　　□服務業　□公務員　□教職　　□學生　□家管　□其它_____

購書地點：□網路書店　□實體書店　□書展　□郵購　□贈閱　□其他

您從何得知本書的消息？

　□網路書店　□實體書店　□網路搜尋　□電子報　□書訊　□雜誌
　□傳播媒體　□親友推薦　□網站推薦　□部落格　□其他_____

您對本書的評價：(請填代號　1.非常滿意　2.滿意　3.尚可　4.再改進)

　封面設計____　版面編排____　內容____　文／譯筆____　價格____

讀完書後您覺得：

　□很有收穫　□有收穫　□收穫不多　□沒收穫

對我們的建議：_____

_____

_____

11466
台北市內湖區瑞光路 76 巷 65 號 1 樓

秀威資訊科技股份有限公司　　　收

BOD 數位出版事業部

....

（請沿線對折寄回，謝謝！）

姓　　名：＿＿＿＿＿＿＿＿＿　年齡：＿＿＿＿　性別：□女　□男

郵遞區號：□□□□□

地　　址：＿＿＿＿＿＿＿＿＿＿＿＿＿＿＿＿＿＿＿＿＿

聯絡電話：(日)＿＿＿＿＿＿＿＿＿＿　(夜)＿＿＿＿＿＿＿＿＿＿

E - m a i l：＿＿＿＿＿＿＿＿＿＿＿＿＿＿＿＿＿＿＿＿＿